招标投标实务
与热点答疑360问

第2版

白如银　苏　静　万雅丽　编著

机械工业出版社

本书结合招标投标最新法律规定和政策动向，把实务中关注度、热议度比较高的热点和焦点问题整理出来。"360问"对应"360答"，针对每个实际问题提供一个答案、一套方案，但这"一把钥匙"可以开"多把锁"，解决同一类问题，希望能够为读者在工作中遇到的疑惑提供实务指南。在阐释法律条文、分析答案的同时，也相应提供了一些实务经验、典型做法以供参考，兼顾了理论性和实用性。

本书可供采购人、招标人、投标人等从事招标投标工作的人员使用，也可供政府管理部门、高校相关专业的师生、研究人员使用。

图书在版编目（CIP）数据

招标投标实务与热点答疑360问/白如银，苏静，万雅丽编著. —2版. —北京：机械工业出版社，2022.10（2025.9重印）
ISBN 978-7-111-71817-8

Ⅰ.①招… Ⅱ.①白…②苏…③万… Ⅲ.①招标投标法—中国—问题解答 Ⅳ.①D922.297.4

中国版本图书馆CIP数据核字（2022）第192493号

机械工业出版社（北京市百万庄大街22号　邮政编码100037）
策划编辑：关正美　　　　　　责任编辑：关正美
责任校对：张晓蓉　王明欣　封面设计：严娅萍
责任印制：张　博
固安县铭成印刷有限公司印刷
2025年9月第2版第3次印刷
130mm×184mm·13印张·248千字
标准书号：ISBN 978-7-111-71817-8
定价：69.00元

电话服务	网络服务
客服电话：010-88361066	机　工　官　网：www.cmpbook.com
010-88379833	机　工　官　博：weibo.com/cmp1952
010-68326294	金　书　　　网：www.golden-book.com
封底无防伪标均为盗版	机工教育服务网：www.cmpedu.com

前 言

《中华人民共和国招标投标法》《中华人民共和国招标投标法实施条例》等法律条文过于原则、凝练和简洁，招标投标从业人员对其理解和适用存在着一定的差异性。而且，立法又总是滞后于招标投标实践，一些立法中没有直接、具体的规定，只能从立法原则、立法精神中追寻答案。此外，我们正处于一个不断变革创新的年代，实践在创新、立法在变革，招标投标实务中的新问题层出不穷，需要及时给出答案。如何准确理解并正确处理招标投标实务中的各种问题，是每一位招标投标从业者都需要面对的。

本书第一版出版以来，得到了广大读者的喜爱，根据立法进展和实践创新，编者进行了修订，增删了一些内容，以跟得上形势变化，满足读者需求。

本书编者在工作、授课或电话中经常接到各种各样问题的咨询，也在不同的网上论坛或 QQ 群、微信群与大家探讨与招标投标相关的问题。长期以来，积累了不少素材，虽然随机而为、略显散乱，但一经整理、"合并同类项"后，发现大家关注的问题及对应适用的法律条文有很高的集中度。我们结合招标投标最新法律规定和政策动向，把实务中关注度、热议度比较高的热点和焦点问题及国家发展改革委、住房和城乡建设部、财政部等网站在线对招标投标相关问题的答复整理出来，形成本书，希望能够为读者解答在工作中遇到的疑惑，提供实务指南。

本书取名《招标投标实务与热点答疑360问》，有几点考虑：一是内容，本书重点关注和聚焦当前招标投标实务中的热点、焦点问题，给予读者积极回应。二是形式，采取一问一答的方式，形式灵活，简单明了，针对性强。三是体量，每个问题字数不多，适应了碎片化学习的需要，增强了可读性和读者阅读的舒适度。本书总体篇幅也比较适中，没有形成"大部头"，令读者"望而生畏"。四是目的，希望能够直指常见问题症结所在，直接为读者答疑解惑。"360问"对应"360答"，也是全方位、多角度解答各种问题的初衷。尽管针对一个问题只提供一个答案、一套方案，但这"一把钥匙"可以开"多把锁"，实际是解决了同一类问题。

为了使本书内容不至于太晦涩、枯燥，每个问题表述尽量具体、清晰，解答分析尽量简短、明确，也注意引用最直接关联的法律条文，使内容可读性强，且能使读者"解渴"。每个问题由"问"到"答"组成，篇幅控制在一页之内，让资深从业者或者"菜鸟""小白"在两三分钟之内就可读完，读完后立即掌握一个知识点，学懂弄通一类问题的解决之策。我们在阐释法律条文、分析答案的同时，也相应提供了一些实务经验、典型做法以供参考，兼顾了理论性和实用性。

本书的问题来自大家，一些观点、答案也是从网友的讨论中受到启发得来的。在此感谢贡献各类鲜活问题、答案和智慧的朋友们。恳请读者将本书中还没有关注的问题，或者新的观点或不同答案，反馈至如下邮箱：449076137@qq.com，我们会在本书修订、再版时进行吸纳。

编　者

目　　录

前言

第一章　综合类/1

1. 政府投资建设工程招标项目的招标人是谁？/1
2. 国企投资基础设施项目立项应当审批还是备案？/1
3. 《工程建设项目施工招标投标办法》中"有招标所需的设计图纸及技术资料"如何理解？/2
4. 工程建设项目施工招标应当具备哪些条件？/3
5. 如何理解《必须招标的工程项目规定》中的"合同估算价"？/4
6. 对《必须招标的工程项目规定》中所指的"国有企业"如何理解？/4
7. 《国家发展改革委办公厅关于进一步做好〈必须招标的工程项目规定〉和〈必须招标的基础设施和公用事业项目范围规定〉实施工作的通知》（发改办法规〔2020〕770号）中"占控股或者主导地位"如何理解？/5
8. 赠款用于工程建设项目是否必须招标？/7
9. 对工程总承包如何确定依法必须招标范围？/8
10. 建设工程中的施工图审查、造价咨询、第三方监测、监测等服务是否属于依法必须招标项目范围？/9

目 录

11. 资金来源全部为预算资金,合同额 310 万元的施工项目,是否属于必须招标的工程项目?/10
12. 400 万元的建设工程项目是否必须公开招标?/11
13. 依法必须进行招标的项目符合哪些条件可以不招标?/11
14. 哪种情形符合"依法能够自行建设、生产或者提供"的条件可以不招标?/13
15. "在建工程追加的附属小型工程"满足哪些条件可以不进行施工招标?/14
16. 依法必须招标的工程建设项目施工专业分包是否需要招标?/15
17. 400 万元以下建设工程类是否可以直接发包?/18
18. 与建筑物和构筑物新建、改建、扩建无关的 1000 万元的装修工程是否必须招标?/19
19. 国有企业未纳入强制招标范围的采购项目符合哪些条件适宜招标?/20
20. 依法必须招标的建设工程施工项目"应招未招"合同效力如何?/21
21. 招标人必须委托招标代理机构才能招标吗?/22
22. 依法必须招标的项目经过两次以上公开招标都失败怎么办?/23
23. 同一招标项目能否确定几家中标人?/23
24. 议标是不是法定的招标方式?/24
25. 非依法必须招标项目公开招标还是邀请招标,有什么限制?/25
26. 依法必须公开招标的项目符合哪些情形时可以采用邀请招标?/26

27. 自愿招标项目是否适用《招标投标法》？/28
28. 政府采购工程项目招标适用《招标投标法》还是《政府采购法》？/29
29. 允许个人参加投标的项目是否适用《招标投标法》？/30
30. 不同层级的规范性法律文件之间的优先适用原则是什么？/31
31. 部门规章在《招标投标法》《招标投标法实施条例》基础上作出的新规定是否有效？/32
32. 重新招标再次失败后是否还要继续组织招标？/34
33. 依法必须招标的项目有哪些情形将导致重新招标？/35
34. 招标代理服务范围有哪些？/36
35. 招标代理服务费应向招标人还是中标人收取？/37
36. 自行招标项目是否可以约定向中标人收取中标服务费？/39
37. 招标代理服务费是否有现行支付标准？/39
38. 招标代理服务费可以由哪几部分构成？/40
39. 如何区分"投标无效""否决投标"与"废标"？/41
40. 招标投标活动中的哪些信息应当公开？/42
41. 失信被执行人信息查询内容及方式有哪些？/43
42. 对失信被执行人可以采取哪些联合惩戒措施？/45
43. 各级地方检察院停止行贿犯罪档案查询工作后，投标人还是否需要提供行贿犯罪记录？/46
44. 约定中介人与招标人联系确保投标人中标的中介服务合同是否有效？/47
45. 政府采购工程招标中的违法行为由哪个部门负责查处？/48
46. 强制招标项目未接受行政监督，招标结果是否有效？/50

目 录

第二章 招标类/51

1. 招标投标活动中哪些内容需要通过媒体公布？/51
2. 依法必须招标项目的招标公告和公示信息应当在什么媒体发布？/52
3. 发布资格预审公告后还用发布招标公告吗？/52
4. 招标公告发布后是否可以变更为资格预审公告？/53
5. 国家发展和改革委员会未参与制定的招标文件标准文本是否也应推广使用？/54
6. 地方政府可否在标准招标文件基础上细化制定本地区招标文件文本？/55
7. 招标文件与招标公告不一致如何处理？/56
8. 招标文件可否约定中标后投标保证金转为履约保证金？/57
9. 招标文件能否要求所采购的货物为进口产品？/57
10. 非依法必须招标项目可以限定投标产品的品牌吗？/58
11. 招标文件能否指定设备品牌或参考品牌？/59
12. 招标文件能否要求投标人必须有本地业绩？/60
13. 招标人可否要求潜在投标人组成联合体？/61
14. 招标文件能否将注册资本设置为投标人资格条件？/62
15. 购买招标文件后必须要参加投标吗？/63
16. 招标文件可以明确设备材料的品牌吗？/64
17. 招标文件可以将经营范围设置为投标人资格条件吗？/65
18. 招标投标经营范围不限是否意味着不需要行政许可？/66
19. 招标文件规定："投标人的授权委托人应提交劳动合同，否则评标委员会可以否决其投标"，有无必要？/67

IX

20. 投标人最后一天才购买招标文件，招标人是否应当也给予其 15 天编制文件的时间？/68
21. 货物招标时设定的业绩要求针对的是生产商还是代理商？/69
22. 招标文件应对联合体投标提出哪些要求？/69
23. 投标联合体的资质、资格条件如何认定？/70
24. 招标文件可否要求投标人必须提供建筑业企业资质证书等证书原件以供招标人核查？/72
25. 招标文件能否提高投标人的资质等级？/73
26. 招标文件可否要求投标人提供无诉讼证明？/74
27. 在招标文件中如何设定设计—采购—施工总承包投标人的资格条件？/75
28. 招标文件能否将计算机信息系统集成资质设定为投标人资格条件？/75
29. 哪些行为将被认定为属于限制或者排斥潜在投标人？/76
30. 取消园林绿化资质后，对于绿化工程、人工造林工程如何对投标人进行要求？/78
31. 工程总承包项目招标文件对于工程总承包单位资质条件如何设定？/79
32. 代理商投标有无必要要求提供厂家授权？/79
33. 哪些企业必须具备安全生产许可证才具备投标人资格？/80
34. 哪些产品必须具备工业产品生产许可证才具备投标人资格？/81
35. 哪些产品必须具备特种设备生产单位许可才能具备投标人资格？/83

目 录

36. 招标文件能否将拟委任的关键技术人员的职业资格设定为投标人资格条件？/84
37. 招标文件能否将服务类行业相应资格证书作为投标人的资格条件？/86
38. 设备材料邀请招标项目招标人能否指定品牌？/87
39. 招标文件能否对授标数量作出限制性规定？/88
40. 如何设定投多个标段但只允许中一个标情况下中标候选人的排序规则？/89
41. 发售资格预审文件或招标文件截止时间能否延长？/90
42. 修改招标文件距离开标时间不足 15 日应否推迟开标日期？/90
43. 获取招标文件时间限制有什么规定？/92
44. 投标人对招标文件提出异议，招标人是否应暂停招标投标活动？/92
45. 建设工程施工招标图纸是否应当收取费用？/93
46. 何时公布最高投标限价？/94
47. 采用"有限数量制"的资格预审项目，合格的投标申请人数量是多少比较合适？/95
48. 是否应该检查资格预审申请文件的密封性？/96
49. 获取资格预审文件的申请人少于 3 个时该如何处理？/96
50. 招标文件约定无息退还投标保证金是否有效？/97
51. 招标人有违法违规行为时，是否应双倍返还投标保证金？/99
52. 招标人在开标后项目资金出现问题，是否可以终止招标？/100
53. 哪些情形下招标人可以依法终止招标？/101

54. 招标人终止招标后应当如何处理？/102
55. 招标人组织现场踏勘或投标预备会如何对潜在投标人的信息保密？/103
56. 建设单位发生变化时招标活动能否继续进行？/104
57. 总承包项目中暂估价合同项目应由谁组织招标？/105

第三章　投标类/107

1. 法律法规对投标人主体资格有哪些限制性规定？/107
2. 提交弃标函的供应商在开标前还能否参与投标？/108
3. 个体工商户能否参与投标？/109
4. 被吊销营业执照的企业还能否参加投标？/110
5. 投标人没有购买招标文件，招标人能否拒绝其参加投标？/112
6. 电子招标项目中，投标人撤销投标是否影响投标人数量的认定？/113
7. 如何认定与招标人存在"利害关系"？/114
8. "控股关系"如何理解？/115
9. 法人与其分支机构能否同时参加同一招标项目的投标？/117
10. 两家公司法定代表人是父女关系的，能否参加同一个项目投标？/118
11. "管理关系"如何理解？/119
12. 施工承包人下属的监理公司能否在本工程监理项目中投标？/119
13. 为本招标项目编制过技术规范还能否参加设备采购项目的投标？/121
14. 投标人被列入建筑市场主体"黑名单"，其投标资格是否合格？/122

目 录

15. 投标人被市场监督管理部门列入严重违法失信企业名单，其投标资格应否受到限制？/123
16. 子公司能否参加母公司招标项目的投标？/125
17. 国有企业下属参股子公司能否参与该国有企业组织的招标？/125
18. 法人分支机构投标应否提交法人出具的投标授权书？/126
19. 制造商及其授权的代理商能否同时投标？/127
20. 企业能否参加隶属于同一集团的子公司的招标项目？/129
21. 同一制造商生产的同一品牌、不同型号的货物可以参加同一合同项目的投标吗？/129
22. 总承包人是否可以直接承建或参与暂估价项目的投标？/130
23. 参加 EPC 项目前期咨询的单位能否参加设计施工总承包投标？/131
24. 施工招标项目的投标人在哪些情形下不具备投标资格？/132
25. 具有利害关系的两家单位能否组成联合体投标？/133
26. 招标人能否拒绝联合体投标？/134
27. 联合体成员在"同一招标项目"中单独投标是否有效？/134
28. 投标人通过资格预审后发生重大变化，其是否还具备投标资格？/135
29. 分公司以自己名义投标应注意关注哪些问题？/136
30. 两家投标人的部分股东相同的，能否参加同一项目的投标？/137
31. 不同代理商能否以同一制造商的不同品牌产品参与同一项目的投标？/138
32. 可行性研究报告编制单位能否参加工程设计施工总承包项目投标？/139

33. 联合体签订的共同投标协议书格式和内容需要满足哪些要求？/141
34. 联合体投标，所有成员法定代表人签署的授权委托书有什么要求？/142
35. 投标人能否同时递交多份投标文件？/143
36. 具有不同资质的企业组成的联合体的资格在哪种情形下合格？/144
37. 分公司能否以自己的名义投标？/145
38. 被纳入"信用中国"网站失信黑名单是否还具有合格的投标资格？/146
39. 投标人能否在招标文件规定的格式之外自行制作投标文件格式？/148
40. 投标时间截止后，投标人能否撤销投标文件，对该行为如何处理？/149
41. 代理商参加投标，应当提供制造商业绩还是销售代理商业绩？/150
42. 投标文件能否加盖投标专用章？/152
43. 电子投标文件上传不成功如何处理？/152
44. 投标文件解密失败后如何处理？/154
45. 招标人应当拒绝接收投标文件的情形有哪些？/155
46. 招标文件规定投标有效期为多长时间比较合适？/156
47. 拒绝延长投标有效期的投标人的投标文件何时失效？/157
48. 工程建设领域可以设置哪些类型的保证金？/158
49. 招标文件可以约定投标保证金的形式吗？/159
50. 投标保证金应由谁收取和退还？/160

51. 招标文件中如何规定投标保证金利息的计算方法？/161
52. 投标保证金可否交给招标代理机构？/161
53. 为了督促投标人严格履行投标义务，可否提高投标保证金缴纳标准？/162
54. 什么是工程投标保证保险？/163
55. 采用工程投标保证保险应注意哪些事项？/164
56. 投标保证金不能超过招标项目估算价的2%，还有没有其他数额上的限制？/165
57. 招标文件规定的投标保证金数额高于法定限额的，是否有效？/166
58. 投标保证金未在投标截止时间前到账是否有效？/167
59. 退还投标保证金的同时一并退还的银行同期存款利息，该如何理解和计算？/168
60. 招标文件可规定哪些情况下投标保证金不予退还？/169
61. 投标发生的费用由投标人自行承担合理吗？/170
62. 招标人是否应该对未中标的工程设计方案予以补偿？/171
63. 投标文件上的投标人授权代表签字并非本人签字，该投标是否有效？/173

第四章　开标类/175

1. 投标人是否必须参加开标活动？/175
2. 要求投标人的法定代表人必须亲自到开标评标现场，否则投标无效的规定是否合法？/176
3. 所有潜在投标人均迟到，招标人怎么办？/177
4. 纸质开标仪式的主要程序有哪些？/178
5. 电子开标有哪些程序性要求？/179

6. 招标人能否变更开标时间和地点？/179

7. 开标延期时投标保证金是否也应相应延期？/180

8. 招标人是否可以对应当否决投标的投标文件不唱标？/180

9. 招标代理机构能否在开标现场当场修改投标报价？/181

10. 未在现场参加开标仪式的投标人事后能否提出异议？/183

11. 招标人经所有投标人同意后能否提前开标？/184

12. 开标时投标人数不足3个时该如何处理？/185

13. 电子招标投标情况下"投标人少于3个"如何认定？/186

14. 开标时不足3家，招标失败，招标人应否退还已接收的投标文件？/187

15. 开标时发现投标文件存在问题该如何处理？/187

16. 招标人如何当场答复投标人在开标现场提出的异议？/188

第五章 评标类/190

1. 资格审查委员会与评标委员会能否是同一组成员？/190

2. 哪些情形下可以更换评标委员会成员？/190

3. 需要更换评标委员会成员时应如何办理？/191

4. 评标委员会成员应当回避的情形有哪些？/192

5. 重新招标项目能否由原来的评标委员会评标？/193

6. 评标委员会成员中是否必须要有招标人代表？/194

7. 评标委员会成员是否可以拒绝在评标报告上签字？/195

8. 民企招标人可否直接指定评标委员会成员？/195

9. 评标委员会中的招标人代表应履行哪些职责？/196

10. 部门规章规定评标委员会由招标人代表和评标专家组成，招标人代表必须参加评标委员会吗？/197

11. 招标人代表需要具备什么条件？/198

12. 投标人以谋取中标为目的向评标委员会成员行贿，如何处理？/199
13. 评标委员会成员对客观评审因素评分不一致，该怎么办？/201
14. 评标委员会评标工作出现错误如何处理？/202
15. 当事人订立合同时能否变更中标人在投标文件中载明的设备品牌？/202
16. 招标人向评标委员会提供评标必需的信息有哪些内容？/203
17. 招标文件可否提出两种评标办法，在开标现场由投标人随机选择其中之一进行评标？/205
18. 评标时才发现招标文件缺失评标标准应该怎么办？/205
19. 评标时，评标专家发现电子版招标文件和纸质版招标文件不一致，应当依据哪个版本评审？/207
20. 对投标人资格条件的认定是以投标截止时还是以购买招标文件时的实际情况为准？/207
21. 电子投标文件与纸质投标文件不一致时以何为准评审？/208
22. 标底的"参考作用"体现在哪些方面？/209
23. 评标委员会否决投标时在程序上有哪些要求？/210
24. 资格预审项目在评标中可否再进行资格后审？/211
25. 评标中需要投标人讲标、现场澄清的如何处理？/212
26. "投标人应当具备承担招标项目的能力"如何评价？/212
27. 投标文件出现算术性误差如何评审？/214
28. 暗标评审项目的投标文件泄露投标人信息，如何评审？/214
29. 允许提交备选投标方案时，投标文件未区分主选、备选方案如何评审？/216

30. 投标人能否拒绝对投标文件进行澄清、说明或者补正？/217
31. 当投标人对评标委员会的澄清要求不予正面回答、"答非所问"时如何处理？/218
32. 投标人不接受评标委员会依法作出的修正价格，能否否决投标？/219
33. 投标有效期内完不成评标、定标怎么办？/221
34. 招标文件对法定的资格条件未作规定，其能否作为否决投标的依据？/222
35. 评标委员会要求投标人澄清不得有哪些行为？/223
36. 评标委员会可对投标文件哪些问题提出澄清要求？/223
37. 投标人对投标文件进行澄清可以采用哪些方式？/224
38. 投标人对评标委员会提出的澄清不作解释应如何处理？/226
39. 否决投标的情形有哪些？/226
40. 投标人提供两套投标方案时，评标委员会如何评审？/229
41. 评标办法中的加分项是否会排斥潜在投标人？/230
42. 招标人或招标投标监督部门能否否决投标？/230
43. 招标文件未要求提供强制性产品认证（CCC认证）证书，投标人也未提交该证书的，其投标是否有效？/231
44. 投标代表授权委托书只盖章未签字是否合格？/232
45. 投标人被列入建筑市场主体严重失信"黑名单"，其投标资格是否合格？/233
46. 投标人被市场监督管理部门列入严重违法失信企业名单，其投标资格应否受到限制？/234
47. 投标人或其法定代表人、项目负责人在近三年内有行贿犯罪行为，应否否决投标？/236

目 录

48. 银行保函、投标保证保险的受益人并非"招标人",是否还有效? /237
49. 初步评审后有效投标不足3个时,继续评标还是否决全部投标? /238
50. 投标人的报价高于最高投标限价能否决投标? /239
51. 投标文件项目名称与招标文件不完全一致,如何评审? /240
52. "低于成本"如何理解? /241
53. 能否将司法鉴定作出的鉴定意见、咨询机构出具的咨询报告或者审计机构作出的审计意见作为认定"低于成本"的依据? /242
54. 投标文件副本未盖投标人公章是否属于重大偏差? /243
55. 投标人不去现场踏勘能否判定其投标无效? /244
56. 同一投标人提交两个以上不同的投标报价时如何评审? /245
57. 出具投标保函的银行不符合招标文件要求是否属于重大偏差? /246
58. 对投标保证金的支付设置不合理的限制性条件如何评审? /247
59. 未按照国家法律规定填报增值税税率如何评审? /248
60. 投标人能否自定安全生产文明施工费费率,对此如何评审? /249
61. 投标人能否修改招标文件中提供的合同条件? /251
62. 投标文件附加招标人不能接受的交易条件的,如何认定和评审? /252
63. 投标人能否复制招标文件的技术规格内容作为投标文件的一部分? /253

64. 超范围报价应否否决投标？/255

65. 评标委员会发现投标漏项如何评审？/256

66. 项目未结束，供应商资质到期怎么办？/257

67. 采购可追溯产品，投标人未提交可查询追溯信息的，能否否决投标？/258

68. 投标文件载明的哪些分包内容将导致其投标被否决？/259

69. 评标过程中对出具试验报告的检测机构应注意评审什么内容？/260

70. 属于同一协会成员的投标人按照该组织要求协同投标，如何处理？/261

71. 不同投标人能否委托同一单位或者个人办理投标事宜？/262

72. 不同投标人的投标文件相互混装是否构成串通投标，能否否决投标？/264

73. 不同投标人的投标文件所记录的软件、硬件信息均相同，是否构成串通投标？/265

74. 电子招标投标交易平台查重分析投标文件内容异常一致，如何处理？/266

75. 不同投标人的投标文件两处以上错误一致，能否认定为串通投标？/267

76. 不同投标人提交电子投标文件的 IP 地址相同，是否构成串通投标？/269

77. 不同投标人的投标文件从同一投标人处领取，是否构成串通投标？/270

78. 借用他人资格、资质证书投标，应如何处理？/271

79. 投标人挂靠其他单位投标，应如何处理？/272

目 录

80. 投标报价可能低于成本价时如何评审？/274
81. 电子招标投标项目未按要求提交完整的纸质招标文件时是否应当否决投标？/275
82. 如何认定虚假的资格和业绩证明文件？/276
83. 评标委员会发现招标文件存在错误时如何处理？/277
84. 评标过程中招标人能否改变采购数量并要求投标人响应？/278
85. 招标文件能否限定只允许法人投标，不允许分支机构投标？/279
86. 评标委员会否决部分投标后剩余有效投标不足 3 个的，是否应否决全部投标后重新招标？/280

第六章 定标类/281

1. 公示中标候选人应满足哪些要求？/281
2. 中标候选人公示与中标公告有何区别？/282
3. 依法必须招标的项目中标候选人公示信息应包含哪些内容？/283
4. 推荐了中标候选人是不是就意味着确定了中标人？/283
5. 中标候选人公示期间有人举报非中标候选人如何处理？/285
6. 《招标公告和公示信息发布管理办法》第六条第三款中规定的公示中标候选人响应招标文件要求的"资格能力条件"具体包括哪些？/285
7. 公示中标候选人时是否应公示其业绩合同复印件？/286
8. 是否需要将评标委员会评分的每一小项的分数都予以公示？/286
9. 确定中标人应符合哪些规则？/287
10. 第一中标候选人放弃中标后，如何确定中标人？/288

11. 第一中标候选人不符合中标条件时，第二中标候选人必然递补中标吗？/289
12. 对依法必须招标的设备采购项目，采购人的子公司可以生产，能否不招标？/290
13. 投标人放弃中标资格的，招标人是否可以不退还其投标保证金？/291
14. 招标投标行政监督部门能否变更中标人？/292
15. 排名第一的中标候选人不符合中标条件时，重新招标适用于哪种情形？/293
16. 中标候选人的投标报价超出预算，招标人可否否决评标结果重新招标？/295
17. 第二中标候选人递补中标时，能否以第一中标候选人的投标价为中标价？/295
18. 谁可以发出中标通知书？/296
19. 法院能否强制招标人必须发出中标通知书？/297

第七章 合同类/299

1. 必须招标项目的招标人在中标前与投标人就实质性内容进行谈判，合同效力如何？/299
2. 强制招标项目在招标前即进行实质性谈判是否合法？/300
3. 招标人未发出中标通知书直接签订的合同是否有效？/301
4. 依法必须招标的项目未经招标签订的合同是否有效？/302
5. 为了制约中标人履行合同，在合同中约定的违约金是否越高越好？/303
6. 招标人和中标人是不是应当订立书面合同？/304
7. 中标合同自何时成立、生效？/305

目　录

8. 联合体签约主体是谁？/307
9. 母公司能否将所承接工程交由子公司实施？/307
10. 法人承接工程能否交给分支机构实施？/309
11. 签约主体必须是中标人自身吗？/310
12. 签约时招标人、中标人主体发生变更了怎么办？/311
13. 联合体中标可由牵头人签订合同吗？/312
14. 中标人能否将承包的工程交由其全资子公司施工？/313
15. "合同实质性内容"如何界定？/314
16. 中标合同中没有约定，招标文件和中标人的投标文件也未体现的其他合同实质性内容，在签订合同时能否协商补充？/315
17. 低于成本中标的，合同是否有效？/316
18. 在处理中标合同纠纷案件中，当事人并未申请法院确认合同无效，法院能否主动进行审查认定？/317
19. 中标合同在履行过程中能否变更？/319
20. 签订合同后因规划、设计变更调整是否应当重新招标？/319
21. 中标合同应当在什么期限内签订？/321
22. 招标人和中标人在中标通知书发出 30 日之后签订的合同是否有效？/322
23. 中标人在中标通知书发出 30 日后才要求签订合同，招标人是否可以拒签？/323
24. 招标结束签订合同前先行实施项目，后发生纠纷如何处理？/324
25. 招标人应如何退还投标保证金的利息？/325
26. 履约保证金是不是每个招标项目都必须缴纳？/326

27. 履约保证金是否只能中标人缴纳？/327

28. 履约保证金的金额是多少？超出该金额如何处理？/327

29. 履约保证金应在何时收取？/328

30. 联合体的履约保函如何开具？/328

31. 中标人不提交履约保证金，招标人如何处理？/329

32. 中标企业注销了，履约保证金应当退还给谁？/330

第八章　异议投诉类/332

1. 发生招标投标争议，招标投标当事人能否不经异议、投诉直接以民事案件起诉对方？/332

2. 法定异议有哪些情形，哪些异议可以不予受理？/333

3. 投标联合体成员之一可以以自己名义提出异议吗？/334

4. 供应商提出货物授权异议怎么办？/334

5. 投标人对异议回复不满意时，招标人有无义务再次答复直到投标人满意？/335

6. 哪些事项只有先提出异议才能投诉？/336

7. 投标人对中标结果不满意如何处理？/337

8. 招标人能否作为投诉人进行投诉？/337

9. 招标人可以提起投诉的事项一般有哪些？/338

10. 投标人向监察机关提交了投诉书，监察机关可以处理工程招标项目的投诉案件吗？/339

11. 当事人需要在"自知道或者应当知道之日起10日内"提起投诉，"知道或者应当知道之日"如何把握？/340

12. 招标人迟迟不定标，能投诉吗？/341

13. 投诉应当在什么期限内提出？/342

14. 投诉人投诉时是否需要提供证明材料或相关线索？/343

目 录

15. 行政监督部门处理投诉是不是必须要组织双方进行质证？/344
16. 行政监督部门处理投诉是否必须要举行听证程序？/345
17. 行政监督部门作出投诉处理决定应当满足哪些要求？/346

第九章 法律责任类/348

1. 工程建设项目"未核先招"可能面临什么样的风险？/348
2. 招标人拒绝签订合同将承担什么责任？/349
3. 中标人在限定期限内未缴纳投标保证金将承担什么后果？/350
4. 招标人逾期退还投标保证金将承担什么责任？/350
5. 评标专家未按照招标文件规定评标，应承担什么责任？/351
6. 如何理解《招标投标法实施条例》第七十条中"规定"的范围？/353
7. 投标人之间串通投标有哪些表现形式？/353
8. 电子招标投标方式下的串通投标有哪些常见情形？/354
9. 对串通投标行为进行"双罚制"，罚款如何计算？/356
10. 串通投标罪如何认定？/358
11. 投标人的弄虚作假行为有哪些表现形式？/359
12. "以他人名义投标"如何理解？/361
13. 哪些情形属于以他人名义投标？/362
14. 对于在招标投标中弄虚作假的行为应如何处理？/363
15. 工程建设项目施工违法分包有哪些情形？/364
16. 分包人对发包人要承担责任吗？/365
17. 工程建设项目施工转包主要有哪些情形？/365
18. 承包人内部承包是否属于转包？/367
19. 施工企业挂靠有哪些常见的表现形式？/368

20. 总承包单位未经建设单位认可将劳务作业分包给其他单位是否属于违法分包？/370
21. 招标人不认可评标结果，是否可以不定标、不发出中标通知书？此时应承担什么责任？/372
22. 招标人在中标候选人以外确定中标人将导致什么后果？/373
23. 中标候选人有正当理由放弃中标资格是否也要承担责任？/374
24. 哪些情形下中标无效？/375
25. 在法律明文规定的"中标无效"情形的条款之外，其他情形能否判定中标无效？/376
26. 判定中标无效后，将产生什么法律后果？/377
27. 中标人不履行中标合同给招标人造成损失，招标人除了不退还履约保证金外还能否采取其他措施？/379
28. 招标人使用未中标人的设计方案应否补偿？/380
29. 中标人不履行合同将承担什么责任？/381

附录　招标投标常用法律文件名录/384

第一章 综合类

1. 政府投资建设工程招标项目的招标人是谁？

问：建设单位已经确定、项目已经批准的政府投资建设工程招标，招标人是仅指项目建设单位，是否还同时包括管理该建设单位的地方政府？

答：《中华人民共和国招标投标法》（以下简称《招标投标法》）第八条规定："招标人是依照本法规定提出招标项目、进行招标的法人或者其他组织。"根据该条款规定，招标人就是采用招标方式进行货物、工程或服务采购的法人或非法人组织。其中，货物采购项目的招标人，通常为货物的买方；工程建设项目发包的招标人，通常为建设工程项目的投资人，即项目业主、建设单位；服务项目的招标人，通常为该服务项目的需求方。因此，本题中招标人指的就是项目建设单位，不包括管理该建设单位的地方政府。

2. 国企投资基础设施项目立项应当审批还是备案？

问：地方的国有资本投资运营集团有限公司拟投资建设城市基础设施项目，应当按照政府投资项目审批，还是按照企业投资项目核准或备案？

答：根据《政府投资条例》《企业投资项目核准和备案管理条例》等规定，政府采取直接投资或资本金注入方式使用预算安排的资金的项目，为政府投资项目，实行审批制。企业使用自筹资金的项目，以及使用自己筹措的资金并申请使用政府投资补助或贷款贴息的项目为企业投资项目，按照规定进行核准或备案。

3.《工程建设项目施工招标投标办法》中"有招标所需的设计图纸及技术资料"如何理解？

问：《工程建设项目施工招标投标办法》第八条规定了依法必须招标的工程建设项目应当具备相应条件才能进行施工招标，其中第四项条件是"有招标所需的设计图纸及技术资料"，那么该条款"设计图纸"是指什么设计深度的图纸，初步设计图纸还是施工图设计图纸？在施工图设计文件未经审查批准时，工程建设项目采用初步设计图纸招标是否符合该条款规定？

答：根据《建设工程勘察设计管理条例》第二十六条的规定，编制初步设计文件，应当满足编制施工招标文件、主要设备材料订货和编制施工图设计文件的需要。因此，编制施工图设计文件，应当满足设备材料采购、非标准设备制作和施工的需要，并注明建设工程合理使用年限。《工程建设项目施工招标投标办法》对"设计图纸"的设计深度未作具体规定，招标人可根据项目所属行业的有关规定以及项目实际需要采用初步设计图纸或施工图设计文件进行招标。

4. 工程建设项目施工招标应当具备哪些条件？

问：某单位代理了一个依法必须招标的工程施工项目，设计院设计深度不足，建设单位提供的图纸、清单、技术规范等资料并不完全满足招标要求的深度，而建设单位因工期紧张等理由，坚持马上发布招标公告进行招标。请问工程施工项目应当具备哪些条件才可以招标？如果条件不完全符合会存在哪些问题？

答：根据《招标投标法》第九条、《工程建设项目施工招标投标办法》第八条的规定，建设工程项目施工招标的前提条件一般有：①招标人已经依法成立。②项目已经按照国家规定履行了审批或核准手续，招标方案已经核准。③资金或资金来源已经落实。④确定了初步设计和概算。⑤具有满足招标的技术条件，有招标所需的设计图纸及技术资料。这些是启动施工招标工作的基本条件，尤其具备清单、图纸等技术资料是保证招标活动顺利进行的必要前提。

如果在不具备招标条件的情况下发布公告进行招标，将导致招标投标工作从一开始就存在不确定因素，如清单和图纸不能一一对应或设计深度不够，这些因素可能导致中标价格不能真正反映工程实际情况，从而在工程施工过程中可能出现较大的变动甚至出现返工，为违约或一方遭受损失埋下隐患。

5. 如何理解《必须招标的工程项目规定》中的"合同估算价"?

问:《必须招标的工程项目规定》中提到"勘察、设计、监理等服务的采购,单项合同估算价在100万元人民币以上的,必须招标"。此处的"单项合同估算价"如何理解?估算价一般指的是初步设计概算中的金额,估算价前面加了"合同"二字,即"合同估算价"要怎么理解?举个例子,监理费按照收费标准测算是150万元,超过了100万元,此时这个150万元是否就应理解为合同估算价?换一个例子,安全影响评估费无收费标准,往往只能通过市场询价的方式来确定底价,若通过询价得到的价格是150万元,那这个价格是否也可以理解为是合同估算价?合同估算价是否指的是收费标准测算后且未下浮的金额或无收费标准经市场询价后未下浮的金额?

答:《必须招标的工程项目规定》中的"合同估算价",指的是采购人根据初步设计概算、有关计价规定和市场价格水平等因素合理估算的项目合同金额。在没有计价规定情况下,采购人可以根据初步设计概算的工程量,按照市场价格水平合理估算项目合同金额。

6. 对《必须招标的工程项目规定》中所指的"国有企业"如何理解?

问:《必须招标的工程项目规定》第二条"全部或者部

分使用国有资金投资或者国家融资的项目包括：……（二）使用国有企业事业单位资金，并且该资金占控股或者主导地位的项目"中的"国有企业"仅是指国有全资企业还是也包括国有控股企业？

答："国有企业"的称谓是从"国营企业"的称呼演变而来的，是按照所有制形式划分的企业类型，是与集体企业及私营企业、民营企业相对应的称呼。随着国有企业公司制改制、混合所有制改革等一系列国企改革推进，原有的非公司制企业都逐渐改制为公司制企业，原有的国有企业也由传统的国有独资企业和国有独资公司两类，逐渐丰富其表现形式，还出现了国有控股企业、国有控股公司及国有参股企业、国有参股公司等。国有企业的概念则较宽泛，可以理解为其包括国有独资企业、国有控股企业和国有控股公司。《必须招标的工程项目规定》中的"国有企业"也包括国有控股企业。

7.《国家发展改革委办公厅关于进一步做好〈必须招标的工程项目规定〉和〈必须招标的基础设施和公用事业项目范围规定〉实施工作的通知》（发改办法规〔2020〕770号）中"占控股或者主导地位"如何理解？

问：《国家发展改革委办公厅关于进一步做好〈必须招标的工程项目规定〉和〈必须招标的基础设施和公用事业项目范

围规定〉实施工作的通知》（发改办法规〔2020〕770号）第（二）项中"占控股或者主导地位"，参照《中华人民共和国公司法》（以下简称《公司法》）第二百一十六条关于控股股东和实际控制人的理解执行，即"……出资额或者持有股份的比例虽然不足百分之五十，但依其出资额或者持有的股份所享有的表决权已足以对股东会、股东大会的决议产生重大影响的股东……"应当如何理解？是否指国有企业依其投入项目的资金所享有的表决权已足以对有关项目建设的决议产生重大影响这一情形？例如，在一个国有控股企业（国有股权51%）和外资企业共同投资的工程建设项目中，国有控股企业出资60%，外资企业出资40%，虽然该项目不属于国有企业投入项目的资金按国有股权的比例折算后的资金占项目总资金的50%以上的情形，但国有控股企业由于其出资占整个项目投资的60%，其所享有的表决权已足以对有关项目建设的决议产生重大影响，所以该项目仍然属于必须招标的项目？

答：《国家发展改革委办公厅关于进一步做好〈必须招标的工程项目规定〉和〈必须招标的基础设施和公用事业项目范围规定〉实施工作的通知》（发改办法规〔2020〕770号）规定，《必须招标的工程项目规定》第二条第（二）项中"占控股或者主导地位"，参照《公司法》第二百一十六条关于控股股东和实际控制人的理解执行，即"其出资额占有限责任公司资本总额百分之五十以上或者其持有的股份占股份有限公司股本总额百分之五十以上的股东；出资额或者持有股份的比例虽然不足百分之五十，但依其出资额或者持有的股份所享有的表决权已足以对股东会、股东大会的决议产生重大影响的股东"。具体到本题所举的例子，该项目中国有资金所享有的表决权已足以对有关项目建设的决议产生重大影响，属于"国有资金占主导地位"，如其勘察、设计、施工、监理以及与工程建设有关的重要设备、材料等的单项采购分别达到《必须招标的工程项目规定》第五条规定的相应单项合同价估算标准的，该单项采购必须招标。

8. 赠款用于工程建设项目是否必须招标？

问：有校友向某高校捐赠360万元。该校拟将这笔资金用于一工程建设项目。请问该项目是否必须招标？

答：该项目可以不进行招标。

该捐赠资金属于纳入预算管理的财政性资金。《招标投标法》第三条规定："在中华人民共和国境内进行下列工程建设项目包括项目的勘察、设计、施工、监理以及与工程建设有关的重要设备、材料等的采购，必须进行招标：（一）大型基础设施、公用事业等关系社会公共利益、公众安全的项目；（二）全部或者部分使用国有资金投资或者国家融资的项目；（三）使用国际组织或者外国政府贷款、援助资金的项目。"

《必须招标的工程项目规定》第二条规定："全部或者部分使用国有资金投资或者国家融资的项目包括：（一）使

用预算资金200万元人民币以上，并且该资金占投资额10%以上的项目；（二）使用国有企业事业单位资金，并且该资金占控股或者主导地位的项目。"该规定第五条同时规定："本规定第二条至第四条规定范围内的项目，其勘察、设计、施工、监理以及与工程建设有关的重要设备、材料等的采购达到下列标准之一的，必须招标：（一）施工单项合同估算价在400万元人民币以上……"

依据上述规定，该工程项目属于依法必须招标的项目，但由于施工单项合同估算价未达到依法必须招标的限额，可以不进行施工招标。

9. 对工程总承包如何确定依法必须招标范围？

问：按现行招标投标法律法规，招标项目一般分为服务（勘察、设计、监理）、施工和设备材料三大类，其招标限额分别为100万元、400万元和200万元。请问工程总承包（即EPC，包括勘察设计、施工和设备材料）应属于哪一类，其限额怎么确定呢？

答：《国家发展改革委办公厅关于进一步做好〈必须招标的工程项目规定〉和〈必须招标的基础设施和公用事业项目范围规定〉实施工作的通知》（发改办法规〔2020〕770号）规定，对于《必须招标的工程项目规定》第二条至第四条规定范围内的项目，发包人依法对工程以及与工程建设有关的货物、服务全部或者部分实行总承包发包的，

8

总承包中施工、货物、服务等各部分的估算价中，只要有一项达到《必须招标的工程项目规定》第五条规定相应标准，即施工部分估算价达到 400 万元以上，或者货物部分达到 200 万元以上，或者服务部分达到 100 万元以上，则应当招标。

10. 建设工程中的施工图审查、造价咨询、第三方监测、监测等服务是否属于依法必须招标项目范围？

问：建设工程中的施工图审查、造价咨询、第三方监测、监测等服务，为完成工程所需，属于"与工程建设有关的服务"，是不是也在依法必须招标项目范围之内？

答：《国家发展改革委办公厅关于进一步做好〈必须招标的工程项目规定〉和〈必须招标的基础设施和公用事业项目范围规定〉实施工作的通知》（发改办法规〔2020〕770 号）第一条第三款规定："对 16 号令第五条第一款第（三）项中没有明确列举规定的服务事项、843 号文第二条中没有明确列举规定的项目，不得强制要求招标。"而《必须招标的工程项目规定》第五条规定："本规定第二条至第四条规定范围内的项目，其勘察、设计、施工、监理以及与工程建设有关的重要设备、材料等的采购达到下列标准之一的，必须招标：……（三）勘察、设计、监理等服务的采购，单项合同估算价在 100 万元人民币以上。"该规定并未明确列举建设工程施工图审查、造价咨询、第三方监测、监测等服务，尽管与工程建设有关，按照上述规定，不论其金额大小，也不在依法必须招标项目范围之内。但涉及政府采购的，按照相关政府采购法律法规规定执行。

11. 资金来源全部为预算资金，合同额310万元的施工项目，是否属于必须招标的工程项目？

问：根据《必须招标的工程项目规定》第二条，使用预算资金200万元人民币以上，并且该资金占投资额10%以上的项目属于必须招标范围；根据该规定第五条，施工单项合同估算价在400万元人民币以上的必须招标。请问：如果某一改扩建项目总投资360万元，资金来源全部为预算资金，仅有一个施工合同，施工合同额310万元。如果按照该规定第二条，该项目属于必须招标范围，按照该规定第五条，依据施工合同额未在必须招标限额以上，那么该项目施工是否在必须招标范围内？

答：根据《国家发展改革委办公厅关于进一步做好〈必须招标的工程项目规定〉和〈必须招标的基础设施和公用事业项目范围规定〉实施工作的通知》（发改办法规〔2020〕770号）规定，《必须招标的工程项目规定》第二条至第四条及《必须招标的基础设施和公用事业项目范围规定》（发改法规规〔2018〕843号）第二条规定范围的项目，其勘察、设计、施工、监理以及与工程建设有关的重要设备、材料等的单项采购分别达到《必须招标的工程项目规定》第五条规定的相应单项合同价估算标准的，该单项采购必须招标；该项目中未达到前述相应标准的单项采购，不属于《必须招标的工程项目规定》规定的必须招标范畴。因此，该项目施工单项合同估算价为310万元，在400万元以下，不属于《必须招标的工程项目规定》规定的必须招标范畴。

12. 400万元的建设工程项目是否必须公开招标？

问：根据《必须招标的工程项目规定》第五条："本规定第二条至第四条规定范围内的项目，其勘察、设计、施工、监理以及与工程建设有关的重要设备、材料等的采购达到下列标准之一的，必须招标：（一）施工单项合同估算价在400万元人民币以上……"请问：必须招标的条件中，施工单价合同估算价是否包含400万元人民币？还是必须大于400万元人民币？

答：民事法律规定中，"以上"包括本数。《中华人民共和国民法典》（以下简称《民法典》）第一千二百五十九条明确规定："民法所称的'以上''以下''以内''届满'，包括本数；所称的'不满''超过''以外'，不包括本数。"因此，"施工单项合同估算价在400万元人民币以上"包括400万元人民币。

13. 依法必须进行招标的项目符合哪些条件可以不招标？

问：在依法必须招标项目范围中的项目，是否都必须招标？符合哪些条件可以不招标？

答：不是都必须招标。

根据《招标投标法》第六十六条规定，涉及国家安全、国家秘密、抢险救灾或者属于利用扶贫资金实行以工代赈、需要使用农民工等特殊情况，不适宜进行招标的项目，按照国家有关规定可以不进行招标。

《中华人民共和国招标投标法实施条例》（以下简称《招标投标法实施条例》）第九条补充规定了可以不进行招标的特殊情形，即除《招标投标法》第六十六条规定的可以不进行招标的特殊情况外，有下列情形之一的，可以不进行招标：①需要采用不可替代的专利或者专有技术。②采购人依法能够自行建设、生产或者提供。③已通过招标方式选定的特许经营项目投资人依法能够自行建设、生产或者提供。④需要向原中标人采购工程、货物或者服务，否则将影响施工或者功能配套要求。⑤国家规定的其他特殊情形。

在《招标投标法》《招标投标法实施条例》基础上，《工程建设项目勘察设计招标投标办法》《工程建设项目施工招标投标办法》和《工程建设项目货物招标投标办法》等部门规章对依法必须进行招标的项目中可以不进行招标的条款进行了细化完善。如《工程建设项目勘察设计招标投标办法》第四条规定的可以不进行招标的情形为：①涉及国家安全、国家秘密、抢险救灾或者属于利用扶贫资金实行以工代赈、需要使用农民工等特殊情况，不适宜进行招标。②主要工艺、技术采用不可替代的专利或者专有技术，或者其建筑艺术造型有特殊要求。③采购人依法能够自行勘察、设计。④已通过招标方式选定的特许经营项目投资人依法能够自行勘察、设计。⑤技术复杂或专业性强，能够满足条件的勘察设计单位少于三家，不能形成有效竞争。⑥已建成项目需要改建、扩建或者技术改造，由其他单位进行设计影响项目功能配套性。⑦国家规定其他特殊情形。

14. 哪种情形符合"依法能够自行建设、生产或者提供"的条件可以不招标？

问：甲、乙公司为同一法定代表人，乙公司是甲公司的全资子公司，乙公司有施工资质可以承接甲公司的工程施工项目，能否认定符合"采购人依法能够自行建设、生产或者提供"的条件而直接发包给乙公司？

答：《招标投标法实施条例》第九条规定的在强制招标项目范围之内可以不招标的情形之一是"采购人依法能够自行建设、生产或者提供"。适用该项规定需要注意的是，此处的"采购人"自身具有承担该招标项目的资格和能力，能够建设该工程、生产该货物或提供该服务，不包括与其相关的母公司、子公司，以及与其具有管理或利害关系的具有独立民事主体资格的法人。但如果是采购人的分支机构、分公司具有承担该项目的资格和能力，则视同为"采购人依法能够自行建设、生产或者提供"。

本项目中甲公司和乙公司都是依据《公司法》单独注册

的独立企业法人，甲公司如有合格的施工资质，可以视为"依法能够自行建设"，该公司可以自行实施，但不能未经招标而将该项目直接发包给乙公司实施。某些地方政府规定了招标人的控股公司有资质的可以直接发包，可以按照此规定执行。如《江苏省国有资金投资工程建设项目招标投标管理办法》第九条规定："国有企业使用非财政性资金建设的经营性项目，建设单位控股或者被控股的企业具备相应资质且能够提供设计、施工、材料设备和咨询服务的，建设单位可以直接发包给其控股或被控股的企业。"

15. "在建工程追加的附属小型工程"满足哪些条件可以不进行施工招标？

问：《工程建设项目施工招标投标办法》规定"在建工程追加的附属小型工程或者主体加层工程，原中标人仍具备承包能力的"，可以不进行招标，对此应如何理解？

答：根据《招标投标法实施条例》第九条规定，需要向原中标人采购工程、货物或者服务，否则将影响施工或者功能配套要求的项目，可以不进行招标。《工程建设项目施工招标投标办法》第十二条进一步规定："依法必须进行施工招标的工程建设项目有下列情形之一的，可以不进行施工招标：……（五）在建工程追加的附属小型工程或者主体加层工程，原中标人仍具备承包能力，并且其他人承担将影响施工或者功能配套要求。"

根据上述规定,对可以不进行施工招标的"附属小型工程"的理解应从以下几方面把握:①该小型工程必须是主体工程的附属工程,其与主体工程之间不具有独立性。②该小型工程必须是在建工程的附属工程。如果主体工程已经完工,就不能适用不进行招标的规定。③该小型工程必须是在建工程原设计内容本身没有包含的内容,后由于设计变更才追加的工程。

因此,当某项小型工程已包括在原主体工程建设项目审批范围内,只是主体工程招标完成后,在施工过程中又追加的,为项目主体提供辅助或配套服务的相关小型工程,即为该条款所指的"在建工程追加的附属小型工程"。至于"附属小型工程"的规模,目前没有确切的量化标准,需要根据不同的项目来核定。本项目中在建工程追加的附属小型工程,原中标人具备承包能力(如具有该工程的施工企业资质),就可以不招标,直接发包给原中标人。

16. 依法必须招标的工程建设项目施工专业分包是否需要招标?

问:某国有施工企业通过投标,在某国有资金投资的大型建设工程总承包项目中中标,其中有一项金额为500万元的专业工程施工需要分包,也征得了建设单位同意,是否应当通过招标方式选定分包单位?

答:对工程分包是否招标,目前我国法律法规没有明确规定，可认为该内容不在强制招标项目范围内，施工总承包单位有权决定是否采用招标方式。理由如下：

（1）《招标投标法》规定的工程建设项目强制招标制度，主要针对工程建设项目的发包行为，该法及《必须招标的工程项目规定》都没有明确要求工程分包依法必须招标。工程总承包单位承揽工程后再作为"招标人"分包，与《工程建设项目施工招标投标办法》规定的"工程施工招标人是依法提出施工招标项目、进行招标的法人或者其他组织"和《中华人民共和国建筑法》（以下简称《建筑法》）规定的"建设单位"概念不同。《工程建设项目施工招标投标办法》没有规定分包工程必须招标，结合该办法第八条、第十条分析，依法必须招标的工程施工招标人就是办理工程项目核准和初步设计及概算审批手续、落实项目资金的建设单位。从这一方面来讲，工程总承包单位并不办理上述手续，如果其分包专业工程，不符合依法必须招标的工程施工招标的要件。

（2）《建筑法》第十九条规定："建筑工程依法实行招标发包，对不适于招标发包的可以直接发包。"该条款出现在《建筑法》第三章"建筑工程发包与承包"第二节"发包"部分，也可推断出法律只规制发包工程需要建设单位依法招标，同为第三章第三节"承包"的法律条款中，在第二十九条规定了"建筑工程总承包单位可以将承包工程中的部分工程发包给具有相应资质条件的分包单位"，本条款及该法其他条款均未规定工程总承包单位分包工程必须招标。

（3）《招标投标法实施条例》第二十九条规定："以暂估价形式包括在总承包范围内的工程、货物、服务属于依法必须进行招标的项目范围且达到国家规定规模标准的，应当依法进行招标。"也就是说，只有包含在总承包范围内以暂估价形式列支的工程，如果在依法必须招标的项目范围之内，才应当招标。

（4）《国务院办公厅关于促进建筑业持续健康发展的意见》（国办发〔2017〕19号）明确规定："除以暂估价形式包括在工程总承包范围内且依法必须进行招标的项目外，工程总承包单位可以直接发包总承包合同中涵盖的其他专业业务。"该规定与《必须招标的工程项目规定》缩小必须招标项目范围的政策趋势一致，符合当前国家大力推行"放管服"改革的初衷。

（5）一些部门规章或规范性文件明确规定工程总承包单位可以采用直接发包的方式进行分包。如《房屋建筑和市政基础设施项目工程总承包管理办法》（建市规〔2019〕12号）第二十一条规定："工程总承包单位可以采用直接发包的方式进行分包。但以暂估价形式包括在总承包范围内的工程、货物、服务分包时，属于依法必须进行招标的项目范围且达到国家规定规模标准的，应当依法招标。"《运输机场专业工程总承包管理办法（试行）》（民航规〔2021〕2号）第二十条规定："工程总承包单位可以依法采用直接发包的方式进行分包。但以暂估价形式包括在总承包范围内的工程、货物、服务分包时，属于依法必须进行招标的项目范围且达到国家规定规模标准的，应当依法招标。"

综上所述，工程总承包单位分包工程（依法必须招标的暂估价项目除外）不在依法必须招标项目之列，工程承包人可以自行决定采购方式。

17. 400万元以下建设工程类是否可以直接发包？

问：根据《必须招标的工程项目规定》，400万元以上的建设工程项目必须公开招标，但400万元以下的工程项目如何发包，没有规定。请问：招标人是否可以直接发包，或者按政府采购的有关法律规定，采用竞争性谈判和竞争性磋商等方式发包？

答：《国家发展改革委办公厅关于进一步做好〈必须招标的工程项目规定〉和〈必须招标的基础设施和公用事业项目范围规定〉实施工作的通知》（发改办法规〔2020〕770号）规定，《必须招标的工程项目规定》第二条至第四条及《必须招标的基础设施和公用事业项目范围规定》（发改法规〔2018〕843号）第二条规定范围的项目，其施工、货物、服务采购的单项合同估算价未达到《必须招标的工程项目规定》第五条规定规模标准的，该单项采购由采购人依法自主选择采购方式，任何单位和个人不得违法干涉；其中，涉及政府采购的，按照政府采购法律法规规定执行。因此，400万元以下建设工程类项目，招标人可以直接发包，但属于政府采购项目,按照政府采购的有关法律规定,依法采用非招标采购方式发包。

18. 与建筑物和构筑物新建、改建、扩建无关的1000万元的装修工程是否必须招标?

问: 国有企业项目与建筑物和构筑物新建、改建、扩建无关的单独的1000万元的装修工程,是不是必须招标?

答: 根据《招标投标法实施条例》第二条规定,招标投标法第三条所称工程建设项目,是指工程以及与工程建设有关的货物、服务。前款所称工程,是指建设工程,包括建筑物和构筑物的新建、改建、扩建及其相关的装修、拆除、修缮等。国务院法制办秘书行政司《对政府采购工程项目法律适用及申领施工许可证问题的答复》(国法秘财函〔2015〕736号)规定:"按照招标投标法实施条例第二条的规定,建筑物和构筑物的新建、改建、扩建及其相关的装修、拆除、修缮属于依法必须进行招标的项目。据此,与建筑物和构筑物的新建、改建、扩建无关的单独的装修、拆除、修缮不属于依法必须进行招标的项目。政府采购此类项目时,应当按照政府采购法实施条例第二十五条的规定,采用竞争性谈判或者单一来源方式进行采购。依法通过竞争性谈判或者单一来源方式确定供应商的政府采购建设工程项目,符合建筑法规定的申请领取施工许可证条件的,应当颁发施工许可证,不应当以未进入有形市场进行招标为由拒绝颁发施工许可证。"据此，本工程项目不属于《招标投标法》规定的依法必须招标的项目。

19. 国有企业未纳入强制招标范围的采购项目符合哪些条件适宜招标？

问：某国有企业，每年有大量的采购项目不在依法必须招标的项目范围之内，但是也想通过招标方式进行采购，请问：这些项目符合哪些条件才适合招标采购？

答：采购方式有多种，招标并不适用于所有的采购项目。是否需要采取招标方式采购，应当从采购需求、竞争性、采购时间、采购成本等方面考虑其可行性。一般具备下列条件，可以考虑采用招标方式采购，更好满足采购需求且达到采购效益目标：

（1）采购需求明确。即采购目标、标的功能、实现功能需求的技术条件等采购需求条件能有明确、清晰的表述。只有采购需求明确，供应商才可能准确把握招标人的采购条件，全面精准地对招标进行响应性承诺。

（2）采购标的具有竞争条件。即有众多供应商愿意在公平条件下参与竞争以实现市场的充分竞争。

（3）时间允许。也就是给予招标人制订招标方案、编制招标文件、执行招标程序、完成中标合同等工作内容充足的时间，以确保公平竞争、科学择优。紧急采购就不适合采用招标方式采购。

（4）交易成本合理。鉴于招标采购活动的程序规定和复杂性，如果招标标的金额不高，经过招标后节约的资金超过交易成本，也不适合采用招标方式采购。

如果不同时具备上述条件的，建议采取其他合适的采购方式。

20. 依法必须招标的建设工程施工项目"应招未招"合同效力如何？

问：某施工单位，通过谈判与项目建设单位签订了施工合同后得知该项目为依法必须招标的项目，请问该施工合同是否有效？

答：属于依法必须招标的项目，当事人不得规避招标程序，如果应当招标而不招标，将导致签订的建设工程施工合同无效。其法律依据是《民法典》第一百五十三条和《最高人民法院关于审理建设工程施工合同纠纷案件适用法律问题的解释（一）》第一条。《民法典》第一百五十三条第一款规定："违反法律、行政法规的强制性规定的民事法律行为无效。但是，该强制性规定不导致该民事法律行为无效的除外。"从该条款的表述看，有两个"强制性规定"，其中前一个强制性规定指的就是效力强制性规定，违反的后果是导致合同无效。基于此，《最高人民法院关于审理建设工程施工合同纠纷案件适用法律问题的解释（一）》第一条明确规定："建设工程施工合同具有下列情形之一的，应当依据民法典第一百五十三条第一款的规定,认定无效:……(三)建设工程必须进行招标而未招标或者中标无效的。"显然,依法必须招标的项目,应当进行招标而未招标,将导致建设工程施工合同无效。

21. 招标人必须委托招标代理机构才能招标吗?

问:招标组织方式有自行招标也有委托招标。是不是招标人可以自主选择招标方式?

答:代理招标是招标人将招标事务委托给依法设立的专业从事招标代理业务的代理机构,由代理机构代理招标的行为。《招标投标法》第12条规定:"招标人有权自行选择招标代理机构,委托其办理招标事宜。任何单位和个人不得以任何方式为招标人指定招标代理机构。招标人具有编制招标文件和组织评标能力的,可以自行办理招标事宜。任何单位和个人不得强制其委托招标代理机构办理招标事宜。依法必须进行招标的项目,招标人自行办理招标事宜的,应当向有关行政监督部门备案。"据此可知,招标人可以自行办理招标事宜,也可以委托专业机构代理招标,招标代理不是强制性制度。自主招标是招标人独自进行的招标活动,前提是其具有编制招标文件和组织评标能力。如果招标项目属于强制招标项目,招标人只有具备编制招标文件和组织评标能力的,才可以自行招标;如果不具备该能力,必须委托招标代理机构招标。

22. 依法必须招标的项目经过两次以上公开招标都失败怎么办？

问：某国有企业依法必须招标的建设工程施工项目经过公开招标采购，但三次招标都以失败告终，每次投标人都不足三家。请问：这种情况下，招标人还需要继续采取招标方式采购直至招标成功，还是可以采取非招标方式采购？

答：可以不再招标，采取适当的非招标方式采购。

《工程建设项目施工招标投标办法》第三十八条第三款规定："依法必须进行施工招标的项目提交投标文件的投标人少于三个的，招标人在分析招标失败的原因并采取相应措施后，应当依法重新招标。重新招标后投标人仍少于三个的，属于必须审批、核准的工程建设项目，报经原审批、核准部门审批、核准后可以不再进行招标；其他工程建设项目，招标人可自行决定不再进行招标。"

本项目是企业投资项目可以在报当地投资主管部门核准后不再进行招标，之后可以根据企业招标采购管理制度，决定直接发包或者采用其他非招标方式采购。

23. 同一招标项目能否确定几家中标人？

问：某公司承接了一项大型工程项目，需要采购大量的工程材料，时间也比较紧急，如只有一家供应商中标无法满足及时供货需求，想按比例确定几家中标人，怎么办？

答：《招标投标法》第四十一条规定："中标人的投标应

当符合下列条件之一：（一）能够最大限度地满足招标文件中规定的各项综合评价标准；（二）能够满足招标文件的实质性要求，并且经评审的投标价格最低；但是投标价格低于成本的除外。"也就是说，上述条款中分别适用于综合评估法和经评审的最低投标价法，要么是综合评价结果最好的投标人中标，要么是经评审的投标价格最低的投标人中标，意味着中标人只能是唯一的，在同一招标项目或者划分标包的同一标包中只能确定一个中标人，不能确定多个中标人。

该公司遇到的情形在实践中比较常见，为解决唯一供应商履约能力不足的问题，通常在经过市场考察、综合考虑供应商数量及供货能力后，将采购项目划分为两个或两个以上标包分别招标，每个标包各确定一个中标人，并规定投标人可以参加一个或多个标包投标，但只能在一个标包中中标（即"兼投不兼中"），此举可满足确定多家供应商的实际需要。在划分标包时，可以将采购量等比例划分为若干标包，也可以按照不同比例划分标包，如一个标包占总采购量的60%，一个占40%，这些由招标人自主决定。

24. 议标是不是法定的招标方式？

问：某单位有的项目是通过议标方式采购的，但查找招标投标的相关法律规定和文件，都没有规定议标的程序。请问：议标这种采购方式是不是法律允许的招标方式？

答：议标不是法定的招标方式。

《招标投标法》只规定了公开招标和邀请招标两种招标方式，未将议标作为法定的招标方式。实践中"议标"方式应用比较广泛，实质上就是谈判性采购。所谓议标，是采购人和供应商之间通过一对一谈判而最终达成交易，实现采购目的的一种采购方式。考虑到议标通常是在非公开状态下进行谈判的，实践中存在的问题比较多，《招标投标法》没有规定议标方式，依法必须招标的项目采用议标方式采购，属于"应招未招"，订立的合同无效。如在（2019）最高法民申343号民事裁定书中，最高人民法院认为，涉案工程的发包必须进行招标，但招标人通过议标方式采购，实际上没有进行招标投标，签订的建设工程施工合同无效。但对于非强制招标的项目，采购人可自主决定采用包括议标在内的其他采购方式。

25. 非依法必须招标项目公开招标还是邀请招标，有什么限制？

问：招标方式有公开招标和邀请招标两种。《招标投标法》第十一条、《招标投标法实施条例》第八条规定了公开招标和邀请招标的项目范围。请问：对于非依法必须招标项目，采用公开招标方式还是邀请招标方式，现行法律有什么限制？

答：《招标投标法》第十一条、《招标投标法实施条例》第八条关于公开招标和邀请招标的项目范围的规定仅适用于依法必须招标项目。不在公开招标范围内的强制招标项目和自愿招标项目的招标方式，由招标人自主决定，不受上述法律规定约束。

除《招标投标法》《招标投标法实施条例》以及国家其他法律法规规定必须招标项目之外的其他项目，也就是自愿招标项目，本身依法完全可以不进行招标，项目投资者为了充分利用竞争机制，更好地支配和使用自己的资金，从而自主选择招标方式采购的，就有权选择公开招标还是邀请招标，属于其意思自治范畴，法律自无限制、干预的必要。

因此，《招标投标法》《招标投标法实施条例》对于非依法必须招标项目的采购方式（即是否招标）都没有进行明确的限制，举重以明轻，对其招标方式（即公开招标还是邀请招标）更不应限制。对于自愿招标项目，招标人选择公开招标还是邀请招标，属于招标人经营自主权，都不违反法律规定。

26. 依法必须公开招标的项目符合哪些情形时可以采用邀请招标？

问：依法必须进行招标的工程项目，哪些项目必须公开招标，哪些项目可以邀请招标？属于必须公开招标的项目中，符合哪些条件可以邀请招标？

答：《招标投标法》第十一条规定："国务院发展计划部门确定的国家重点项目和省、自治区、直辖市人民政府确定的地方重点项目不适宜公开招标的,经国务院发展计划部门或者省、自治区、直辖市人民政府批准,可以进行邀请招标。"

《招标投标法实施条例》第八条规定:"国有资金占控股或者主导地位的依法必须进行招标的项目,应当公开招标;但有下列情形之一的,可以邀请招标:(一)技术复杂、有特殊要求或者受自然环境限制,只有少量潜在投标人可供选择;(二)采用公开招标方式的费用占项目合同金额的比例过大。"

结合《招标投标法》和《招标投标法实施条例》的规定,下列三类项目应该公开招标:①国务院发展与改革部门确定的国家重点项目。②省级人民政府确定的地方重点项目。③国有资金占控股或者主导地位的依法必须进行招标的项目。

对于国有资金占控股或者主导地位的依法必须进行招标的项目符合下列两种情形可以采用邀请招标:①技术复杂、有特殊要求或者受自然环境限制,只有少量潜在投标人可供选择。②采用公开招标方式的费用占项目合同金额的比例过大。根据《招标投标办法实施条例》第八条第二款的规定,属于需要批准、核准的依法必须招标的项目,由项目审批、核准部门在审批、核准项目时作出认定;其他项目由招标人申请有关行政监督部门作出认定。

此外,《工程建设项目勘察设计招标投标办法》《工程建设项目施工招标投标办法》《工程建设项目货物招标投标办法》等部门规章也按照《招标投标法实施条例》的规定,结合本类项目特点具体规定了可以邀请招标的三种情形:①项目技术复杂或有特殊要求,或者受自然地域环境限制,只有少量潜在投标人可供选择。②涉及国家安全、国家秘密或者抢险救灾,适宜招标但不宜公开招标(《工程建设项目勘察设计招标投标办法》无此项规定)。③采用公开招标方式的费用占项目合同金额的比例过大。

上述规定适用于依法必须招标的工程建设项目,对于非依法必须招标的项目,采购人自愿选择招标后,可自行决定公开招标还是邀请招标。

27. 自愿招标项目是否适用《招标投标法》?

问:某公司新建办公楼需要公开招标采购一批办公家具,能否不按照《招标投标法》执行,自行制定相对比较灵活的招标投标规则以提高采购效率?

答:《招标投标法》第三条规定了强制招标制度及强制招标项目范围,这是其核心内容之一,但并不能就此认为《招标投标法》不适用于自愿招标项目。根据《招标投标法》第二条规定,凡在我国境内进行的招标投标活动,不论是属于法定的强制招标项目,还是属于由当事人自愿采用招标方式进行采购的项目,其只要采用招标投标方式,均适用《招标投标法》。需要注意的是,《招标投标法》针对强制招标项目和自愿招标项目规定了宽严不一的规则以区别适用。

该公司办公家具采购不属于依法必须招标的项目,如采用招标方式进行采购,应当适用《招标投标法》及其实施条例的相关规定,但对于《招标投标法》体系中关于依法必须进行招标项目的特殊规定,该公司在编制招标文件时,可不执行该类规定。如给予投标人编制投标文件的时间可以短于20天,可以将投标人在当地或某行业的业绩、奖项作为投标人的资格条件或加分项等。

28. 政府采购工程项目招标适用《招标投标法》还是《政府采购法》?

问:政府采购工程项目,包含工程施工以及与工程建设有关的货物采购和勘察设计、监理等服务项目,采用招标方式的,依据《招标投标法》还是《政府采购法》进行?

答:《政府采购法》关于招标投标的规定仅适用于政府采购货物和服务项目,不适用于政府采购工程项目。《政府采购法》第四条规定:"政府采购工程进行招标投标的,适用招标投标法",《中华人民共和国政府采购法实施条例》(以下简称《政府采购法实施条例》)第七条第一款规定:"政府采购工程以及与工程建设有关的货物、服务,采用招标方式采购的,适用《招标投标法》及其实施条例;采用其他方式采购的,适用政府采购法及本条例"。由此可以推导出:政府采购工程建设项目(含工程以及与工程建设有关的货物、服务）进行招标投标的，应适用《招标投标法》及《招标投标法实施条例》和相关规章。

政府采购与工程建设无关的货物或服务项目进行的招标投标活动，优先适用《政府采购法》《政府采购法实施条例》《政府采购货物和服务招标投标管理办法》等。政府采购项目（也包括政府采购工程以及与工程建设有关的货物或服务项目）采用竞争性谈判、竞争性磋商、询价、单一来源采购等非招标方式采购的，自应适用《政府采购法》。

综上所述，政府采购工程招标在招标投标环节优先适用《招标投标法》，包括应当依法招标的项目范围和规模标准、招标投标程序、合同签署、异议和投诉等内容，但在其他环节（如采购预算的编制、采购模式选择、采购资金的支付等），仍适用《政府采购法》。政府采购工程依法不是必须招标而是采用其他方式采购的，也仍应适用《政府采购法》。另外，政府采购工程以及与工程建设有关的货物、服务，不管采用招标方式采购还是采用非招标方式采购，都应当执行政府采购政策。

29. 允许个人参加投标的项目是否适用《招标投标法》？

问：某些招标项目，规模不大，投入也不多，个体工商户、自然人都可以承揽，这样的项目可否允许个人投标？允许个人投标的，是否适用《招标投标法》？

答：个人，即《民法典》所讲的自然人。《招标投标法》

第二十五条规定:"投标人是响应招标、参加投标竞争的法人或者其他组织。依法招标的科研项目允许个人参加投标的,投标的个人适用本法有关投标人的规定。"也就是说,个人作为投标人,只限于科研项目依法进行招标的情形。对于其他招标项目,个人一般不得作为适格的投标人参与投标。实际上,《招标投标法》中的这一规定,主要是针对依法必须招标项目,即主要针对《招标投标法》所规定的具有典型特征的招标投标活动而言。对于非依法必须招标的项目,如果也适合个人承揽的,采购人可以采取招标投标的方式,允许个人投标。该类项目的招标投标活动应结合《民法典》中的一般原则或规定处理即可。

30. 不同层级的规范性法律文件之间的优先适用原则是什么?

问:当前,我国形成了以《招标投标法》为统领的比较完备的招标投标法律体系,有《招标投标法实施条例》,还有大量的部门规章、地方性法规、地方政府规章、司法解释和规范性文件。那么,针对某一问题,不同层级的规范性法律文件之间有不同规定或存在矛盾冲突时,如何正确适用这些法律文件来处理呢?

答:当不同层级的规范性法律文件对同一问题有不同规定时,应当按照"上位法优于下位法、新法优于旧法、特别法优于一般法"的原则来适用。

《招标投标法》的效力高于《招标投标法实施条例》，后者主要对前者的相关法律规定予以进一步具体化，增强可操作性，并针对新情况、新问题进行补充和完善。

《招标投标法实施条例》的效力高于部门规章，如与《评标委员会和评标方法暂行规定》《工程建设项目施工招标投标办法》《工程建设项目勘察设计招标投标办法》《工程建设项目货物招标投标办法》与《招标投标法实施条例》存在冲突的，以《招标投标法实施条例》为准。针对具体项目类型，如《招标投标法实施条例》没有规定，而对应的部门规章有规定的，从其规定。当规范性文件均没有具体规定时，可依据公开、公平、公正和诚实信用等招标投标活动的基本原则来处理具体问题。

31. 部门规章在《招标投标法》《招标投标法实施条例》基础上作出的新规定是否有效？

问：在从事招标代理工作中，有的问题在部门规章有具体规定，但上位法中并没有规定。如《工程建设项目施工招标投标办法》规定，投标保证金最高不得超过80万元；《房屋建筑和市政基础设施工程施工招标投标管理办法》（住房和城乡建设部令第43号）规定，投标保证金最高不得超过50万元；但《招标投标法》和《招标投标法实施条例》中并没有关于投标保证金具体数额的规定。请问这些超出上位法的规定有无法律效力，能否适用？

第一章 综合类

答：《招标投标法实施条例》出台，是为了细化和补充《招标投标法》的规定，国家部委发布的部门规章又是为了细化和补充《招标投标法》《招标投标法实施条例》的规定，如下位法的规定与《招标投标法》《招标投标法实施条例》等上位法的相关规定相矛盾，则应适用《中华人民共和国立法法》（以下简称《立法法》）中"上位法优于下位法"的原则，其相关规定均无效。

但是，《招标投标法》《招标投标法实施条例》不可能涵盖招标投标活动的所有具体问题，故在不违背上位法的情况下，部门规章作出大量完善性、补充性规定，该类规定应当同时适用。如《招标投标法》《招标投标法实施条例》关于重新招标后投标人仍少于三个的情形该如何处理未予提及，但《工程建设项目施工招标投标办法》第三十八条规定："重新招标后投标人仍少于三个的，属于必须审批、核准的工程建设项目，报经原审批、核准部门审批、核准后可以不再进行招标；其他工程建设项目，招标人可自行决定不再进行招标。"再如《招标投标法实施条例》第二十六条规定："投标保证金不得超过招标项目估算价的2%"，而《工程建设项目施工招标投标办法》第三十七条在此基础上又增加了"但最高不得超过80万元人民币"的限制。这些部门规章的上述规定是在不违反上位法基础上对上位法的补充和完善，应一并执行，不应认为其违反上位法。

32. 重新招标再次失败后是否还要继续组织招标？

问：某公司有一项工程建设项目，属于依法必须招标的项目，已经经过两次公开招标都失败了，投标人都不足三家。此时，还需要再次组织招标还是可以不再招标而采用其他采购方式？

答：可以不再进行招标而采用其他采购方式。

《工程建设项目施工招标投标办法》第三十八条第三款规定："依法必须进行施工招标的项目提交投标文件的投标人少于三个的，招标人在分析招标失败的原因并采取相应措施后，应当依法重新招标。重新招标后投标人仍少于三个的，属于必须审批、核准的工程建设项目，报经原审批、核准部门审批、核准后可以不再进行招标；其他工程建设项目，招标人可自行决定不再进行招标。"《工程建设项目货物招标投标办法》第三十四条第三款也有类似规定。

因此，依法必须招标的项目，重新招标后投标人仍少于三个的，可以不再进行招标，但属于依法必须审批、核准的工程建设项目，需报经原审批、核准部门审批、核准后方可不再组织招标。对于不属于依法必须招标的工程建设项目，招标人可自行决定不再进行招标。

需要注意的是，机电产品国际招标项目，重新招标后如投标人仍少于三个的，可根据《机电产品国际招标投标实施办法（试行）》第四十六条第二款规定，进行两家或一家开标评标；按国家规定需要履行审批、核准手续的依法必须招标的项目，报项目审批、核准部门审批、核准后可以不再进行招标。

33. 依法必须招标的项目有哪些情形将导致重新招标？

问：重新招标是招标项目发生法定事由，因无法继续进行开标、评标、定标或中标无效等原因导致招标失败，而重新组织招标采购活动的一种方式。对于依法必须招标的项目，哪些情形将会导致重新招标呢？

答：根据现行法律规定，以下几种情形必须重新招标：①资格预审合格的潜在投标人不足三个。②在投标截止时间提交投标文件的投标人少于三个。③所有投标均被否决。④评标委员会否决不合格投标后，因有效投标不足三个使得投标明显缺乏竞争，评标委员会决定否决全部投标。⑤因评标、定标工作不能如期完成需延长投标有效期，但同意延长投标有效期的投标人少于三个。

此外，根据《招标投标法实施条例》第五十五条规定，排名第一的中标候选人放弃中标、因不可抗力不能履行合同、不按照招标文件要求提交履约保证金，或者被查实存在影响中标结果的违法行为等情形，不符合中标条件的，招标人可以按照评标委员会提出的中标候选人名单排序依次确定其他中标候选人为中标人，也可以重新招标；该条例第八十一条还规定，依法必须进行招标的项目的招标投标活动违反《招标投标法》和本条例的规定，对中标结果造成实质性影响，且不能采取补救措施予以纠正的，招标、投标、中标无效，应当依法重新招标或者评标。

机电产品国际招标项目除上述情形外，可以或应当重新招标的情形还有以下几种：

（1）招标文件发售期截止后，购买招标文件的潜在投标人少于三个的，可以无须开标，直接重新招标。

（2）依法必须进行招标项目的资格预审文件、招标文件的内容违反法律、行政法规的强制性规定，违反公开、公平、公正和诚实信用原则，影响资格预审结果或者潜在投标人投标的，应当在修改资格预审文件或者招标文件后重新招标。

（3）开标后认定投标人少于三个的应当停止评标，重新招标（开标后认定投标人数量的规则是两家以上投标人的投标产品为同一家制造商或集成商生产的，按一家投标人认定；两家以上集成商或代理商使用相同制造商产品作为其项目包的一部分，且相同产品的价格总和均超过该项目包各自投标总价60%的，按一家投标人认定）。

（4）使用国外贷款、援助资金的项目，资金提供方对评标报告有反对意见的，在将资金提供方的意见报相应的主管部门后，应当重新招标或者重新评标。

34. 招标代理服务范围有哪些？

问：某单位每年都有一些项目需要招标，但没有专业的招标工作人员，计划委托一家招标代理机构代理招标采购业务，请问可以在《招标代理服务合同》中约定哪些招标代理服务内容？

答：中国招标投标协会颁布的《招标采购代理规范》（ZBTB/T A01—2016）第4.1.1项规定：招标代理机构宜对招标项目实行全过程代理，涉及服务范围主要包括：①拟订招标方案。②编制资格预审文件。③发布资格预审公告。④发售资格预审文件。⑤对资格预审文件进行必要的澄清与修改。⑥接收资格预审申请文件。⑦组织资格审查。⑧向申请人告知资格审查结果。⑨编制招标文件。⑩发出投标邀请书或发布招标公告。⑪发售招标文件。⑫组织潜在投标人踏勘现场。⑬组织召开投标预备会。⑭对招标文件进行必要的澄清与修改。⑮收取投标保证金。⑯接收投标文件。⑰组织开标。⑱组织评标。⑲评标结果公示。⑳协助定标。㉑发出中标结果。㉒协助签订合同。㉓退还投标保证金。㉔编制招标投标情况报告。㉕招标资料收集及移交。㉖协助处理异议。㉗协助处理投诉。㉘合同咨询及其他服务。

招标人在委托代理机构组织招标活动时，代理服务的具体内容可以根据实际需要在上述范围内选择，并在招标代理委托合同中约定。

35. 招标代理服务费应向招标人还是中标人收取？

问：实践中，招标代理服务费有的向招标人收取，但更多的是向中标人收取。请问这两种途径选择哪种都可以吗？

答：《招标代理服务收费管理暂行办法》（计价格〔2002〕1980号，已废止）第十条规定，依据"谁委托谁付费"原则，一般招标代理服务费由招标人向招标代理机构支付。但《国家发展改革委办公厅关于招标代理服务收费有关问题的通知》（发改办价格〔2003〕857号，已废止）第二条对上述规定作了修改，规定"招标代理服务费用应由招标人支付，招标人、招标代理机构与投标人另有约定的，从其约定"。

上述规定虽已废止，但在招标投标实践中，招标代理服务费由招标人支付或由中标人支付的做法已约定俗成。中国招标投标协会发布的《关于贯彻〈国家发展和改革委员会关于进一步放开建设项目专业服务价格的通知〉（发改价格〔2015〕299号）的指导意见》明确提出："招标代理服务收费实行市场调节价，按照等价有偿原则，由招标委托人和招标代理机构自愿协商确定，并由招标人支付。经事先约定，招标代理服务费可由中标人承担，并应在招标文件中注明约定。"中国招标投标协会发布的《招标采购代理规范》（ZBTB/T A01—2016）在第12.4.1项中也规定："招标代理服务费可以由招标人支付，也可由中标人支付，具体收取方式在招标代理委托合同中约定。招标代理服务费由中标人支付的，收费金额（或收费的计算方法）、收取时间等需在招标文件中进行明示。"

因此，如果招标代理服务费由中标人支付，建议在招标文件中予以明确规定或者另行取得中标人同意。对于招标失败的项目，应由招标人支付相应的招标代理服务费。

36. 自行招标项目是否可以约定向中标人收取中标服务费？

问：某公司有一工程建设项目自行组织招标，采用公开招标方式确定施工单位。预计该项目潜在投标人较多，竞争比较激烈，需要的评标费用将是一大笔开支，请问能否向中标人收取中标服务费来弥补评标的费用支出？

答：该公司自行组织招标，不可以收取中标服务费。

目前《招标投标法》及其实施条例以及部门规章、规范性文件都没有关于"中标服务费"的规定，允许收取的"招标代理服务费"是招标代理机构接受招标人的委托开展招标投标业务所收取的服务费报酬，收取人是招标代理机构而不是招标人。如招标人自行组织招标，不存在代理行为，其成本费用应从建设单位管理费中支出，不能向中标人收取中标服务费。

37. 招标代理服务费是否有现行支付标准？

问：《招标代理服务收费管理暂行办法》（计价格〔2002〕1980号）、《国家发展改革委办公厅关于招标代理服务收费有关问题的通知》（发改办价格〔2003〕857号）和《关于降低部分建设项目收费标准规范收费行为等有关问题的通知》（发改价格〔2011〕534号）这三个文件已经在2016年1月1日废止，请问目前有关于招标代理服务费的最新规定吗？如果没有最新规定，那么应该参照或依据什么进行支付呢？

答：上述规定废止后，对招标代理服务费没有强制性规定支付标准。为推进"简政放权、放管结合、优化服务"，充分发挥市场在资源配置中的决定性作用，2015年2月国家发展和改革委员会发布了《关于进一步放开建设项目专业服务价格的通知》（发改价格〔2015〕299号），决定全面放开招标代理费，由实行政府指导价管理改为实行市场调节价，价格由双方协商确定。

38. 招标代理服务费可以由哪几部分构成？

问：某大型工程项目要委托招标代理机构招标，在协商招标代理服务费时，将该费用分为哪几部分分别进行约定比较合适？

答：中国招标投标协会《招标采购代理规范》（ZBTB/T A01—2016）第12.1.4项规定：招标代理服务费由常规招标代理服务费、增值招标代理服务费和招标代理额外服务费三部分组成。具体如下：

（1）常规招标代理服务费。它是指招标代理机构从事法律法规规定的招标代理常规业务所收取的费用。招标代理常规业务包括编制招标文件（包括编制资格预审文件），组织审查投标人资格，组织潜在投标人踏勘现场并答疑，组织开标、评标、定标，以及提供招标前期咨询、协调合同的签订等服务。

（2）增值招标代理服务费。它是指招标人和招标代理机构在签订招标代理委托合同时约定的且属于招标代理常规业务之外的其他增值服务所收取的费用，如工程量清单、标底或最高投标限价编制费，协助签订合同的服务费，合同咨询及其他专业服务事项的费用，以及招标代理机构应招标人要求提供的其他差异化服务费等。

（3）招标代理额外服务费。它是指在招标代理委托合同签订之后，招标代理机构按招标人要求提供的且属于委托合同约定服务范围内容之外的其他额外服务所收取的费用。

该规范还规定了常规招标代理服务费计算规则，可以参考适用，从而根据不同项目实际来具体确定招标代理服务费。

39. 如何区分"投标无效""否决投标"与"废标"？

问：《招标投标法》规定了不合格的投标将可能被判定为"投标无效"或"否决投标"，实践中还有"废标"的说法，这三个概念有什么区别？

答：在招标实践中，"投标无效""否决投标"与"废标"经常被混用，并不加以区分。但是，从法理及法律规定上来分析，三者并不相同，主要区别有以下几个方面：

（1）"投标无效"与"否决投标"是《招标投标法》及其实施条例中的立法用语，而"废标"则是《政府采购法》

（2）"投标无效"是法律法规对投标行为效力的判断，而"否决投标"侧重于评标委员会根据法律法规和招标文件的规定对投标行为的评价和处理。《工程建设项目施工招标投标办法》等部门规章中的"废标"概念已被"否决投标"所取代。但《政府采购法》中仍保留"废标"概念，具体体现在《政府采购法》第三十六条、第三十七条等相关法律的规定中。需要注意的是，《政府采购法》体系中的"废标"，是指整个招标活动作废，而不是指某一份特定的投标文件被评标委员会否决。

（3）导致投标无效的主要原因是违反法律法规及招标文件的禁止性规定，如单位负责人为同一人的多个投标人参加同一项目投标。其中，除投标文件因逾期递交等法定原因被拒收以外，其余无效的投标均应在评标时"被否决"。

（4）评标委员会"否决"投标的原因不限于投标无效，还包括超出最高投标限价、存在实质性偏差等商务、技术或价格因素。

因此，在编制招标文件和评标、定标过程中，应注意区分上述三个概念的差异，规范表述。

40. 招标投标活动中的哪些信息应当公开？

问：《招标公告和公示信息发布管理办法》（国家发展和改革委员会令第10号）要求依法将必须招标项目的招标公告

和相关信息进行公开。那么，哪些信息需要公开呢？

答：《招标公告和公示信息发布管理办法》（国家发展和改革委员会令第10号）规定依法必须招标项目的资格预审公告、招标公告、中标候选人公示、中标结果公示等信息，除依法需要保密或者涉及商业秘密的内容外，应当按照公益服务、公开透明、高效便捷、集中共享的原则，依法向社会公开。

除了上述信息，有的省（直辖市、自治区）为了加大社会监督和反腐倡廉力度，打造阳光交易，切实体现招标投标活动公开、公正、公平的原则，尝试扩大信息公开范围，要求对依法公开招标的项目实施全过程信息公开。比如广东省住房和城乡建设厅印发的《关于房屋建筑和市政基础设施工程建设项目招标投标全过程信息公开的管理规定（修改稿）》明确公开资格预审公告和招标公告（同步在网上发布招标文件以供下载），公示中标候选人信息及其投标文件、公示评标过程（含评标专家的职称、取得的资格、从事的专业等有利于评标内容及对应的个人评标过程的否决投标人相关意见等具体意见）、公开评标结果（评标结果和合格投标人得票情况）、公开中标结果（中标结果、合同订立及履行等信息）。

41. 失信被执行人信息查询内容及方式有哪些？

问： 2016年8月30日，最高人民法院、国家发展和改革委员会、工业和信息化部、住房和城乡建设部、交通运输部、水利部、商务部、国家铁路局、中国民用航空局联合发布《关于在招标投标活动中对失信被执行人实施联合惩戒的通知》(法〔2016〕285号)，要求在招标投标活动中对失信被执行人实行联合惩戒制度。那么，失信被执行人信息如何查询，可以查询哪些内容呢？

答： 联合惩戒对象为被人民法院列为失信被执行人的下列人员：投标人、招标代理机构、评标专家以及其他招标从业人员。

最高人民法院将失信被执行人信息推送到全国信用信息共享平台和"信用中国"网站，并负责及时更新。

招标人、招标代理机构、有关单位应当通过"信用中国"网站或各级信用信息共享平台查询相关主体是否为失信被执行人，并采取必要方式做好失信被执行人信息查询记录和证据留存。投标人可通过"信用中国"网站查询相关主体是否为失信被执行人。国家公共资源交易平台、中国招标投标公共服务平台、各省级信用信息共享平台通过全国信用信息共享平台共享失信被执行人信息，各省级公共资源交易平台通过国家公共资源交易平台共享失信被执行人信息，逐步实现失信被执行人信息推送、接收、查询、应用的自动化。

查询内容包括失信被执行人（法人或者其他组织）的名称、统一社会信用代码（或组织机构代码）、法定代表人或者负责人姓名；失信被执行人（自然人）的姓名、性别、年龄、身份证号码；生效法律文书确定的义务和被执行人的履行情况；失信被执行人失信行为的具体情形；执行依据的制作单位和文号、执行案号、立案时间、执行法院；人民法院认为应当记载和公布的不涉及国家秘密、商业秘密、个人隐私的其他事项。

42. 对失信被执行人可以采取哪些联合惩戒措施？

问：对于失信被执行人，在招标投标活动中招标人可以采取哪些联合惩戒措施？

答：对于失信被执行人，在招标投标活动中招标人可以采取以下几方面措施：

（1）限制失信被执行人的投标活动。依法必须进行招标的工程建设项目，招标人应当在资格预审公告、招标公告、投标邀请书及资格预审文件、招标文件中明确规定对失信被执行人的处理方法和评标标准。在评标阶段，招标人或者招标代理机构、评标专家委员会应当查询投标人是否为失信被执行人，对属于失信被执行人的投标活动依法予以限制。两个以上的自然人、法人或者其他组织组成一个联合体，以一个投标人的身份共同参加投标活动的，应当对所有联合体成员进行失信被执行人信息查询。联合体中有一个或一个以上成员属于失信被执行人的，该联合体视为失信被执行人。

（2）限制失信被执行人的招标代理活动。招标人委托招标代理机构开展招标事宜的，应当查询其失信被执行人信息，鼓励优先选择无失信记录的招标代理机构。

（3）限制失信被执行人的评标活动。依法建立的评标专家库管理单位在对评标专家聘用审核及日常管理时，应当查询有关失信被执行人信息，不得聘用失信被执行人为评标专家。对评标专家在聘用期间成为失信被执行人的，应及时清退。

（4）限制失信被执行人招标从业活动。招标人、招标代理机构在聘用招标从业人员前，应当明确规定对失信被执行人的处理办法，查询相关人员的失信被执行人信息，对属于失信被执行人的招标从业人员应按照规定进行处理。

43. 各级地方检察院停止行贿犯罪档案查询工作后，投标人还是否需要提供行贿犯罪记录？

问：自2018年8月1日起，各级地方检察院相继停止行贿犯罪档案查询工作，投标人无法再向检察院申请开具行贿犯罪档案查询告知函。那么，招标文件是否还要求投标人提供行贿犯罪记录？

答：目前，各级地方检察院停止提供行贿犯罪档案查询服务，不再开具"无行贿犯罪行为证明"。在此情况下，不应再要求投标人向检察院查询取得行贿犯罪记录，招标人和招标代理机构也不能自行向检察院查询。因此，招标文件应取消"投标人必须提供检察机关出具的投标人及其法定代表人、拟任项目负责人近三年无行贿犯罪行为证明"条款，可改为要求提供近三年无行贿犯罪行为承诺书，评标过程中也只审查其是否具有近三年无行贿犯罪行为承诺书。

招标人可在招标文件中规定投标人应提供投标人、法定代表人和项目负责人投标截止日前三年无行贿犯罪行为承诺书。如投标人成立不足三年，则承诺期限为投标人成立之日起至承诺书出具之日。如果提供的书面承诺有虚假内容，其投标无效。招标人也可以不再要求投标人自行提供无行贿犯罪行为承诺书，而是由招标人或招标代理机构在开标之后，自行登录"中国裁判文书网"官网进行查询，查询的记录时间一般是定标之日前三年内的信息。在评标过程中，可以由招标人或招标代理机构进行查询，提供给评标委员会作为否决投标的依据；在定标之前，应当仅对中标候选人进行查询，以便定标时确定的中标人及其法定代表人、拟任项目负责人不存在行贿犯罪记录。

44. 约定中介人与招标人联系确保投标人中标的中介服务合同是否有效？

问：A 公司与 B 公司在双方签订的合作协议书中约定由 A 公司负责提供招标项目的决策人信息，负责运作与该项目业主及决策方的关系，以确保 B 公司中标，B 公司中标后向 A 公司支付报酬，该协议是否有效？

答：本问题反映的是招标投标中介服务合同是否合法的问题。

根据《民法典》第九百六十一条规定，中介合同是中介人向委托人报告订立合同的机会或者提供订立合同的媒介服务，委托人支付报酬的合同。如公开招标的事项也存在向特定群体或对象报告投标和订立合同机会的情形。但此种中介行为不得违反公开、公平、公正和诚实信用原则，不得违反《招标投标法》中关于保密的法律规定，也不得损害其他参与招标投标活动当事人的合法权益。

中介合同如果约定由中介人与招标人联系以确保中标，则该行为涉嫌以合法形式掩盖非法目的，该合同无效。《招标投标法》第三十八条第二款规定："任何单位和个人不得非法干预、影响评标的过程和结果。"《招标投标法实施条例》第四十一条规定："禁止招标人与投标人串通投标。"因此，公开招标项目除招标投标正常程序外，不允许招标人与投标人进行私下接触、串通等行为。如中介合同中出现中介人利用其关系进行活动，向另一方提供招标人的相关决策内幕信息，负责运作与招标人相关人员的关系，为投标人在投标中获取优势，以确保相对人中标等内容，则与《招标投标法》的规定不符，也与招标投标活动应遵循的公开、公平、公正原则相悖，中介合同无效。

45. 政府采购工程招标中的违法行为由哪个部门负责查处？

问：某大学办公楼装饰工程组织公开招标，招标人发现

第一章 综合类

有投标人串通投标,应当向哪个行政机关投诉请求查处该违法行为?

答:《政府采购法》第四条规定:"政府采购工程进行招标投标的,适用招标投标法。"

根据相关法律,政府采购工程招标投标活动,应按照《招标投标法》执行。《招标投标法》第六十五条规定,投诉受理主体是"有关行政监督部门"。《招标投标法实施条例》第四条规定:"国务院发展改革部门指导和协调全国招标投标工作,对国家重大建设项目的工程招标投标活动实施监督检查。国务院工业和信息化、住房城乡建设、交通运输、铁道、水利、商务等部门,按照规定的职责分工对有关招标投标活动实施监督。县级以上地方人民政府发展改革部门指导和协调本行政区域的招标投标工作。县级以上地方人民政府有关部门按照规定的职责分工,对招标投标活动实施监督,依法查处招标投标活动中的违法行为。县级以上地方人民政府对其所属部门有关招标投标活动的监督职责分工另有规定的,从其规定。财政部门依法对实行招标投标的政府采购工程建设项目的预算执行情况和政府采购政策执行情况实施监督。监察机关依法对与招标投标活动有关的监察对象实施监察。"各地方政府也有类似职责分工。投诉人应当根据上述规定确定有管辖权的行政监督部门并向其提出投诉。

本项目属于房屋建筑工程项目招标投标活动,其监督执法应由住房和城乡建设行政主管部门负责。

46. 强制招标项目未接受行政监督，招标结果是否有效？

问：某市工业开发区有一企业投资项目，属于依法必须招标的项目。由于该市行政监督职责划分等原因，该项目目前找不到行政监督部门，最后经协调同意让企业内设招标管理机构履行招标管理职能，并进入该市公共资源交易中心进行招标。

评标结果公示发布后，有投标人质疑企业内设机构不具有法定的招标投标行政监督职能，要求认定此次招标无效。请问本次招标活动是否有效？

答：倾向于本次招标结果有效。

本项目在招标过程中，招标人主动要求接受行政监督，后又经有关部门授权由企业自行监督。因此，造成该项目招标过程未接受行政监督的原因，并非由于招标人主观故意规避行政监督所致，而是由于当地行政监督职能划分空缺等原因造成。故应当认定本次招标结果有效。

第二章 招标类

1. 招标投标活动中哪些内容需要通过媒体公布？

问：在招标投标活动中，涉及的信息非常丰富，有招标公告，有投标人名单，有投标文件，有开标信息，有评标委员会成员名单，有评标信息，等等。这些信息，依照法律规定，哪些需要通过媒体向社会公开？

答：招标投标信息公开是公开原则的应有之意，充分的信息公开是推进充分竞争、确保招标投标活动公平竞争的前提。

根据《招标公告和公示信息发布管理办法》规定，对于依法必须招标项目，资格预审公告、招标公告、中标候选人公示、中标结果公示等信息，除依法需要保密或者涉及商业秘密的内容外，应当按照公益服务、公开透明、高效便捷、集中共享的原则，通过媒体发布向社会公开，这些信息应当在"中国招标投标公共服务平台"或者项目所在地省级电子招标投标公共服务平台公开发布。其中，对资格预审公告和招标公告、中标候选人公示的内容，《招标公告和公示信息发布管理办法》作出了详细具体的规定，不得有缺省遗漏。

对于非依法必须招标项目，根据招标活动正常进行的需要，资格预审公告、招标公告、中标候选人公示、中标结果公示等信息也是需要公开的，但公布这些信息的媒体国家并没有指定，可以在任何公开的媒体发布，如招标人网站、当地报纸均可。

2. 依法必须招标项目的招标公告和公示信息应当在什么媒体发布？

问：根据《招标投标法》的规定，为了确保公开性，依法必须招标项目的招标公告应当在国家指定的媒体发布，那么请问招标公告和公示信息应当在什么媒体发布？

答：根据《招标公告和公示信息发布管理办法》第八条规定，依法必须招标项目的招标公告和公示信息应当在"中国招标投标公共服务平台"或者项目所在地省级电子招标投标公共服务平台（如"北京市公共资源交易服务平台"）发布。《电子招标投标办法》第十七条也明确要求"依法必须进行公开招标项目的上述相关公告应当在电子招标投标交易平台和国家指定的招标公告媒介同步发布"。

3. 发布资格预审公告后还用发布招标公告吗？

问：某资格预审的招标项目，已经发布了资格预审公告，还需要发布招标公告吗？

答：《招标投标法实施条例》第十五规定："公开招标的

第二章 招标类

项目，应当依照招标投标法和本条例的规定发布招标公告、编制招标文件。招标人采用资格预审办法对潜在投标人进行资格审查的，应当发布资格预审公告、编制资格预审文件……"对于资格预审的项目，一般发布的资格预审公告已经将招标公告的内容基本涵盖了。对于资格预审项目而言，预审结束后，招标文件的发售对象是特定的通过资格审查的申请人。因此，已经发布了资格预审公告的招标项目，无须再发布招标公告了。

4. 招标公告发布后是否可以变更为资格预审公告？

问：某施工项目招标，共分九个标段，招标公告发布后，投标人报名已经超过100家。招标人想把招标公告变更为资格预审公告，采用有限数量制以节省评标时间，是否可以？

答：该项目属于已经开始招标的项目，不宜将招标公告变更为资格预审公告。

这种变更本质上属于终止本次招标活动后进行二次招标，如招标人执意终止招标，应退还投标人购买招标文件的费用。已经收取投标保证金的，还应当退还投标保证金及银行同期存款利息。招标人应当在妥善处理好本次招标相关事宜后，方可启动二次招标，二次招标可采用资格预审。

作为一个有经验的招标代理机构，应当事先对招标项目的市场竞争格局进行预判，如发现潜在投标人较多，可选择资格预审或在评标标准上作出相应规定，切忌中途变更。

5. 国家发展和改革委员会未参与制定的招标文件标准文本是否也应推广使用？

问：《招标投标法实施条例》第十五条规定："编制依法必须进行招标的项目的资格预审文件和招标文件，应当使用国务院发展改革部门会同有关行政监督部门制定的标准文本。"但是，也有一些部委和地方政府部门自行制定了一些标准文本，没有国家发展和改革委员会的参与，是否就可以不强制适用了？

答：制定推广招标文件范本是规范招标程序、加强行政监督的有效手段之一。根据《招标投标法实施条例》第十五条规定，编制依法必须进行招标的项目的资格预审文件和招标文件，应当使用国家发展和改革委员会会同有关行政监督部门制定的标准文本，目前有《标准施工招标文件》《标准施工招标资格预审文件》《简明标准施工招标文件》《标准设计施工总承包招标文件》《标准设备采购招标文件》《标准材料采购招标文件》《标准勘察招标文件》《标准设计招标文件》和《标准监理招标文件》等标准文本。同时，参与编制前述文本的部门也结合各自行业特点和管理需要，对这些文本予以细化并补充形成了具有行业特点的标准文本，如《公路工程标准施工招标文件》《水利水电工程标准施工招标文件》《水电工程施工招标和合同文件示范文本》等，也应在推行之列，这是国家发展和改革委员会推动招标采购标准化进程的重要举措。

第二章　招标类

此外，也有一些部委和地方政府部门自行制定了一些标准文本，如《通信建设项目货物招标文件范本》《铁路建设项目物资招标文件示范文本》《北京市建设工程设计招标文件范本》等为数众多的招标文件范本。这些文本，国家发展和改革委员会均未参与，对于其是否也应强制性地推广使用，《招标投标法实施条例》并未规定。推究立法本意，国家发展和改革委员会作为招标投标主管部门，标准文本应由其牵头制定，这有利于统一招标投标规则，建立统一的招标投标市场。但鉴于招标投标多头管理的现状，其他政府主管部门在其管理范围内制定的标准文本，以及地方政府补充编制的标准文本，也应在本行业、本地区内推广使用。此外，招标人为了减少招标监管的风险，也应当优先采用这些标准文本。《机电产品国际招标投标实施办法（试行）》（商务部令1号）第十八条规定："编制依法必须进行机电产品国际招标的项目的资格预审文件和招标文件，应当使用机电产品国际招标标准文本。"商务部机电和科技产业司随之发布了《机电产品国际招标标准招标文件（试行）》。

6. 地方政府可否在标准招标文件基础上细化制定本地区招标文件文本？

问：地方政府或有关部门能否在不与国家或国务院行业主管部门已发布的标准招标文件相抵触的前提下，制定更加细化的招标文件文本？

答：地方政府在不与国家或国务院行业主管部门已发布的标准招标文件相抵触的前提下，可以结合本地区实际，为本地区政府投资建设工程的招标人制定更加细化的标准文件文本，但不得非法干涉招标投标活动，不得以此种方式非法限制招标人自主权。

7. 招标文件与招标公告不一致如何处理？

问：某招标项目招标公告规定"不允许联合体投标"，后来招标文件规定的"投标人资格条件"中又把这一条删除了。5家投标人中有1家联合体投标。请问在这种招标文件与招标公告内容不一致的情况下应如何处理，该联合体是否具有投标资格？

答：原则上，招标文件中的相应内容应当与招标公告内容一致。有时，在招标公告发布后，招标人又对其中一些条款进行了调整，导致招标公告与招标文件不一致，应以招标文件为准，这代表了招标人的意思表示。在本项目中，投标人以联合体方式投标，并未违反招标文件的要求，故不能否决该联合体的投标。

需要注意的是，本项目在招标文件中更改了招标公告中投标人的资格条件要求，对潜在投标人参与竞争造成影响，宜依法重新组织招标。

8. 招标文件可否约定中标后投标保证金转为履约保证金？

问：投标保证金与履约保证金的作用不同、金额要求不同，但都属于投标人或中标人向招标人提交的保障招标人利益的担保措施，那么能否约定投标人在其中标之后将投标保证金直接转为履约保证金，如金额不足则应当补足？

答：中标后投标保证金可以转为履约保证金。

根据《招标投标法》第四十六条第二款和《招标投标法实施条例》第五十八条的规定，招标文件如要求中标人提交履约保证金，则中标人应当在合同签订之前提交，且履约保证金不得超过中标合同金额的10%。招标人可以在招标文件中约定：中标人在中标后，其投标保证金即自动转为履约保证金。该规定不违法，且减少了中标人收回投标保证金再提交履约保证金的手续。因投标保证金不得超过合同估算价的2%，而履约保证金不得超过中标合同金额的10%，一般情况下投标保证金的金额可能小于履约保证金金额。因此，中标人的投标保证金按照招标文件规定自动转为履约保证金后，不足部分中标人仍需补足，以达到规定的履约保证金金额。

9. 招标文件能否要求所采购的货物为进口产品？

问：某招标人在一货物采购招标文件中明确规定所采购的设备必须为进口产品，因为这些设备国内厂家也能生产，但招标人为了保证设备质量，对国内的供货商不够信任。这样的规定是否合适？

答：《招标投标法》第十八条规定："招标人不得以不合理的条件限制或者排斥潜在投标人，不得对潜在投标人实行歧视待遇。"《招标投标法实施条例》第三十二条进一步明确规定："招标人不得以不合理的条件限制、排斥潜在投标人或者投标人。招标人有下列行为之一的，属于以不合理条件限制、排斥潜在投标人或者投标人：……（五）限定或者指定特定的专利、商标、品牌、原产地或者供应商。"本条款中禁止限定或者指定特定的原产地或者供应商，这是针对所有投标项目而言的。因此，在招标文件中明确规定采购的设备为进口产品，违反了上述法律规定。即使是国际招标项目，也不能规定只采购进口产品，而排除国产产品。

10. 非依法必须招标项目可以限定投标产品的品牌吗？

问：某民营企业通过招标采购一批设备，该企业通知招标代理机构，要求在招标时限定某几个常用品牌。该做法是否违反法律规定？

答：《招标投标法实施条例》第三十二条第二款规定，"招标人有下列行为之一的，属于以不合理条件限制、排斥潜在投标人或者投标人：……（五）限定或者指定特定的专利、商标、品牌、原产地或者供应商。"该条款将指定品牌作为以不合理条件限制、排斥潜在投标人或者投标人的违法行为，而且该禁止行为并不限于依法必须招标的项目。因此，尽管本项目为非依法必须招标项目，但依据上述规定，其采用招标方式采购，在招标文件中指定或限定品牌就属于违法行为。

11. 招标文件能否指定设备品牌或参考品牌？

问：某建设工程扩建项目设备招标采购，为了确保安全，要求投标人就某一关键设备必须采购某国际知名品牌，请问这样的条款是否合适？

答：实际上，招标文件已经指定了品牌，这就意味着非上述所谓的"国际知名品牌"企业及国内生产企业最终都无法参与该项目的公开招标。《招标投标法》第三十二条强调"招标人不得以不合理的条件限制、排斥潜在投标人"，并对"以不合理的条件限制、排斥潜在投标人"的情形做了列举式规定，其中之一就是"限定或者指定特定的专利、商标、品牌、原产地或者供应商"，对照该法律条款，本项目所述情形属于"以不合理条件限制、排斥潜在投标人或者投标人"，不符合法律规定。在实践中，还有一些招标人认为在招标文件中提供了三家及以上的品牌供参考，应不属于违规行为。实际上，招标人虽然没有指定唯一品牌，但无论其推荐了多少种品牌，一定程度上也限制了竞争，违背了招标投标活动的"公平"原则。

《工程建设项目货物招标投标办法》第二十五条第二款规定："如果必须引用某一供应者的技术规格才能准确或清楚

地说明拟招标货物的技术规格时,则应当在参照后面加上'或相当于'的字样。"在招标投标实践中,如遇到万不得已必须引用某些品牌才能准确或清楚地说明拟招标货物的技术规格时,可以在列出"参考品牌"(建议不少于三家以达到一定的竞争)后,加上"相当于或优于上述参考品牌的性能指标"的字样。

12. 招标文件能否要求投标人必须有本地业绩?

问:某国有企业生产车间施工公开招标,在资格条件中设置有"在某省获得过施工质量优秀奖项、鲁班奖""在某省建筑行业业绩不少于5个"等要求,是否合适?

答:依法必须招标项目的招标人将特定地域、行业的业绩、奖项等与项目不相适应的要求设置为投标人的资格条件,限制、排斥了潜在投标人,达到保护本地企业等某些预期的目的,该做法涉嫌违反《招标投标法》第十八条"招标人不得以不合理的条件限制、排斥潜在投标人"的规定。

关于何为"以不合理的条件限制、排斥潜在投标人"的情形,《招标投标法实施条例》第三十二条第二款做了细化规定:"(一)就同一招标项目向潜在投标人或者投标人提供有差别的项目信息;(二)设定的资格、技术、商务条件与招标项目的具体特点和实际需要不相适应或者与合同履行无关;(三)依法必须进行招标的项目以特定行政区域或者特定行业的业绩、奖项作为加分条件或者中标条件;(四)对潜在投标人或者投标人采取不同的资格审查或者评标标准；（五）限定或者指定特定的专利、商标、品牌、原产地或者供应商；（六）依法必须进行招标的项目非法限定潜在投标人或者投标人的所有制形式或者组织形式；（七）以其他不合理条件限制、排斥潜在投标人或者投标人。"

本项目属于依法必须进行招标的项目，招标人以特定行政区域的业绩、奖项作为资格条件，违反了《招标投标法实施条例》第三十二条的规定，应当予以纠正。

13. 招标人可否要求潜在投标人组成联合体？

问：某工程项目公开招标，有A、B、C、D四家单位参加投标，由于该项目技术比较复杂，各家技术实力和专业优势有所不同，B、D两家单位综合实力相当，A、C两家单位各有其弱项但如果联合起来则实力占优。招标人向A、C两家单位暗示如果不组成联合体投标，则投标优势不明显。A、C两家单位为了中标，同意组成联合体投标。请问招标人的这种做法是否合适？

答：《招标投标法》第三十一条规定："两个以上法人或者其他组织可以组成一个联合体，以一个投标人的身份共同投标……招标人不得强制投标人组成联合体共同投标，不得限制投标人之间的竞争。"依据这一规定，两个及以上供应商可以依法组成联合体投标实现强强联合、优势互补。对于投资规模大、技术复杂、管理难度大的招标项目，允许联合体投标是比较合适的选择。

但是，是否组成联合体投标、选择与谁组成联合体投标，是投标人自主经营权的范畴，招标人不得干涉。本项目招标人暗示A、C两家单位组成联合体投标，已经有了倾向性，影响了其他投标人的公平竞争，这种做法是不合适的。

14. 招标文件能否将注册资本设置为投标人资格条件？

问：某招标项目，为了确保投标人能够具备承担本项目的能力，拟在招标文件的"投标人资格条件"中规定"投标人的注册资金应当在××万元人民币及以上"，通过比较各投标人的注册资金从中选择出实力更强的中标人，这个做法是否可行？

答：在工商登记制度改革之前，实行注册资本实缴登记制。注册资本是在工商注册部门登记的企业出资人（公司股东）实际缴纳的出资或股本总额，一定程度上能够反映出企业实力和履约能力。但是，目前实行注册资本认缴登记制，除法律另有规定之外，企业实收资本不再作为工商登记事项，申请登记时无须提交验资报告，且放宽注册资本登记条件，取消了原来的有限责任公司最低注册资本3万元、一人有限责任公司最低注册资本10万元、股份有限公司最低注册资本500万元的限制，对股东（发起人）的首次出资比例、货币出资金额比例、缴足出资的期限等也不再限制。

也就是说，营业执照上载明的注册资本，仅仅是其出资人（股东）认缴的出资总额或者发起人认购的股本总额，而不是已经实际缴纳的出资或股本，并不代表企业实收资本，不能真实反映出企业实际的资金实力。现实中出现"一元公司"或实缴出资远低于"注册资本"的现象也很多。因此，在招标文件中通过设置注册资本"门槛"来考核投标企业规模的意图较难实现。考察投标人的实力，可以要求投标人提供经过审计的财务报表，依据其载明的实收资本、所有者权益等指标来评估企业的经营实力更为稳妥。

当然，现行法律法规还规定了一些金融机构和特定行业的企业继续实行注册资本实缴登记制，其营业执照载明的注册资本就是其实缴金额。如《中华人民共和国劳动合同法》（以下简称《劳动合同法》）第五十七条规定，劳务派遣单位必须依法办理公司登记，注册资本不得少于人民币200万元。对于这类企业，招标文件还可以对其注册资本提出具体金额的要求，以此作为判断投标企业规模和实力的依据之一。

15. 购买招标文件后必须要参加投标吗？

问：某工程项目，为了防止投标人过少导致流标延误工期，招标人在招标文件中要求投标人在购买招标文件时就书面承诺必须参加投标，如没有按期递交投标文件，将取消今后一年内参加本单位招标项目的投标资格。请问招标人要求购买招标文件的投标人承诺必须要参加投标的做法正确吗？

答：不正确。

根据合同自由原则，任何人都不得强迫他人参与市场交易（负有强制缔约义务的除外）。潜在投标人在购买招标文件后，可以根据招标项目的实际情况和自身竞争实力，经过利益权衡自主决定是否参加投标。招标人不得要求潜在投标人在购买招标文件时即承诺要投标，更不得以"购买招标文件后未参加投标"为由对潜在投标人进行制裁。

16. 招标文件可以明确设备材料的品牌吗？

问：某单位要购买一批计算机设备，考虑到市场上计算机品牌不同质量差异较大，售后服务也有明显差异，但是价格区别不大，仅凭供货业绩、技术参数在评审时难以评审，能否参照《工程建设项目货物招标投标办法》中的规定，在招标文件中指定一些品牌让供应商选择提供？

答：不可以。

《招标投标法实施条例》第三十二条禁止招标人限定或者指定特定的专利、商标、品牌、原产地或者供应商。因此，招标文件不能直接限定可以投标的品牌范围。办公用计算机设备属于通用产品，各不同品牌产品之间的质量和性能差异，可以通过相关技术参数进行比较。

《工程建设项目货物招标投标办法》第二十五条第二款规定："招标文件中规定的各项技术规格均不得要求或标明某一特定的专利技术、商标、名称、设计、原产地或供应者等，不得含有倾向或者排斥潜在投标人的其他内容。如果必须引用某一供应者的技术规格才能准确或清楚地说明拟招标货物的技术规格时,则应在参照后面加上'或相当于'的字样。"

从该条款的表述中可以发现,对于一般货物采购项目而言,招标文件中不能规定设备材料的品牌;如一些特殊货物采购项目,不引用某一品牌的技术规格无法准确或清楚地说明其技术规格时,才可列举参照品牌的名称并加上"或相当于"的字样。上述规定,意在防止招标人为潜在投标人"量身定做"而导致其他投标人都不满足该技术规格。

17. 招标文件可以将经营范围设置为投标人资格条件吗?

问: 实践中,有的招标人要求投标人的经营范围必须涵盖某一范围,否则认定其投标资格不合格。请问:招标文件可以将经营范围设置为投标人资格条件吗?

答: 经营范围不应作为投标人资格条件,理由如下:

(1) 国家发展和改革委员会办公厅、市场监管总局办公厅联合印发《关于进一步规范招标投标过程中企业经营资质资格审查工作的通知》(发改办法规〔2020〕727号)规定了"三个不得",即不得以营业执照记载的经营范围作为确定投标人经营资质资格的依据,不得将投标人营业执照记载的经营范围采用某种特定表述或者明确记载某个特定经营范围细项作为投标、加分或者中标条件,不得以招标项目超出投标人营业执照记载的经营范围为由认定其投标无效。

(2)《民法典》第五百零五条规定:"当事人超越经营范

围订立的合同的效力，应当依照本法第一编第六章第三节和本编的有关规定确定，不得仅以超越经营范围确认合同无效"，对市场主体超越经营范围从事经营活动持肯定立场，只要市场主体不违反法律、行政法规的强制性规定，即可参与投标竞争，签订合同，不能再以经营范围限制投标人的资格，否则涉嫌以不合理的条件排斥、限制投标人竞争。

（3）实践中审查投标人的经营范围既无必要也有操作难度。一是依据经营范围并不能客观判断市场主体的履约能力，依据历史业绩、主要设备条件等进行衡量更具证明力。二是企业法人可以随时增减、变更经营范围，再限定投标人的经营范围起不到预定作用。三是有的地方营业执照登记的经营范围非常宽泛甚至无所不包，个别地方已经不再载明经营范围。招标文件中如再限定经营范围是否还具有必要性，需重新考量。四是登记的经营范围与招标项目描述不可能一一完全对应，评标专家审查经营范围是否涵盖招标项目存在客观困难。

18. 招标投标经营范围不限是否意味着不需要行政许可？

问：《关于进一步规范招标投标过程中企业经营资质资格审查工作的通知》（发改办法规〔2020〕727号）规定："招标人在招标项目资格预审公告、资格预审文件、招标公告、招标文件中不得以营业执照记载的经营范围作为确定投标人经营资质资格的依据，不得将投标人营业执照记载的经营范围采用某种特定表述或者明确记载某个特定经营范围细项作为投标、加分或者中标条件，不得以招标项目超出投标人营业执照记载的经营范围为由认定其投标无效。"这个文件的出台是否意味着没有医疗器械经营许可或备案的经营企业都可以做二类、三类医疗器械？如果招标文件没有明确规定，是否意味着所有企业也都可以做二类、三类医疗器械？如果是这样，那要医疗器械的行政许可和监管还有什么意义？

答：《关于进一步规范招标投标过程中企业经营资质资格审查工作的通知》（发改办法规〔2020〕727号）规定，招标项目对投标人经营资质资格有明确要求的，应当对其是否被准予行政许可、取得相关资质资格情况进行审查。该文件的出台并非意味着没有医疗器械经营许可或备案的企业都可以经营二类、三类医疗器械。对于依法需取得行政许可或备案方能从事的特定行业，应当先取得相关许可或完成备案。

19. 招标文件规定："投标人的授权委托人应提交劳动合同，否则评标委员会可以否决其投标"，有无必要？

问：某工程招标项目的招标文件中规定："投标人的法定代表人授权委托他人进行投标的，该授权委托人须是投标人的员工。投标文件中必须提供授权委托人的劳动合同以供查验，否则投标文件会被否决。"招标文件中的这条否决条款是否合理？

答：《民法典》第一百六十一条规定："民事主体可以

通过代理人实施民事法律行为。依照法律规定、当事人约定或者民事法律行为的性质，应当由本人亲自实施的民事法律行为，不得代理。"由此可知，法律中规定只要不是必须本人亲自实施的民事法律行为，民事主体都可以通过委托代理的方式委托第三人进行处理，而且并未规定委托人和受托人双方当事人必须存在劳动合同关系。因此，要求投标人法定代表人的授权委托人必须提供劳动合同没有必要，不具有合理性。

20. 投标人最后一天才购买招标文件，招标人是否应当也给予其15天编制文件的时间？

问：《招标投标法》第二十四条规定："依法必须进行招标的项目，自招标文件开始发出之日起至投标人提交投标文件截止之日止，最短不得少于二十日。"某项目招标文件的售卖时间为7天，最后一天购买招标文件的某投标人，编制投标文件的时间不足15天。招标人是否应当也给予其15天编制文件的时间？

答：《招标投标法实施条例》第二十一条制约的是招标人的行为，要求招标人应当留给投标人足够的投标准备时间。对于依法必须进行招标的项目，该时间自招标文件开始发出之日起最短不得少于二十日。如投标人在出售招标文件的最后一天购买文件，其投标准备时间不足15天，属投标人自身原因导致，招标人无须为此承担责任。

第二章 招标类

21. 货物招标时设定的业绩要求针对的是生产商还是代理商？

问：某单位作为代理商要参加一货物采购招标项目，该项目招标文件提出的投标人的资格条件之一是"投标产品的业绩应达到×个"。这里设定的业绩条件是针对生产商还是代理商提出的供货数量要求？

答：为了避免评审中的歧义，对于允许代理商投标的项目，建议招标人在招标文件中明确规定其设定的投标产品的业绩条件是针对生产商还是代理商提出的。一般情况下，如果招标文件规定的业绩条件重点在考察投标产品本身的市场占有率、技术成熟程度、质量、售后服务、商业信誉等情况，则应针对生产商提出该项要求；如果规定的业绩条件重点在考察代理商的履约能力、企业实力，则应针对代理商提出该项要求。

如果招标文件未明确业绩条件指明的对象，那么设定的业绩条件就是针对投标人自身而言的，投标人是代理商的，设定的业绩条件就是其代理销售的供货业绩要求。

22. 招标文件应对联合体投标提出哪些要求？

问：在编写某招标项目的招标文件时，该项目涉及两个行业，根据市场情况，能够独自承担本项目的潜在投标人数量过少，因此决定允许联合体投标，则在招标文件中应该规定哪些内容？

答：首先，招标文件应明确接受联合体投标。本项目由于能够独自承担的潜在投标人数量过少，不接受联合体投标可能对竞争格局带来不利影响，招标人应当在招标文件中明确规定"本项目接受联合体投标"。

其次，招标文件应明确联合体各方必须具备的承担招标项目的相应资格条件。由同一专业的单位组成的联合体，按照资质等级较低的单位确定资质等级。

最后，招标文件应对联合体的组成方式提出要求。联合体投标必须提交联合体协议书，以明确联合体牵头人及各成员方的权利、义务和各自拟承担的项目内容。采取资格预审方式的项目，联合体应当在提交资格预审申请文件前组成，资格预审后联合体增减、更换成员的，其投标无效。联合体各方在同一招标项目中不得以自己的名义单独投标或者参加其他联合体投标，否则相关投标无效。

23. 投标联合体的资质、资格条件如何认定？

问：某工程勘察设计项目招标，招标文件规定："投标人须具备该类工程甲级设计资质，近三年内累计承揽的类似设计合同业绩不低于 500 万元，且需要具备乙级勘察资质；本项目接受联合体投标。"A、B 两家公司组成联合体参加投标，A 公司具有乙级勘察资质，B 公司具有甲级设计资质，在共同投标协议中明确由 A 公司承担勘察工作，B 公司承担设计工作，但 B 公司近三年内累计承揽的类似项目设计合同业绩

第二章 招标类

只有380万元。请问这个联合体投标资格是否合格？

答：该联合体投标资格不合格。

《招标投标法》第三十一条第二款规定："联合体各方均应具备承担招标项目的相应能力；国家有关规定或者招标文件对投标人资格条件有规定的，联合体各方均应当具备规定的相应资格条件。"

需要注意的是，这里的"均应当具备"应与"相应能力（或相应资格条件）"结合起来一并理解，即联合体各方都要满足自己所承担的那部分工作内容所要求的资质或资格条件。具体来讲，共同投标协议约定同一专业分工由两个及以上单位共同承担的，按照"就低不就高"的原则确定联合体的资质，业绩以各自的工作量所占比例加权折算；不同专业分工由不同单位分别承担的，按照各自的专业资质确定联合体的资质，业绩按照其专业分别计算。

比如本项目中，在资质要求方面，联合体需具备甲级设计资质和乙级勘察资质，承担勘察工作的A公司具有乙级勘察资质，承担设计工作的B公司具有甲级设计资质，则该联合体的资质正好是甲级设计资质+乙级勘察资质，符合招标文件要求。在业绩方面，因B公司承担设计工作，则应当以B公司的业绩作为认定联合体业绩的依据，但该公司类似设计合同业绩只有380万元，不满足招标文件要求的500万元的业绩，故该联合体的投标资格与招标文件要求不符。

24. 招标文件可否要求投标人必须提供建筑业企业资质证书等证书原件以供招标人核查?

问：投标人提供虚假的营业执照、建筑业企业资质证书、试验报告、质量体系认证证书等资格证明文件参加投标的现象比较普遍，为了打击这种弄虚作假行为，招标人可否要求投标人在投标文件中收录证书复印件，同时要求在投标时提交这些证书原件以供招标人进行核查？

答：住房和城乡建设部《关于规范使用建筑业企业资质证书的通知》（建办市函〔2016〕462号）载明："新版建筑业企业资质证书包括1个正本和1个副本，每本证书上均印制二维码标识。为切实减轻企业负担，各有关部门和单位在对企业跨地区承揽业务监督管理、招标活动中，不得要求企业提供建筑业企业资质证书原件，企业资质情况可通过扫描建筑业企业资质证书复印件的二维码查询。"

因此，对于建筑业企业资质证书，甚至包括其他认证证书、试验证书等政府部门、事业单位、认证机构等颁发的各类证书，只要通过公开网站能够查询的，都只能要求投标人提交复印件、打印件或网址，不得要求其提供原件。评标委员会在评审过程中，可依据复印件刊载的二维码或者直接登录相关官方网站自行查询，以减轻投标人负担，也可防止投标人在纸质证明文件上造假，降低评审准确率和客观性。

在招标投标实践中，甚至可以只要求投标人提供相关证件的二维码标识供招标人或评审专家自行扫描查询。如扫描企业营业执照上的二维码标识，就可以在企业信用信息公示系统等相应平台上方便地查询到包括失信信息、行政处罚信息、担保登记信息等。

25. 招标文件能否提高投标人的资质等级？

问： 某小型房屋建筑工程，投标人过多、竞争激烈，能否提高建筑业企业资质等级以减少投标人数量？

答： 法定的资质是投标人参与项目投标所需具备的条件，比如工程建设项目施工招标时，合格投标人必须具备承担施工项目所需的施工资质；勘察设计招标则需要投标人具有相应的勘察设计资质。对于法定的资质条件，即使招标文件未作规定，如果投标人未能满足，仍应依据法律规定否决其投标。

实践中，为了降低竞争性，减少投标人数量，招标人有时会在法律规定的基础上对资质条件作出更严格的规定，提高资质等级要求，这一做法的合法性是受到质疑的。

一般认为，在投标人数量众多、可能过度竞争的背景下适当提高资质等级要求，可以减少无谓的过度竞争，降低社会交易成本，具有一定的合理性；但现行法律已经授予企业承揽相关工作的特定资格，招标人再擅自提高标准，其实质是剥夺了企业公平参与市场竞争的权利，涉嫌以不合理条件限制潜在投标人。

26. 招标文件可否要求投标人提供无诉讼证明？

问：诉讼情况往往会影响企业的正常经营和财务状况，可能增大合同违约的概率。很多企业在投标时都曾被要求提交近几年（一般为三年）内未发生相关诉讼的证明，该证明通常需由投标人的外聘律师出具，并作为投标资格条件之一。招标人在招标文件中要求投标人提供无诉讼证明是否合理？

答：招标文件要求投标人提供无诉讼证明的做法不合理。曾经或正在参与诉讼案件并不一定会影响企业参加投标及履行合同，有些诉讼案件反而是企业为了维护自身合法权益而主动起诉的，这属于生产经营中的正常情况。只有案件终审结果认定企业有严重违约、失信行为或其他违法行为，或者可能对该企业将来履行合同产生不利影响，才可以适当考虑列入否决投标的条件或在评审时予以扣减相应分值处理。实践中，有的投标人如有结果不利的诉讼案件信息也往往不会在其投标文件中如实提供，评标委员会进行核实和评审也存在一定困难。

综上所述，建议招标人在招标文件中不要简单地将是否涉诉作为投标资格条件，可以考虑将未及时履行法院或仲裁机构的生效判决或裁定，也就是具有失信被执行人信息作为否决投标的条件之一，也可要求投标人自行承诺是否有违约案件、行贿犯罪记录或失信行为，同时规定如果投标人进行虚假承诺，招标人有权取消其在特定期限内的投标资格，以起到一定的制约作用，可能更具有操作性。

第二章 招标类

27. 在招标文件中如何设定设计—采购—施工总承包投标人的资格条件？

问：某项工程建设项目准备采用设计—采购—施工总承包模式发包，在招标文件中怎么设定投标人的资格条件？

答：工程总承包是国际通行的建设项目组织实施方式，一般采用设计—采购—施工总承包或者设计—施工总承包模式。根据《住房城乡建设部关于进一步推进工程总承包发展的若干意见》（建市〔2016〕93号）、《房屋建筑和市政基础设施项目工程总承包管理办法》（建市规〔2019〕12号）等规定，建设单位可以依法采用招标或者直接发包的方式选择工程总承包企业。工程总承包企业应当具有与工程规模相适应的工程设计资质和施工资质，或者由具有相应资质的设计单位和施工单位组成联合体。因此，由于我国目前并没有专门针对EPC总承包的资质规定，故在招标文件中可依据上述规定设定EPC总承包投标人的资质及相应等级。

28. 招标文件能否将计算机信息系统集成资质设定为投标人资格条件？

问：某信息工程项目，投标人比较多，为了保证项目质量，能否将计算机信息系统集成资质设定为投标人的资格条件？

答：已经取消的资质不能再作为投标人的资格条件。

2014年1月28日，《国务院关于取消和下放一批行政审批项目的决定》（国发〔2014〕5号）明确取消了"计算机信息系统集成企业资质认定项目"条件，即该资质不再是法定资质，将这一资质作为资格性条款的行为，违反了《招标投标法实施条例》第三十二条的规定，构成"以不合理的条件限制、排斥潜在投标人"的情形。因此，计算机信息系统集成资质不能作为投标人的资格条件。

2018年12月，工信部下发了《工业和信息化部关于计算机信息系统集成行业管理有关事项的通告》（工信部信软函〔2018〕507号），该文件明确规定："根据国务院'放管服'改革要求，'计算机信息系统集成企业资质认定'已于2014年由国务院明令取消，任何组织和机构不得继续实施。存在上述问题的应立即纠正，确保国务院的'放管服'改革要求落实到位。"

29. 哪些行为将被认定为属于限制或者排斥潜在投标人？

问：《招标投标法》第十八条特别强调招标人不得以不合理的条件限制或排斥潜在投标人。那么，哪些情形属于"以不合理的条件限制或排斥潜在投标人"呢？

答：招标投标活动必须遵循公开、公平、公正和诚实信用的原则，允许投标人公平、公正地参与竞争是招标制度发挥资源配置作用的前提和保障。因此，《招标投标法》第十八条第二款明确规定了招标人不得以不合理的条件限制或排斥潜在投标人。《招标投标法实施条例》第三十二条第二款又对此条规定予以细化，即"（一）就同一招标项目向潜在投标人或者投标人提供有差别的项目信息；（二）设定的资格、技术、商务条件与招标项目的具体特点和实际需要不相适应或者与合同履行无关；（三）依法必须进行招标的项目以特定行政区域或者特定行业的业绩、奖项作为加分条件或者中标条件；（四）对潜在投标人或者投标人采取不同的资格审查或者评标标准；（五）限定或者指定特定的专利、商标、品牌、原产地或者供应商；（六）依法必须进行招标的项目非法限定潜在投标人或者投标人的所有制形式或者组织形式；（七）以其他不合理条件限制、排斥潜在投标人或者投标人"。应当注意的是，上述第（三）项、第（六）项情形仅适用于依法必须招标的项目，其他招标项目可以参照适用。

另外，根据《公平竞争审查制度实施细则》（国市监反垄规〔2021〕2号）规定，排斥或者限制外地经营者参加本地招标投标活动的情形包括但不限于：不依法及时、有效、完整地发布招标信息；直接规定外地经营者不能参与本地特定的招标投标活动；对外地经营者设定歧视性的资质资格要求或者评标评审标准；将经营者在本地区的业绩、所获得的奖项荣誉作为投标条件、加分条件、中标条件或者用于评价企业信用等级，限制或者变相限制外地经营者参加本地招标投标活动；没有法律、行政法规或者国务院规定依据，要求经营者在本地注册设立分支机构，在本地拥有一定办公面积，在本地缴纳社会保险等，限制或者变相限制外地经营者参加本地招标投标活动；通过设定与招标项目的具体特点和实际需要不相适应或者与合同履行无关的资格、技术和商务条件，限制或者变相限制外地经营者参加本地招标投标活动。

30. 取消园林绿化资质后，对于绿化工程、人工造林工程如何对投标人进行要求？

问： 因住房和城乡建设部取消园林绿化资质后，同时要求不得以任何方式强制要求将城市园林绿化企业资质或市政公用工程施工总承包等资质作为承包园林绿化工程施工业务的条件。对于绿化项目施工招标的招标人，都采用经营范围内含"园林绿化"对投标人进行要求。《关于进一步规范招标投标过程中企业经营资质资格审查工作的通知》（发改办法规〔2020〕727号）要求不能对经营范围进行限定。那对于绿化工程、人工造林工程如何对投标人进行要求？

答：《关于进一步规范招标投标过程中企业经营资质资格审查工作的通知》（发改办法规〔2020〕727号）规定，招标项目对投标人的资质资格有明确要求的，应当对其是否被准予行政许可，取得相关资质资格情况进行审查，不应以对营业执照经营范围的审查代替，或以营业执照经营范围明确记载行政许可批准件上的具体内容作为审查标准。对于不实行资质管理的行业，比如绿化工程、人工造林工程，目前在取消园林绿化资质后，招标人可根据实际需要，从业绩等方面对投标人提出要求。

31. 工程总承包项目招标文件对于工程总承包单位资质条件如何设定？

问：在编制工程总承包项目招标文件时，就是对于工程总承包单位资质条件，是要求"工程设计资质和施工资质"，还是要求"工程设计资质或者施工资质"？

答：住房和城乡建设部、国家发展和改革委员会联合发布的《房屋建筑和市政基础设施项目工程总承包管理办法2020》（建市规〔2019〕12号）第10条规定："工程总承包单位应当同时具有与工程规模相适应的工程设计资质和施工资质，或者由具有相应资质的设计单位和施工单位组成联合体。"该办法由住房和城乡建设部、国家发展和改革委员会联合发布，国家发展和改革委员会参与制定，除了房屋建筑和市政基础设施项目工程总承包项目，对其他类型的工程建设项目也应参照执行。工程总承包项目的发包范围中，同时包含了工程设计和工程施工内容，设计和施工均应有明确的资质要求，故投标人应当同时具备工程设计和施工资质。考虑到同时具有两项资质的单位相对较少，建议该类项目接受联合体投标。

32. 代理商投标有无必要要求提供厂家授权？

问：某集团公司多元化经营，需要采购各类设备，有些设备允许制造商和代理商投标。请问：代理商投标，是不是都需要提供制造厂家的投标授权书？哪种情况下有必要要求提供？

答：产品制造商投标授权书，是产品制造商授权有关商家或者个人代理其生产产品参加招标投标活动的书面证明，承担其授权书中承诺的相关法律责任和义务，代理人则在其授权范围内行使权利和义务；投标授权书对授权人和被授权人双方都有法律约束力。对投标人投标是否需要提供制造商的投标授权，一般由招标人根据招标产品的具体情况，在招标文件中约定。

一般而言，要求代理商或者供应商投标时需获得产品制造商的投标产品授权，主要包括以下情形：一是招标产品是难以从现货市场自由采购的非通用型产品，投标人必须具有合法途径的货源保证；二是招标产品具有特殊性，经销商需要由制造商进行经销资格认定，比如医疗设备；三是招标产品是专用定制产品，而不是标准规格的批量生产产品；四是招标产品需要制造厂提供持续的备品备件供应和售后服务质量保证。

33. 哪些企业必须具备安全生产许可证才具备投标人资格？

问：某房屋建筑工程项目施工招标，招标文件规定："投标人须具有住房和城乡建设部门颁发的安全生产许可证"，A建筑工程有限公司参与投标，但其未提供安全生产许可证，投标资格是否合格？在招标投标活动中，哪些企业必须具备安全生产许可证？

答：A建筑工程有限公司未提供安全生产许可证，不具备合格的投标资格。

根据《安全生产许可证条例》规定，为了严格规范安全生产条件，进一步加强安全生产监督管理，防止和减少生产安全事故，国家对矿山企业、建筑施工企业和危险化学品、烟花爆竹、民用爆炸物品生产企业实行安全生产许可制度。上述企业未取得安全生产许可证的，不得从事生产活动。企业也不得转让、冒用安全生产许可证或者使用伪造的安全生产许可证。因此，安全生产许可证是矿山企业、建筑施工企业和危险化学品、烟花爆竹、民用爆炸物品生产企业从事生产、参加投标、进入市场法定必备的资格证件。

招标文件应当将安全生产许可证明确为投标人资格条件，招标文件未作规定，评标委员会发现投标人应当提供但未提供安全生产许可证的，也应当依法否决其投标。

自2020年3月1日起，应急管理部启用了新版安全生产许可证，增加二维码功能，通过扫描，可以实现与各地电子证照系统对接。

因此，A建筑工程有限公司不具备安全生产许可证，其投标资格不合格，评标委员会应当否决其投标。

34. 哪些产品必须具备工业产品生产许可证才具备投标人资格？

问：某国有大型建筑施工企业建筑用钢筋项目招标，招标文件规定："投标人需提供投标产品的生产许可证，如未提供将否决投标。"某投标人参与该项目投标，但在其投标文件中未提供产品生产许可证，该投标是否有效？哪些投标产品必须具有生产许可证？

答：上述投标无效。

工业产品生产许可证是为保证直接关系公共安全、人体健康、生命财产安全的重要工业产品的质量安全，由国家主管产品生产领域质量监督工作的行政部门制定并实施的一项旨在控制产品生产加工企业生产条件的监控制度。根据《工业产品生产许可证管理条例》第五条、第十一条规定，企业生产列入目录的产品，应当向企业所在地的省、自治区、直辖市工业产品生产许可证主管部门申请取得生产许可证。任何企业未取得生产许可证不得生产列入目录的产品。任何单位和个人不得销售或者在经营活动中使用未取得生产许可证的列入目录的产品。

2019年9月，国务院印发《关于调整工业产品生产许可证管理目录加强事中事后监管的决定》（国发〔2019〕19号），将继续实施许可证管理的产品由24类减少至10类，即建筑用钢筋、水泥、广播电视传输设备、人民币鉴别仪、预应力混凝土铁路桥简支梁、电线电缆、危险化学品、危险化学品包装物及容器、化肥及直接接触食品的材料等相关产品。采购列入生产许可证管理目录的产品，生产许可证是法律规定的投标人必备资格条件；招标文件即使未作规定，评标委员会发现投标人应当提供但未提供生产许可证的,也应当依法否决其投标。对于目录外的其他产品,不得要求投标人提供生产许可证。

本项目中"建筑用钢筋"产品仍在生产许可目录之内,但某投标人没有提供生产许可证,因此不符合法律强制性规定,其投标应当被否决。

35. 哪些产品必须具备特种设备生产单位许可才能具备投标人资格?

问:某国有企业承压蒸汽锅炉采购项目招标,招标文件规定:"投标人需提供国家质量监督检验检疫总局颁发给产品制造商的特种设备制造许可证(锅炉)B级及以上证书。"A投标人为制造商,其投标文件中未提供特种设备制造许可证(锅炉)B级及以上证书。该投标是否有效?

答:列入《特种设备目录》的产品未取得特种设备制造许可的,不得参加投标。

"特种设备"是指涉及生命安全、危险性较大的锅炉、压力容器(含气瓶)、压力管道、电梯、起重机械、客运索道、大型游乐设施和场(厂)内专用机动车辆。为了防止和减少事故,保障人民群众生命和财产安全,促进经济发展,国家建立特种设备安全监察制度。《特种设备安全监察条例》第十四条第一款规定:"锅炉、压力容器、电梯、起重机械、客运索道、大型游乐设施及其安全附件、安全保护装置的制造、安装、改造单位,以及压力管道用管子、管件、阀门、法兰、补偿器、安全保护装置等(以下简称压力管道元件)的制造单位和场(厂)内专用机动车辆的制造、改造单位,应当经国务院特种设备安全监督管理部门许可,方可从事相应的活动。"该条例第十七条第一款规定:"锅炉、压力容器、起重机械、客运索道、大型游乐设施的安装、改造、维修以及场(厂)内专用机动车辆的改造、维修,必须由依照本条例取得许可的单位进行。"根据上述规定,列入《特种设备目录》的特种设备的设计、制造、安装、改造、维修企业,均需经过行政许可,取得相应的许可证,方能进入市场从事相应工作。至于哪些属于特种设备,招标人可通过查询国家质量监督检验检疫总局网站公布的《特种设备目录》确定。如是,应在招标文件中提出明确要求。

本项目中承压蒸汽锅炉的制造企业必须具有特种设备制造许可证(锅炉)B级及以上证书,但A投标人的投标文件中未提供该许可证书,违反法律强制性规定,不满足招标文件要求,故其投标无效。

36. 招标文件能否将拟委任的关键技术人员的职业资格设定为投标人资格条件?

问:某大型国有企业综合办公楼工程设计招标,招标文件规定:"总设计师需取得二级及以上注册建筑师资格。"A投标人提供了总设计师过往承接的项目业绩,未提供注册建

第二章 招标类

筑师职业技术资格证。请问：在招标文件中，能不能将拟委任的关键技术人员职业技术资格设置为投标人的资格条件？

答：可以设置为投标人的资格条件。

职业技术资格是指劳动者具有从事某种职业必备的学识与技能证明，是劳动者从事相应工种的资格证明，常见的职业技术资格有注册会计师、律师、注册建筑师、注册建造师、注册安全工程师等。这些职业技术资格，是专业技术人员从事相应专业工作岗位职业必备的资格，否则其不得从事该专业工作。如《建筑法》第十四条规定："从事建筑活动的专业技术人员，应当依法取得相应的执业资格证书，并在执业资格证书许可的范围内从事建筑活动。"既然是法律规定的专业技术人员必备的职业技术资格，招标文件就应当将其作为投标人的资格条件。

其中，从事房屋建筑设计的人员必须依据《中华人民共和国注册建筑师条例》规定取得注册建筑师资格证书，方可从事设计工作。该条例第二十六条规定："国家规定的一定跨度、路径和高度以上的房屋建筑，应当由注册建筑师设计。"因此，对于房屋建筑工程设计项目而言，设计师应取得注册建筑师的职业资格，这属于法律强制性规定，不满足该要求的，其执业行为违法。

本项目中取得注册建筑师资格方可从事设计工作，招标文件也要求总设计师具有二级及以上注册建筑师资格，因此，投标人无法提供相应资格证明，视为不具有承接该项目的资格。

37. 招标文件能否将服务类行业相应资格证书作为投标人的资格条件？

问： 某公路工程公司通过公开招标方式采购建设工程专项审计服务供应商，招标文件规定："投标人必须持有财政部门颁发的会计师事务所执业证书"。A会计师事务所参与投标，但是在其投标文件中未提供会计师事务所执业证书。请问：类似会计师事务所执业证书的服务行业资格证书能否作为投标人的资格条件？

答： 应当设定为投标人的资格条件。

除了建筑业企业资质外，一些特种行业、服务类行业也需要国家行业行政主管部门颁发相应的资格证书方可从事相应经营活动。这些特定行业经行政许可的经营资格，是国家法律规定的必备资格条件。

比如根据《中华人民共和国律师法》，律师事务所应当取得律师事务所执业证书，律师也需要取得律师执业许可证。根据《中华人民共和国注册会计师法》，会计师事务所应当取得会计师事务所执业许可证书，注册会计师个人也需要取得注册会计师证书，方可接受委托从事审计和会计咨询、会计服务业务。根据《认证认可条例》，认证机构、检查机构、实验室必须经过中国认证认可监督管理委员会（CNCA）、中国合格评定国家认可委员会（CNAS）等主管部门授予其认证机构、认可机构资格证书，方可从事相关认证认可业务，如只有通过中国合格评定国家认可委员会（CNAS）认可的实验室才可以得到国家法规的认可及各国实验室互认。从事这些须经国家行政许可的服务行业，必须取得相应资格证书，这也是投标人的基本资格条件。不论供应商是否明知，其参加投标均须具备该资格条件。不论招标文件是否提出要求，评标委员会在评审时均应当将该条件作为投标人资格评审因素。

本招标项目为建设工程专项审计服务，投标人必须具有会计师事务所执业证书，但是 A 会计师事务所并未提交该证书，应当判定其投标无效。

38. 设备材料邀请招标项目招标人能否指定品牌？

问：某150万元的设备采购项目，采用邀请招标方式确定供应商，为保障货物质量和服务品质，招标人有意向在招标文件中对部分关键设备指定一些知名品牌。请问这种做法是否可行？

答：招标人约定的投标人资格条件应当公平、公正，不得以不合理条件限制或者排斥竞争，这是招标投标活动的基本原则。《招标投标法实施条例》第三十二条第二款规定，"招标人有下列行为之一的，属于以不合理条件限制、排斥潜在投标人或者投标人……（五）限定或者指定特定的专利、商标、品牌、原产地或者供应商。"根据上述规定，凡采用招标方式进行采购的项目，无论是公开招标项目还是邀请招标项目，均不得在招标文件中指定品牌。因此，本项目中招标人的做法不符合法律规定。

39. 招标文件能否对授标数量作出限制性规定？

问：某单位集中采购全年的生产原材料，国内原材料供应厂家数量众多，但没有一家能够有实力全部供应，根据历史经验至少有三家单位才能共同承担，而且考虑到有时还有紧急供应的情况，需要留出一定产能裕度以备不时之需。经研究，最终将采购量划分为5个标段，明确每个供应商只能中标一个标段，当某投标人在多个标段都排名第一时，确定其在投标金额最大的标段中中标。请问这种做法是否可以？

答：可以。

《招标投标法》第十九条规定："招标人应当根据招标项目的特点和需要编制招标文件。招标文件应当包括招标项目的技术要求、对投标人资格审查的标准、投标报价要求和评标标准等所有实质性要求和条件以及拟签订合同的主要条款……招标项目需要划分标段、确定工期的，招标人应当合理划分标段、确定工期，并在招标文件中载明。"《招标投标法实施条例》第三十二条第一款规定："招标人不得以不合理的条件限制、排斥潜在投标人或者投标人。"

据此，在满足"合理划分标段""招标文件公布评标及推荐规则"等条件的前提下，《招标投标法》及相关法规规章均未禁止招标文件对同一投标人的最多中标数量设定必要、合理的限额。此外，在实践中，某些规模大、技术复杂的招标项目，若允许投标人在同一批次招标中同时中标多个标段，往往会发生投标人因生产、供货能力有限而无法按期履约的情况，因此可在招标文件中设置授予投标人标段数量的上限，并明确投标人在不同标段中均综合排名第一时的定标原则。例如，要求投标人在投标文件中明确优选顺序或者按中标金额大小依次授标。需要注意的是，采购数量不大、单个或少数供应商中标不影响按期履行合同的招标项目不宜设置授标限额。

40. 如何设定投多个标段但只允许中一个标情况下中标候选人的排序规则？

问：经常会遇到一批标段同时发包的情况，为了给投标人更多的竞争机会，招标文件往往允许投标人可同时投多个标段，但只允许中其中一个标。那么，同一投标人在不同标段均排名第一的情况下如何取舍，招标文件中应当作出什么规定比较合适呢？

答：对于投标人"可多投但只能中一个标"，当某一投标人在多个标段中均排名第一时如何选择其在哪个标段中标，通常情况下有以下几种方法：①要求投标人自己在投标文件中自行声明同时排名第一时依次选择的顺序，如"本投标人同时参加本项目一标段和二标段的投标，如有幸同时排名第一，我公司愿意选择第二标段中标，同时放弃第一标段"。②在招标文件中事先约定选择顺序，如投标人同时排名第一的情况下，按照一、二、三、四排列顺序在前的原则进行选择。即如果某投标人在一和四标段中同时排名第一，则只能选择第一标段中标，同时放弃第四标段。③优先选择报价高的标段或者接受技术得分高（或供货时间短）的标段中标。

41. 发售资格预审文件或招标文件截止时间能否延长？

问：某单位有一个采购项目公开招标，发售招标文件的截止时间即将到期，但是来购买招标文件的只有2家单位，很可能招标失败耽误时间。能不能再延长几天招标文件发售时间，同时加大对这个项目的宣传推广力度，争取更多有意向的潜在投标人参与投标以增强竞争性？

答：当发售资格预审文件或招标文件时间届满时，如果购买资格预审文件或招标文件的潜在投标人过少，将导致竞争不充分，少于3个时还将导致招标失败。招标人可以等到投标截止时间届满时因投标人少于3个宣布招标失败并重新组织招标，也可以延长发售资格预审文件或招标文件的时间，以便有更多的潜在投标人参加投标。

42. 修改招标文件距离开标时间不足15日应否推迟开标日期？

问：某依法必须招标的工程施工招标，距投标截止时间前10日，招标人发出招标文件修改通知，载明核减工程量并调整招标控制价。有投标人提出异议，认为招标人发澄清的时间距开标时间不足15日，不符合法律规定。请问：招标人

第二章 招标类

修改招标文件距离开标时间不足 15 日,应否推迟开标日期?

答:招标人可以对招标文件进行澄清和修改,但应当提前通知获取招标文件的所有潜在投标人,以便投标人编制投标文件。对此,《招标投标法实施条例》第二十一条规定:"招标人可以对已发出的资格预审文件或者招标文件进行必要的澄清或者修改。澄清或者修改的内容可能影响资格预审申请文件或者投标文件编制的,招标人应当在提交资格预审申请文件截止时间至少 3 日前或者投标截止时间至少 15 日前,以书面形式通知所有获取资格预审文件或者招标文件的潜在投标人;不足 3 日或者 15 日的,招标人应当顺延提交资格预审申请文件或者投标文件的截止时间。"根据这些规定,对于招标文件的修改如果影响投标文件的编制,就应当在投标截止时间至少 15 日前作出,如果不足 15 日就应当顺延投标截止时间。可能影响投标文件编制的澄清或者修改情形,包括但并不限于对拟采购工程、货物或服务所需的技术规格,质量要求,竣工、交货或提供服务的时间,投标担保的形式和金额要求,以及需执行的附带服务等内容的改变。此时应当给予潜在投标人足够的时间,以便编制完成并按期提交投标文件。

本项目中,招标人核减工程量,并同步调整招标控制价,潜在投标人一般会根据该修改内容考虑是否调整投标报价,影响投标文件编制,故应当推迟投标截止日期,确保发出修改文件之日起至投标截止时间达到 15 日。

43. 获取招标文件时间限制有什么规定？

问：《招标投标法》和《招标投标法实施条例》规定招标文件的发售期不得少于5日，自招标文件开始发出之日起至投标人提交投标文件截止之日止，最短不得少于20日。由于现在实行电子招标投标，招标文件都是潜在投标人自己在网上交易平台获取，也不收费，那么不限制投标文件获取时间，投标截止时间前潜在投标人都可以从网上交易平台获取招标文件，但是从潜在投标人可以获取招标文件之日起到投标截止时间仍然要求不少于20日。这个想法是否合规、可行？

答：《招标投标法实施条例》第十六条规定招标文件发售期不得少于5日，是为了保证潜在投标人有足够的时间获取招标文件，以保证招标投标的竞争效果。因此，为了更多地吸引潜在投标人参与投标，招标人在确定具体招标项目的资格预审文件或者招标文件发售期时，应当综合考虑节假日、文件发售地点、交通条件和潜在投标人的地域范围等情况，在招标公告中规定一个不少于5日的合理期限。

44. 投标人对招标文件提出异议，招标人是否应暂停招标投标活动？

问：某公司代理的招标项目，发出招标文件后，有投标人对招标文件内容提出异议，由于该工程比较紧急，招标人不准备暂停招标投标活动，在尽量短的时间内完成招标活动确定中标人。请问这样可行吗？

答：《招标投标法实施条例》第二十二条规定，潜在投标人或者其他利害关系人对资格预审文件有异议的，应当在提交资格预审申请文件截止时间 2 日前提出；对招标文件有异议的，应当在投标截止时间 10 日前提出。招标人应当自收到异议之日起 3 日内作出答复；作出答复前，应当暂停招标投标活动。因此，对于投标人提出的异议，招标人必须尽快进行核实，采取必要措施给予纠正并回复异议人。作出答复前，招标人应当暂停招标投标活动，防止一些不可逆转的后果发生。需要说明的是，本条规定应当暂停的招标投标活动，是指异议一旦成立即受到影响，且在异议答复期间需要采取的下一个招标投标环节的活动。

45. 建设工程施工招标图纸是否应当收取费用？

问：建设工程施工招标项目的招标文件是否应当包含图纸？发售招标文件可以向潜在投标人收取印刷费、邮寄费等费用。那么，对于设计图是否也应当收取费用呢？

答：根据《工程建设项目施工招标投标办法》第二十四条规定，招标文件包括设计图，只有提供了设计图，投标人才可能编制出满足工程建设项目实质性需求的投标文件。《招标投标法实施条例》第十六条第二款规定了"招标人发售资格预审文件、招标文件收取的费用应当限于补偿印刷、邮寄的成本支出，不得以营利为目的"，但这里所规定的招标文件发售费用并不包括图纸等资料的押金。《工程建设项目施工招标投标办法》第十五条第三款明确规定："对招标文件或者资格预审文件的收费应当限于补偿印刷、邮寄的成本支出，不得以营利为目的。对于所附的设计文件，招标人可以向投标人酌收押金；对于开标后投标人退还设计文件的，招标人应当向投标人退还押金。"

因此，对于工程建设施工项目而言，对招标文件所附的设计文件，招标人可以向投标人酌收押金，开标后投标人退还设计文件时招标人应当退还押金。

46. 何时公布最高投标限价？

问：某单位采购一批设备，为了使中标价不超过该项目预算控制投资额，准备设置最高投标限价。那么，最高投标限价何时公布为妥？

答：《招标投标法实施条例》颁布前，原有法律法规及部门规章都未明确最高投标限价的公布时间，大多数招标活动一般是在开标仪式上唱标前公布，有的规定在开标前三天公布，也有的在投标截止日之前任意时间以招标文件补遗的形式通知潜在投标人。《关于加强房屋建筑和市政基础设施工程项目施工招标投标行政监督工作的若干意见》（建市〔2005〕208号）提倡在工程项目的施工招标中设立对投标报价的最高限价，以预防和遏制串通投标和哄抬标价的行为，规定招标人设定最高限价的，应当在投标截止日3天前公布。

2012年2月1日起实施的《招标投标法实施条例》第二十七条规定:"招标人设有最高投标限价的,应当在招标文件中明确最高投标限价或者最高投标限价的计算方法。"

47. 采用"有限数量制"的资格预审项目,合格的投标申请人数量是多少比较合适?

问:某建筑工程施工项目招标,考虑到市场上具备资质的施工企业数量众多,为了减少评审工作量,计划采用"有限数量制"的资格预审方法。请问在资格预审文件中设定合格的投标申请人数量为多少比较合适?

答:资格预审方法有合格制和有限数量制两种。资格预审采用有限数量制的,依据资格预审文件规定的审查标准和程序,确定通过资格预审的申请人。《招标投标法》和《招标投标法实施条例》没有规定通过资格预审的申请人数量,招标人可在资格预审文件中根据招标项目具体特点和实际需要确定,确保具有足够的竞争性,但至少有3家合格的投标申请人。对于房屋建筑工程项目,可按照《关于加强房屋建筑和市政基础设施工程项目施工招标投标行政监督工作的若干意见》(建市〔2005〕208号)的规定执行,即"依法必须公开招标的工程项目的施工招标实行资格预审,并且采用综合评估法评标的,当合格申请人数量过多时,一般采用随机抽签的方法,特殊情况也可以采用评分排名的方法选择规定数量的合格申请人参加投标。其中,工程投资额1000万元以上的工程项目,邀请的合格申请人应当不少于 9 个；工程投资额 1000 万元以下的工程项目，邀请的合格申请人应当不少于 7 个"。

48. 是否应该检查资格预审申请文件的密封性？

问：为了确保投标相关信息的保密性，当潜在投标人提交资格预审申请文件时，招标人是否也应当在接收该文件时对资格预审申请文件的密封性进行检查，密封不合格的资格预审申请文件应当拒收？

答：《招标投标法》和《招标投标法实施条例》只是规定投标人在将投标文件递交给招标人或招标代理机构时，由接收工作人员检查投标文件的密封性，对密封不合格的投标文件可以拒收。开标时由投标人代表或公证机构检查投标文件密封性的规定，是为了对投标报价等商业秘密保密，但并没有规定资格预审申请文件也要进行密封性检查。潜在投标人将资格预审申请文件按照资格预审文件规定的时间和地点递交给招标人或招标代理机构即可，没有"开标"的程序，也没必要检查其密封性。

49. 获取资格预审文件的申请人少于 3 个时该如何处理？

问：在招标投标活动中，采用资格预审的招标项目，经常遇到资格预审文件发布后，获取资格预审文件的申请人少于 3 个的情况，此时招标人应当如何处理，以顺利完成招标活动？

答：目前，法律、法规及部门规章未对此作出明确规定。获取资格预审文件的申请人少于 3 个的，可相应顺延资格预审公告时间和资格预审文件提供时间，以吸引更多潜在投标人参与投标。也可不顺延，本次资格预审失败，意味着潜在投标人将不足 3 人，可视为第一次招标失败，招标人应当根据项目的具体情况重新进行资格预审，或可考虑修改资格要求或者改用资格后审方式重新进行招标。

参考《招标采购代理规范》第 7.2 条规定，对于招标人而言，可要求潜在投标人在收到投标邀请书后予以回函，确认其是否参与投标。通过资格预审的潜在投标人确认参与投标的少于 3 个的，对其原因进行分析并提出应对措施，可重新组织资格预审，或直接采用资格后审方式编制招标文件，发布招标公告进行招标。

由于获取资格预审文件的方式有购买、复制、转让等多种，招标人可能无法直接判断，为防止因此产生争议，建议借鉴《机电产品国际招标投标实施办法（试行）》第二十七规定的做法，在资格预审文件中明确规定申请人获取文件的唯一途径为直接从招标人处领购，即仅接收直接从招标人处获取招标文件的申请人的资格预审文件。

50. 招标文件约定无息退还投标保证金是否有效？

问：某工程建设项目施工招标，规定收取投标保证金，且规定"本项目在中标合同签订之日起 5 日内无息退还投标保证金"。各投标人收到该招标文件后都没有提出异议,且按时提交了投标保证金参与投标。请问:该招标文件的规定是否具有法律效力?

答:《招标投标法实施条例》第三十一条、第三十五条、第五十七条就招标人退还投标保证金的程序及要求作出具体规定。一是招标人终止招标的,应当及时退还投标保证金及银行同期存款利息。二是投标人撤回投标文件的,应当自收到投标人书面撤回通知之日起5日内退还投标保证金。三是招标人最迟应当在书面合同签订后5日内退还投标保证金及银行同期存款利息。除了第二种情形因为时间过短未强制要求必须退还利息,其他情形下都提到退还投标保证金的同时一并退还利息,这属于强制性法律规定,招标人应当依法退还利息。招标文件应当明确约定投标保证金的银行同期存款利息标准及其计算和退还办法。

当然,招标人退还投标保证金及利息时,需要办理跨行转账、汇款等业务,按照银行规定要收取一定的银行手续费。投标保证金利息在扣除银行手续费后退还,利息不足以支付银行手续费的,全额退还投标保证金本金即可。

因此,本项目中,如果招标文件约定投标人未中标时招标人无息退还投标保证金,则违反《招标投标法实施条例》的强制性规定,该内容应视为无效。

51. 招标人有违法违规行为时，是否应双倍返还投标保证金？

问：某工程建设项目招标完毕，招标人也发出了中标通知书，但是迟迟不与中标人签订中标合同。中标人某建筑公司经多次催促也未完成合同签订，中标人无奈之下向招标人提出可以不签订合同，但应当双倍返还投标保证金以弥补其损失，其请求有无法律依据？

答：投标人要求招标人双倍返还投标保证金无法律依据，其如有损失，可要求招标人承担缔约过失责任。

某建筑公司诉求的"双倍返还"类似《民法典》确定的"定金罚则"。《民法典》第五百八十六条规定："当事人可以约定一方向对方给付定金作为债权的担保。定金合同自实际交付定金时成立。定金的数额由当事人约定；但是，不得超过主合同标的额的百分之二十，超过部分不产生定金的效力。实际交付的定金数额多于或者少于约定数额的，视为变更约定的定金数额。"《民法典》第五百八十七条规定："债务人履行债务的，定金应当抵作价款或者收回。给付定金的一方不履行债务或者履行债务不符合约定，致使不能实现合同目的的，无权请求返还定金；收受定金的一方不履行债务或者履行债务不符合约定，致使不能实现合同目的的，应当双倍返还定金。"本项目投标人交付的是"投标保证金"，是用于制约投标人依照法律法规和招标文件的要求进行投标活动的担保，该投标担保不属于定金性质，不适用双倍返还罚则。

因此，即使招标人发出中标通知书后拒不签约，也仅负有退还投标保证金的责任，中标人主张"双倍退还"的依据不足。

当然，本项目招标人无故不签订中标合同而给中标人造成的相应损失，中标人可依法向招标人主张赔偿责任。

52. 招标人在开标后项目资金出现问题，是否可以终止招标？

问：某项目已经开标，由于上级单位政策调整，项目资金出现问题，没有后续资金实施该项目。请问招标人是否可以终止招标？

答：招标公告发布后，招标人一般不得擅自终止招标。《招标投标法实施条例》第三十一条规定，招标人终止招标的，应当及时发布公告，或者以书面形式通知被邀请的或者已经获取资格预审文件、招标文件的潜在投标人。已经发售资格预审文件、招标文件或者已经收取投标保证金的，招标人应当及时退还所收取的资格预审文件、招标文件的费用，以及所收取的投标保证金及银行同期存款利息。从该法条的内容来看，是关于终止招标后招标人应尽的法律义务方面的规定。也就是说，法律虽然赋予了招标人有终止招标的权利，但招标人一旦使用了该权利，就得承担相应的法律义务。

本项目由于资金没办法落实，继续实施已经不太可能。在这种情况下，招标人应该参照《招标投标法实施条例》第三十一条的规定及时以书面形式通知投标人，并负责赔偿投标人的经济损失。

53. 哪些情形下招标人可以依法终止招标？

问：某单位建设一工程，已经就其施工项目和设备采购进行公开招标，发布了招标公告，现因投资计划调整，需要暂停该工程。请问能否终止招标，应办理什么手续？

答：招标人发布资格预审公告、招标公告或者发出投标邀请书后，招标投标程序由此正式启动。按照《民法典》及《招标投标法》中的诚实信用原则，招标人在向潜在投标人发出要约邀请后，没有正当、合理的理由不得无故终止招标程序。如果放任招标人随意终止招标，将导致招标人利用终止招标的权利，根据投标的情况随时决定终止招标，从而为虚假招标、排斥潜在投标人实现其非法目的大开方便之门，不利于保障投标人公平竞争的权利。即便没有此等违法情节，招标人擅自终止招标也会挫伤潜在投标人参与投标的积极性，给潜在投标人造成一定损失。因此，终止招标须有合适的理由。

但是，在非招标人原因导致无法继续招标活动的一些特殊情况下，《招标投标法》和《招标投标法实施条例》并未一概禁止终止招标。《招标投标法实施条例》第三十一条规定："招标人终止招标的，应当及时发布公告，或者以书面形式通知被邀请的或者已经获取资格预审文件、招标文件的潜在投标人。已经发售资格预审文件、招标文件或者已经收取投标保证金的，招标人应当及时退还所收取的资格预审文件、招标文件的费用，以及所收取的投标保证金及银行同期存款利息。"

结合招标投标实践，一般可终止招标程序的情形主要有以下几种：①发现招标文件有重大错误，招标活动不能继续进行，必须终止后重新招标。②国家法律法规或政策变化调整后，原招标项目需要调整相关招标采购内容或技术要求，或者需要取消招标项目不再继续建设时，因国家产业政策调整撤销原项目行政审批手续，必须终止招标活动。③招标人发生重大经营困难，无力继续维持该项目的投入。④招标人调整经营方向或生产任务，停止招标项目建设。⑤发生不可抗力，如招标人因地震严重受损原项目已无实施必要，等等。这些情况下，因招标人的原因或者外部环境政策因素变化导致招标项目必须进行调整后重新招标或者招标项目取消的，招标人可终止招标。

54. 招标人终止招标后应当如何处理？

问：某单位原计划建设一办公楼，已经发出招标文件，但是因规划调整，原地要建设公共文化设施，该项目要终止招标，则招标人怎么处理后续事宜？

答：招标人有合理理由终止招标活动时，应退还潜在投标人购买招标文件的费用和投标保证金及其利息。

鉴于终止招标会给投标人造成一定的经济损失,《招标投标法》规定招标人在终止招标时应承担一定的义务,以尽可能地减少损失,保障投标人的利益。《招标投标法实施条例》第三十一条规定:"招标人终止招标的,应当及时发布公告,或者以书面形式通知被邀请的或者已经获取资格预审文件、招标文件的潜在投标人。已经发售资格预审文件、招标文件或者已经收取投标保证金的,招标人应当及时退还所收取的资格预审文件、招标文件的费用,以及所收取的投标保证金及银行同期存款利息。"这些是招标人在具有正当理由下应当履行的法定义务。

但是如果是招标人无正当理由(如为了偏袒投标迟到的投标人给予其机会)终止招标或者因自身原因(如招标项目未经核准或项目资金未落实即启动招标活动)必须终止招标给投标人造成损失的,招标人应按《民法典》第五百条规定承担缔约过失责任,依法赔偿损失。

55. 招标人组织现场踏勘或投标预备会如何对潜在投标人的信息保密?

问:招标人组织潜在投标人到招标项目现场进行踏勘,或者在投标预备会议上,能否在潜在投标人报到后进行点名、安排签到以确认潜在投标人是否到场?这种做法是否会泄露潜在投标人信息?

答:《招标投标法》第二十二条规定:"招标人不得向他

人透露已获取招标文件的潜在投标人的名称、数量以及可能影响公平竞争的有关招标投标的其他情况。"也就是说，在开标之前，潜在投标人的名称、数量都应当保密，防止串通投标，这是招标人的法定义务。在组织踏勘现场或在投标预备会议上，如果点名或组织潜在投标人签名，都可能泄露潜在投标人的名称、数量等，违反上述保密规定。因此，招标人在组织踏勘现场或在投标预备会议上不得点名或组织集中签名。如确有必要确认潜在投标人是否到场，招标人可以逐一要求到场的潜在投标人单独报到或签名。

56. 建设单位发生变化时招标活动能否继续进行？

问：A公司作为某化工工程项目的建设单位，已经办理了项目核准手续，发布了招标文件，还没有开标，恰逢A公司所在的集团公司对所属各单位业务调整，将A公司的化工业务整合到B公司经营，此时该招标项目也随之划转给B公司继续进行。那么，招标人已经发生了变化，该招标活动如何继续？

答：根据《民法典》的规定，招标人因改制等原因发生变更，属于合同主体的变更，建议区分以下不同阶段处理：①若尚在招标公告或发出投标邀请书发布阶段，还没有发售招标文件，可发布变更招标人的公告或通知，继续组织招标活动，或者原招标人废止原有招标公告，终止招标后，再以新的招标人名义重新发布招标公告重新组织招标活动。②若已发售招标文件但尚未开标、评标,则需向潜在投标人发出书面澄清说明或修改通知后,继续组织招标活动,当然也可以终止本次招标活动后重新以新的招标人名义组织招标。③若中标合同已经签订,则需要原招标人、中标人、本项目新的业主三方签订合同权利义务概括转让协议。

本项目招标人已发售招标文件,可由原招标人和新招标人共同署名并发出变更通知,向已购买招标文件的各潜在投标人书面告知招标主体变更的情形后继续组织招标活动,这样可确保效率。

57. 总承包项目中暂估价合同项目应由谁组织招标?

问:某工程项目已将工程总承包给某施工单位,现需要对暂估价合同项目进行招标。那么,该暂估价项目的招标实施主体是谁?

答:《招标投标法实施条例》出台前,暂估价的项目,即使项目规模比较大,很多都不招标,这样容易导致规避招标或者不正当交易现象发生。《招标投标法实施条例》强调达到规模标准的暂估价项目必须招标,其第二十九条规定:"招标人可以依法对工程以及与工程建设有关的货物、服务全部或者部分实行总承包招标。以暂估价形式包括在总承包范围内的工程、货物、服务属于依法必须进行招标的项目范围且达到国家规定规模标准的,应当依法进行招标。前款所称暂估价,是指总承包招标时不能确定价格而由招标人在招标文件中暂时估定的工程、货物、服务的金额。"

执行该条款需注意以下几方面内容：

(1) 暂估价项目，总承包人不能再参加投标，这主要还是从公正性考虑的。如让其投标，则限制竞争，影响公正性。

(2) 至于组织实施招标的主体，《招标投标法实施条例》没有规定，以总承包人组织招标为宜，也可以发包人与总承包人联合实施招标。通常情况下，不建议由招标人单方实施，主要原因如下：①合同法律关系发生质变。如招标人单方实施，则暂估价项目的合同签约方应当是招标人和暂估价项目的中标人。此时，暂估价项目相当于独立发包项目，即暂估价项目和原总承包招标项目转变成了平行发包关系。②项目管理关系混乱。如暂估价项目由招标人单方实施招标，由于总承包人不得参与暂估价项目的投标，总承包人既无可能承接暂估价项目，也不是暂估价项目的合同发包方，难以以项目总承包人的身份对暂估价项目实施管理。③项目管理协调难度较大。即便招标人可以以权利义务概括转让的方式把合同主体转让给总承包人，也必须考虑总承包人对暂估价项目实施管理的想法、思路和条件，以征得其理解、配合和支持。否则，因缺少总承包人的认同与配合，项目管理、总分包人之间的关系协调等难度加大，对招标项目能否按照预定计划正常实施的影响非常大。

第三章 投标类

1. 法律法规对投标人主体资格有哪些限制性规定？

问：投标人必须具有合法的民事主体资格，也要符合《招标投标法》关于投标人主体资格的规定，现行法律法规对投标人法律主体资格有哪些限制性规定？

答：（1）对主体身份的限制。根据《招标投标法》第二十五条规定，投标人主要是法人或其他组织，自然人只有在依法招标的科研项目中且得到招标人允许后方能参加投标。

（2）对有利害关系的限制。《招标投标法实施条例》第三十四条第一款规定，与招标人存在利害关系可能影响招标公正性的法人、其他组织或者个人，不得参加投标。

（3）对有控股、管理关系的限制。根据《招标投标法实施条例》第三十四条第二款规定，单位负责人为同一人或者存在控股、管理关系的不同单位，不得参加同一标段或者未划分标段的同一招标项目的投标。

（4）对代理商投标的限制。在招标人接受代理商投标的招标项目中，代理商应受《工程建设项目货物招标投标办法》第三十二条第三款规定的限制，即一个制造商对同一品牌同一型号的货物，仅能委托一个代理商参加投标，否则相关投标无效。

2. 提交弃标函的供应商在开标前还能否参与投标？

问：某设备采购项目采用邀请招标方式，招标人向潜在投标人发送了投标邀请书及招标文件，A公司接到邀请函后向招标人发出弃标函，申明不参加本次投标。但是在投标截止日，A公司按时提交了投标文件。对于A公司的投标，招标人有两种意见：一是应当接收；二是以A公司已经出具书面弃标函为由不予接收。哪种观点正确？

答：投标人在书面表示放弃投标后反悔，继续参与项目投标的，招标人应当接收其投标文件。

《招标投标法》第二十九条规定："投标人在招标文件要求提交投标文件的截止时间前，可以补充、修改或者撤回已提交的投标文件，并书面通知招标人。补充、修改的内容为投标文件的组成部分。"《招标投标法实施条例》第三十五条规定："投标人撤回已提交的投标文件，应当在投标截止时间前书面通知招标人。招标人已收取投标保证金的，应当自收到投标人书面撤回通知之日起5日内退还。投标截止后投标人撤销投标文件的，招标人可以不退还投标保证金。"《电子招标投标办法》第二十七条也规定："投标人应当在投标截止时间前完成投标文件的传输递交，并可以补充、修改或者撤回投标文件。投标截止时间前未完成投标文件传输的，视为撤回投标文件。投标截止时间后送达的投标文件，电子招标投标交易平台应当拒收。"

从这些规定可以看出，投标人可以在投标截止时间之前任何时候撤回投标文件。在撤回投标后，投标截止时间之前，投标人仍可以提交投标文件，这都属于投标人的经营自主权。而且法律并未明确规定投标人弃标、撤回投标文件后不可再递交投标文件，基于意思自治原则，投标人可以继续参与投标提交投标文件。

本项目中，A公司在投标文件提交截止时间之前向招标人出具弃标函，其法律效力相当于撤回投标，放弃投标、撤回投标后仍可以继续参与项目投标。

3. 个体工商户能否参与投标？

问：某国有企业通过招标方式采购绿植花卉，招标文件中的"投标人资格条件"要求"投标人必须是中华人民共和国境内的法人或其他组织"。有一名为"一枝花鲜花店"的个体工商户投标。请问个体工商户能否参与投标？

答：个体工商户不能参加这个项目的投标。

《招标投标法》第二十五条规定："投标人是响应招标、参加投标竞争的法人或者其他组织。依法招标的科研项目允许个人参加投标的，投标的个人适用本法有关投标人的规定。"也就是说，该法所称"投标人"为法人、其他组织和个人。"个人"也就是"自然人"，在依法招标的科研项目中为适格的"投标人",但对于其他招标项目,自然人并非《招标投标法》上适格的"投标人"。

《民法典》规定的民事主体是法人、非法人组织和自然人,其第五十四条规定:"自然人从事工商业经营,经依法登记,为个体工商户。个体工商户可以起字号。"个体工商户并非一类独立的民事主体,而是包含在自然人这种民事主体中。个体工商户,是指有经营能力并依照条例的规定并经市场监督管理部门登记,从事工商业经营的公民。因此,个体工商户仍属于自然人范畴。只是由于其具有经营性质,故区别于普通自然人,属于特殊的"自然人",适用《招标投标法》中关于"个人"也就是自然人的规定。本项目中,招标文件要求投标人只能是"法人或其他组织",并不包括自然人,则个体工商户就没有资格参与该项目投标。

一些采购项目,如果允许自然人、个体工商户参加竞争,则不适用《招标投标法》,该民事法律行为实质上是为了选择合同相对方而采取的要约邀请—要约—承诺的竞争性缔约方式,属于民事合同意思自治的协商过程,应适用《民法典》的一般规定。

4. 被吊销营业执照的企业还能否参加投标?

问:某项目招标文件"投标人资格条件"要求"投标人不得存在破产清算、被吊销营业执照、被责令停业等情形"。评标委员会查询国家企业信用信息公示系统,发现某公司因

第三章　投标类

"企业逾期不参加年检手续"被市场监督管理部门吊销营业执照。请问该公司能否参加投标？

答：该公司没有资格参加投标。

《民法典》第五十九条规定："法人的民事权利能力和民事行为能力，从法人成立时产生，到法人终止时消灭。"根据该法第七十七条、第七十八条规定，营利法人经依法登记成立；依法设立的营利法人，由登记机关发给营利法人营业执照，营业执照签发日期为营利法人的成立日期。也就是说，对于有限责任公司、股份有限公司和其他企业法人等营利法人来说，营业执照是营利法人资格的证明。只有办理营业登记、取得营业执照，法人才正式成立，才取得民事权利能力和民事行为能力，方可作为合格的民事主体从事经营活动，参与投标竞争。但是领取营业执照后，由于违法经营，市场监督管理部门也会对有违法经营行为情节严重的企业法人吊销其营业执照，如《招标投标法》第五十三条、第五十四条规定了投标人串通投标、弄虚作假情节严重的，市场监督管理部门可以吊销营业执照。吊销营业执照属于一种行政处罚，其后果是强制停止其经营活动，也就失去了投标资格。当然，企业法人在营业执照吊销后、注销前其法律主体资格依然存在。只有依法办理注销手续，债权债务关系全面清理完毕，合法地退出市场，法人资格才就此终结，如《中华人民共和国市场主体登记管理条例》第三十一条第一款规定："……经登记机关注销登记，市场主体终止。"本项目中，某公司营业执照已经被吊销，被限制从事市场经营，也就失去了参加投标的资格。

5. 投标人没有购买招标文件，招标人能否拒绝其参加投标？

问：在招标投标活动中，一般的流程是招标人发布招标公告和招标文件，潜在投标人购买或者下载招标文件后根据招标文件中的要求编制投标文件，最后提交投标文件。但是，如果某些投标人并未购买或者下载招标文件，而是通过其他途径（如购买招标文件的单位将招标文件转让给该投标人）获得投标文件后，直接编制、提交投标文件，招标人该如何处理？应当拒收该投标文件吗？

答：现行法律法规和部门规章并没有未从招标人或招标代理处购买或下载招标文件就拒绝投标文件的规定。招标人应该在招标公告或招标文件文件中明确招标文件的获取途径，且明确不从指定途径获取招标文件的，招标人不接受其投标文件。因此，招标公告和招标文件中规定没有购买招标文件的投标人不得参与投标的，该投标人提交的投标文件，招标人有权拒收。如果没有规定，该投标人即具有投标资格，招标人不应当拒收其投标文件。

商务部在 2014 年发布的《机电产品国际招标标准招标文件（试行）（第一册）》第一章投标人须知第 2.1 条中规定，"任何未在招标人或招标机构处领购招标文件的法人或其他组织均不得参加投标"。该规定仅适用于机电产品国际招标且招标文件中使用了该范本的项目,其他项目不能参照执行。因此,本问题中招标人不能拒收投标人投标文件。

6. 电子招标项目中,投标人撤销投标是否影响投标人数量的认定?

问:《电子招标投标办法》第三十一条规定:"因投标人原因造成投标文件未解密的,视为撤销其投标文件;因投标人之外的原因造成投标文件未解密的,视为撤回其投标文件,投标人有权要求责任方赔偿因此遭受的直接损失。部分投标文件未解密的,其他投标文件的开标可以继续进行。"某项目网上递交投标文件刚好3家单位,其中一家单位因自身原因没有完成解密,无法开启投标文件。根据上述条款,视为撤销投标文件。那么本项目是不是视为投标人不足3家,应当依法重新招标?

答:本项目应当视为3个投标人参加投标,其中一个投标人撤销投标文件,不影响其他两个投标人的投标文件效力,评标委员会可以继续对其他两个投标人的投标文件进行评审。

投标人因自身原因未能完成投标文件解密,应当根据《电子招标投标办法》的规定认定为撤销投标。投标人撤销投标是在投标截止时已经递交了投标文件后的行为,只要投标截止时也就是开标时满足3家单位投标即可,因此撤销投标并不影响投标人数量的认定,本项目参加投标的投标人数量应当认定为 3 个。评标委员会可以对其他两个投标人的投标文件继续进行评审，如果两个投标仍具有竞争性，可以按招标文件载明的评标办法和评标标准完成评审并推荐中标候选人；如果两个投标失去竞争性，评标委员会可以否决所有投标，依法必须进行招标的项目，招标人应当重新招标。

7. 如何认定与招标人存在"利害关系"？

问：《招标投标法实施条例》第三十四条第一款规定："与招标人存在利害关系可能影响招标公正性的法人、其他组织或者个人，不得参加投标。"那么，与招标人存在"利害关系"而被禁止投标如何认定？

答：与招标人存在利害关系，存在控制或管理关系的企业投标，容易与招标人串通，影响招标公正性。因此，《招标投标法实施条例》第三十四条第一款规定："与招标人存在利害关系可能影响招标公正性的法人、其他组织或者个人，不得参加投标。"与招标人存在"利害关系"的情况比较常见，包括投标人是招标人的不具有独立法人资格的附属机构，招标人与潜在投标人之间相互控股或参股、相互任职或工作，潜在的施工投标人为招标项目前期准备提供设计或咨询服务等情形，这种"利害关系"包括投资、管理、业务关系，内涵太广，不易界定，我国《标准施工招标文件》第二章"投标人须知"条款列举的情形可供参考。

是否与招标人具有前述"利害关系"，就不能投标吗？

《招标投标法实施条例》规定，禁止存在"利害关系"的潜在投标人参与投标竞争还有一个前提条件，就是"可能会影响招标公正性"。实践中影响最大的是招标人投资的具有法人资格的下属单位，很可能影响招标公正性，如果不允许其投标，又不太合理，剥夺其竞争机会和生存条件，尤其是对于业务大而全的国有企业集团而言，更是如此。如果所有投标人都是同一集团内部企业，处于同一竞争环境中，地位相同，一般视为不存在"可能影响招标公正性"的问题；但集团内部企业和外部单位一起来投标，其公正性就会受到严格审视和质疑。《招标投标法实施条例》也并未对此一概禁止，只要招标人能够有充分理由证明在招标文件编制、评标专家的抽取、开标、评标、定标等环节对每一位投标人均做到公开、公平、公正，并没有任何证据明显显示对其他单位不公，并做好相关资料的存档工作，以备投标人提出异议时，招标人可以给予合理的答复，能够出具有说服力的书面证据，在这样的情况下，可允许有利害关系的单位投标。"公正性"难以保证的，则不应允许其投标，否则对其他投标人不公，在面对"不公正"的指责时难以作出有说服力的解释。

8. "控股关系"如何理解？

问：《招标投标法实施条例》第三十四条第二款规定："单位负责人为同一人或者存在控股、管理关系的不同单位，不得参加同一标段投标或者未划分标段的同一招标项目投标。"那么,"控股关系"如何认定?

答: 所谓"控股关系",是针对企业而言的,表现为一方供应商为另一方供应商的控股股东,凭借其控股地位,通过行使《公司法》赋予的参与经营决策权,足以直接决定、支配其所控股的公司的经营管理事项。拥有另一个公司一定比例以上股份的公司称为母公司。相对而言,一定比例以上的股份被另一个公司持有的公司称为子公司。母、子公司之间既有控股关系也有参股关系。《公司法》第二百一十七条第二项规定,"控股"是指以下两种情况:一是指股东的出资额占有限责任公司资本总额50%以上或者其持有的股份占股份有限公司股本总额50%以上;二是出资额或者持有股份的比例虽然不足50%,但依其出资额或者持有的股份所享有的表决权已足以对股东会、股东大会的决议产生重大影响。一般将前一种控股情形称为"绝对控股",后一种控股情形称为"相对控股"。

国家统计局《关于统计上对公有和非公有控股经济的分类办法》(国统字〔2005〕79号)对于"绝对控股"和"相对控股"做了更为明确的表述:"绝对控股"是指在企业的全部实收资本中,某种经济成分的出资人拥有的实收资本(股本)所占企业的全部实收资本(股本)的比例大于50%。投资双方各占50%,且未明确由谁绝对控股的企业,若其中一方为国有或集体的,一律按公有绝对控股经济处理;若投资双方分别为国有、集体的,则按国有绝对控股处理。"相对控股"是指在被投资企业的全部实收资本中，某出资人拥有的实收资本（股本）所占的比例虽未大于50%，但根据协议规定拥有企业的实际控制权（协议控股）；或者相对大于其他任何一种经济成分的出资人所占比例（相对控股）。

9. 法人与其分支机构能否同时参加同一招标项目的投标？

问：在一工程建设项目设计招标活动中，某设计公司与其依法领取营业执照的分公司都参与该项目的投标。请问两者投标资格均合格吗？

答：这两个投标人的投标资格不合格。

《民法典》第七十四条规定："法人可以依法设立分支机构。法律、行政法规规定分支机构应当登记的，依照其规定。法人分支机构以自己名义从事民事活动，产生的民事责任由法人承担；也可以先以该分支机构管理的财产承担，不足以承担的，由法人承担。"《公司法》第十四条也规定："公司可以设立分公司。设立分公司，应当向公司登记机关申请登记，领取营业执照。分公司不具有法人资格，其民事责任由所属法人承担。"分公司是公司法人的分支机构，是公司设立的从事经营活动的机构，是法人的组成部分，不具有独立的法人资格，其投标行为的民事责任最终由该法人来承担。法人与其分支机构同时参加同一项目的投标，等同于一个法人提交了两份投标文件，对其他投标人不公平。《招标投标法实施条例》第五十一条也规定拒绝同一投标人提交两份以上不同的投标文件。因此，对同一招标项目，同一投标人只能自行参加或由其分支机构代表其参加投标。

本项目中，某设计公司与其分公司共同参加同一招标项目的投标，等同于一个法人递交两份投标文件，根据《招标投标法实施条例》第五十一条的规定，两个投标均无效，评标委员会应当否决其投标。

因此，法人与其分支机构（如公司法人与其所属分公司）不能同时参加同一项目或划分标段时同一标段的投标。投标人决定投标时，应合理分配任务，做好内部沟通协调，避免法人与其分支机构同时参加投标。

10. 两家公司法定代表人是父女关系的，能否参加同一个项目投标？

问：张某甲和张某乙是父女，张某甲担任 A 公司的董事长，张某乙担任 B 公司的董事长，两家公司经营业务有交叉，现在同时参加同一项目的投标，请问其投标有效吗？

答：《招标投标法实施条例》第三十四条规定："单位负责人为同一人或者存在控股、管理关系的不同单位，不得参加同一标段投标或者未划分标段的同一招标项目投标"，这里限定的是两个投标人之间存在利害关系，并不包括两个投标人的法定代表人存在夫妻、兄弟、父子等关系的情形，也未禁止同一企业法人控股的多个子公司投标的情形，因此仅以存在上述情形为由禁止其投标尚无法律依据，还需结合其他情形（如有相互勾结、协商投标等行为）考虑是否存在串通投标情形，方可禁止其投标。

11. "管理关系"如何理解？

问：《招标投标法实施条例》第三十四条第二款规定："单位负责人为同一人或者存在控股、管理关系的不同单位，不得参加同一标段投标或者未划分标段的同一招标项目投标。"此处的"管理关系"该如何理解？

答：所谓管理关系，是指不具有出资持股关系的其他单位之间存在的管理与被管理关系，如一些上下级关系的事业单位和团体组织，或者两个企业之间虽然没有出资持股关系，但是其中一个企业因其股东（出资人）决定由另一企业代管，这些情况都属于具有"管理关系"。这种存在管理关系的两个单位在同一标段或者同一招标项目中投标，容易发生事先沟通、私下串通等现象，影响竞争的公平性，因此有必要禁止其投标。

12. 施工承包人下属的监理公司能否在本工程监理项目中投标？

问：某公寓建设项目监理招标文件规定："投标人不得存在下列情形之一：……（10）与本招标项目的施工承包人以

及建筑材料、建筑构配件和设备供应商有隶属关系或者其他利害关系。"投标人之一的A公司为本招标项目施工总承包人的下属单位，请问A公司能否参加该监理项目的投标？

答：A公司不能参加该项目投标。

《建筑法》第三十四条规定："工程监理单位与被监理工程的承包单位以及建筑材料、建筑构配件和设备供应单位不得有隶属关系或者其他利害关系。"《建设工程质量管理条例》第十二条规定："实行监理的建设工程，建设单位应当委托具有相应资质等级的工程监理单位进行监理，也可以委托具有工程监理相应资质等级并与被监理工程的施工承包单位没有隶属关系或者其他利害关系的该工程的设计单位进行监理。"该条例第三十五条规定："工程监理单位与被监理工程的施工承包单位以及建筑材料、建筑构配件和设备供应单位有隶属关系或者其他利害关系的，不得承担该项建设工程的监理业务。"

工程监理人应当依照法律法规及有关技术标准、设计文件和建设工程承包合同，对施工质量实施监理并承担监理责任。如果监理人与施工承包人存在隶属关系或其他利害关系，则类似于"既当裁判又当运动员"，影响监理的中立性，其出于利益考虑可能疏于职守，不能按要求公正独立履行监理职责，故应当杜绝该情况。

国家发展和改革委员会发布的《中华人民共和国标准监理招标文件》（以下简称《标准监理招标文件》）也明确规

定，工程建设项目监理招标的投标人不得与本招标项目的施工承包人以及建筑材料、建筑构配件和设备供应商有隶属关系或者其他利害关系。

综上所述，本项目中，投标人 A 公司为本招标项目施工总承包人的下属单位，根据上述法律规定和招标文件的约定，其投标资格不合格。

13. 为本招标项目编制过技术规范还能否参加设备采购项目的投标？

问：某新建城际轨道交通项目（信号）调度集中系统采购项目招标，其招标文件规定："投标人不得存在下列情形之一：……（5）为本招标项目提供过设计、编制技术规范和其他文件的咨询服务。"某公司为该招标项目编制过技术规范，还能否参加这个项目的投标？

答：不能参加投标。

工程建设项目设备采购活动中，招标人一般会在招标文件中提出符合项目实际的产品需求，如设备技术规格、参数及其他要求，筛选出最符合条件的投标人。招标人自己没有能力设计或提出专业技术条件的，可咨询或直接委托专业的第三方机构提供咨询服务。如果该机构参与投标，因其参与过招标文件的前期咨询或技术规范编制服务，更加了解采购需求，相对于其他投标人掌握信息不对称，有先天竞争优势，将会造成对其他投标人的不公平竞争，故有必要限制其投标资格。《标准设备采购招标文件》中明确规定，工程建设项目设备采购的投标人不得是为本招标项目提供过设计、编制技术规范和其他文件的咨询服务的单位，一般招标项目的招标文件可将该内容设定为投标人资格条件。

本项目中，某投标人为该招标项目编制过技术规范，根据招标文件约定，其投标资格不合格。

14. 投标人被列入建筑市场主体"黑名单"，其投标资格是否合格？

问：某国有企业建设工程项目施工招标，招标文件规定："被政府主管部门认定存在严重违法失信行为并纳入建筑市场主体严重失信'黑名单'的，否决该投标人的投标。"A投标人此前因工程质量安全事故被列入建筑市场主体严重失信"黑名单"，投标是否有效？

答：列入建筑市场主体严重失信"黑名单"的投标人的投标无效。

近几年，为了落实《国务院关于建立完善守信联合激励和失信联合惩戒制度加快推进社会诚信体系建设的指导意见》（国发〔2016〕33号）等文件精神，推进社会信用体系建设、健全守信激励失信约束机制，国家出台对违法、失信企业实行联合惩戒、限制投标的一系列政策，营造诚实守信的市场环境，促进招标投标公平竞争。如根据《建筑市场信用管理暂行办法》第十四条规定，下列情形的建筑市场各方主体，列入建筑市场主体"黑名单":①利用虚假材料、以欺骗手段取得企业资质。②发生转包、出借资质,受到行政处罚。③发生重大及以上工程质量安全事故,或1年内累计发生2次及以上较大工程质量安全事故,或发生性质恶劣、危害性严重、社会影响大的较大工程质量安全事故,受到行政处罚。④经法院判决或仲裁机构裁决,认定为拖欠工程款,且拒不履行生效法律文书确定的义务。该办法规定列入建筑市场主体"黑名单"和拖欠农民工工资"黑名单"的建筑市场各方主体,在市场准入、资质资格管理、招标投标等方面依法给予限制。据此,招标文件可以将投标人被纳入失信黑名单确定为否决投标事项。查询"黑名单"的途径,一是通过国家企业信用信息公示系统(www.gsxt.gov.cn)查询,二是通过"信用中国"网站(www.creditchina.gov.cn)查询。

本项目中,A投标人已被列入建筑市场主体严重失信"黑名单",招标文件也规定了"投标人被纳入建筑市场主体严重失信'黑名单'的,否决该投标",因此A投标人的投标应当被否决。

15. 投标人被市场监督管理部门列入严重违法失信企业名单,其投标资格应否受到限制?

问:某国有企业办公楼物业服务项目招标,招标文件规定:"被'信用中国'网站列入'黑名单'或被国家企业信用信息公示系统列入'严重违法失信企业名单(黑名单)'

'经营异常名录'的投标人，其投标作否决处理。"A投标人在国家企业信用信息公示系统中被列入"严重违法失信企业名单（黑名单）"，请问其投标是否有效？

答：为加强对严重违法失信企业的管理，促进企业守法经营和诚信自律，扩大社会监督，依据《企业信息公示暂行条例》《严重违法失信企业名单管理暂行办法》规定，企业有下列情形之一的，列入严重违法失信企业名单管理：①被列入经营异常名录届满3年仍未履行相关义务。②提交虚假材料或者采取其他欺诈手段隐瞒重要事实，取得公司变更或者注销登记，被撤销登记。③因不正当竞争行为两年内受到三次以上行政处罚。④因提供的商品或者服务不符合保障人身、财产安全要求，造成人身伤害等严重侵害消费者权益的违法行为，两年内受到三次以上行政处罚，等等。对于失信企业，可以限制其投标或中标资格，招标文件可以将列入"严重违法失信企业名单（黑名单）"作为限制投标条件。列入"严重违法失信企业名单（黑名单）"的记录，应以"信用中国"、国家企业信用信息公示系统等网站公示的权威信息为准。投标截止日前已移出该名单的，具有合格的投标资格。

本项目中，A投标人已被列入"严重违法失信企业名单"，根据招标文件中投标人被列入"严重违法失信企业名单"将被否决投标的规定，其投标应当被否决。

第三章 投标类

16. 子公司能否参加母公司招标项目的投标？

问：某集团公司有一建设工程施工项目公开招标，其控股子公司能否投标？其投标是否无效？

答：《招标投标法实施条例》第三十四条第一款规定："与招标人存在利害关系可能影响招标公正性的法人、其他组织或者个人，不得参加投标。"从该条款来看，同时满足"与招标人存在利害关系"和"可能影响招标公正性"两个条件的投标单位，不得参加投标；否则，其投标无效。

在子公司参加母公司投标的项目中，由于母、子公司之间存在股权投资关系，尤其是母公司对于其控股的子公司，更因通过行使重大决策权，对其子公司的经营决策有决定性的影响力，所以两者之间存在"利害关系"显而易见。二是子公司参加母公司项目投标，可能影响招标公正性吗？此时母公司是否偏袒其子公司，使之在竞争中处于优势地位，可能影响其他投标人公平、公正地参加投标，属于"可能影响招标公正性"的情形。

如参加投标的企业均是母公司的子公司，可视为各投标企业与母公司的亲密程度及利害关系均等，不认为可能影响招标公正。在此情况下，相关投标均应视为有效。

17. 国有企业下属参股子公司能否参与该国有企业组织的招标？

问：国有企业下属参股子公司能否作为投标人，公平参与国有企业组织的招标投标工作?

答:《招标投标法实施条例》第三十四条第一款规定,与招标人存在利害关系可能影响招标公正性的法人、其他组织或者个人,不得参加投标。本条款没有一概禁止与招标人存在利害关系法人、其他组织或者个人参与投标,构成本条款第一款规定情形需要同时满足"存在利害关系"和"可能影响招标公正性"两个条件。即使投标人与招标人存在某种"利害关系",但如果招标投标活动依法进行、程序规范,该"利害关系"并不影响其公正性的,就可以参加投标。

18. 法人分支机构投标应否提交法人出具的投标授权书?

问:某安居房维修工程项目招标文件规定:"分支机构参加投标,必须提供法人针对该项目的投标授权书。如果未提供有效的投标授权书,则投标无效。"某建筑集团公司的分公司,由该法人依法设立,领取营业执照,此次以自己的名义参加投标,但未提交集团公司出具的投标授权书。请问分支机构投标应否提交法人出具的投标授权书?

答:分支机构投标一般无须提交投标授权书,但本项目中招标人作出特别要求的,分支机构应当提供法人出具的投标授权书。

《民法典》第七十四条规定:"法人可以依法设立分支机构。法律、行政法规规定分支机构应当登记的,依照其规定。分支机构以自己的名义从事民事活动,产生的民事责任由法人承担；也可以先以该分支机构管理的财产承担，不足以承担的，由法人承担。"也就是说，分支机构依法设立，并领取营业执照后，无须经过其所属法人的授权，即可依法以自己的名义从事经营活动，独立参与投标、订立合同，该民事行为在法律上是允许的。如果招标人另有要求，也可在招标文件中规定："依法领取营业执照的分公司或分支机构，必须经过法人授权，才可以参加投标"，此时，分支机构应当持其营业执照和所属法人出具的投标授权书参加投标，其目的在于强调分支机构必须在其法人授权范围内开展经营活动，其法律责任由法人承担，降低分支机构履约风险。

本项目中，因招标人要求"分支机构需提交法人投标授权书"，但某分公司未提交，根据招标文件中"如果未提供有效的投标授权书，则投标无效"的规定，评标委员会应当否决该投标。

19. 制造商及其授权的代理商能否同时投标？

问：某国有企业以公开招标方式采购劳保物资，招标文件规定："本项目接受代理商投标，但制造商及其代理商不得同时投标。"某货物制造商甲制造有限公司及其销售代理商乙贸易有限公司都参加了投标。评标委员会将两公司的投标都予以否决，这两家公司提出异议，认为招标文件规定"制造商及其代理商不得同时投标"违法。请问：制造商及其授权的代理商能不能同时投标？

答：制造商及其代理商不能在同一招标项目中同时投标。

对于"制造商与代理商能否同时投标"，虽然法律法规没有明确规定，但因制造商对其代理商具有较强的投标价格控制力，两者容易采取一致的串通投标行为，对该类投标宜予以限制。另外，《工程建设项目货物招标投标办法》第三十二条规定："……一个制造商对同一品牌同一型号的货物，仅能委托一个代理商参加投标。违反前两款规定的，相关投标均无效。"上述法条虽然禁止的是制造商同时委托多家代理商投标，但其立法目的也是为了防止多个投标人就同一品牌同一型号的货物同时投标。如果制造商授权代理商前来投标，则认为制造商放弃投标；如果制造商自行投标，同时又授权其代理商投标，类似一个投标人提交两个投标方案，对其他投标人难言公平。因此，如果招标文件允许代理商投标，则建议在招标文件中明确规定："制造商和代理商不得在同一标包或未划分标包的同一招标项目中同时投标。"

本项目中，招标文件明确规定"制造商及其代理商不得同时投标"，但甲制造有限公司在已经授权乙贸易有限公司作为销售代理商来投标的情况下，同时自己也参加投标，违背了招标文件实质性要求，故评标委员会依据《招标投标法实施条例》第五十一条第三项规定，对这两家投标人的投标均作否决处理的决定具有法律依据。

第三章 投标类

20. 企业能否参加隶属于同一集团的子公司的招标项目？

问：招标人隶属于母公司一级子公司（科研单位），投标人属于母公司另一级子公司（建筑单位）的二级子公司，其能否参加投标？该投标是否属于串标行为？

答：在招标人与投标人属于一家公司控股或实际控制的情况下，并未禁止投标人参与投标，但依据《招标投标法实施条例》第三十四条第一款的规定，如果投标人与招标人存在利害关系可能影响招标公正性的，则不得参加投标。招标人与投标人是否构成串通投标，需要依具体行为进行认定。

21. 同一制造商生产的同一品牌、不同型号的货物可以参加同一合同项目的投标吗？

问：在某工程建设项目材料采购招标时，A公司和B公司同样都是代理C公司的产品来投标，代理的产品为同一个品牌，但是属于不同的型号，这样的投标合法吗？

答：我国《工程建设项目货物招标投标办法》第三十二条第三款规定："一个制造商对同一品牌同一型号的货物，仅能委托一个代理商参加投标。"对于同一招标项目，法律禁止以同一品牌的相同型号的货物投标，但并未限制同一制造商不同品牌或同一品牌的不同型号的产品由不同代理商在同一项目中投标。

22. 总承包人是否可以直接承建或参与暂估价项目的投标？

问：某一工程建设项目施工招标为依法必须招标项目，已经确定了某总承包企业为中标人，按照原招标文件规定，招标项目中还包含一项暂估价项目，该项目金额也达到了招标规模标准，应当依法招标，总承包人是否可以直接承建，不用招标，或者可参与该暂估价项目的投标？

答：《招标投标法实施条例》第二十九条规定："招标人可以依法对工程以及与工程建设有关的货物、服务全部或者部分实行总承包招标。以暂估价形式包括在总承包范围内的工程、货物、服务属于依法必须进行招标的项目范围且达到国家规定规模标准的，应当依法进行招标。前款所称暂估价，是指总承包招标时不能确定价格而由招标人在招标文件中暂时估定的工程、货物、服务的金额。"达到招标规模标准、在属于依法必须进行招标的项目范围之内的暂估价项目依法必须招标。因此，该暂估价项目不能直接由总承包人承建，必须进行招标，该总承包人也不能投标，只能作为总承包管理单位管理整个项目。通过招标竞争选择暂估价项目承包人时，应在招标文件的专用合同条款中明确发包人和总承包人的权利义务关系。一般情况下，由发包人批准，总承包人组织具体招标工作，或者由招标人与总承包人联合进行招标。中标通知书和合同也须经发包人批准后签发。

23. 参加 EPC 项目前期咨询的单位能否参加设计施工总承包投标？

问：《工程建设项目施工招标投标办法》第三十五条规定，不允许为招标项目的前期准备或监理工作提供设计、咨询服务的任何法人及任何附属机构（单位）参加该招标项目的投标，那么在设计施工总承包项目中，为该项目提供前期咨询的单位是否有权投标？

答：根据我国《住房和城乡建设部关于进一步推进工程总承包发展的若干意见》（建市〔2016〕93号）规定，工程总承包是指从事工程总承包的企业按照与建设单位签订的合同，对工程项目的设计、采购、施工等实行全过程的承包，并对工程的质量、安全、工期和造价等全面负责的承包方式。工程总承包一般采用设计—采购—施工总承包或者设计—施工总承包模式。建设单位也可以根据项目特点和实际需要，按照风险合理分担原则和承包工作内容采用其他工程总承包模式。根据《工程建设项目施工招标投标办法》第三十五条规定，为招标项目的前期准备或监理工作提供设计、咨询服务的任何法人及任何附属机构（单位），都无资格参加该招标项目的投标。上述规定是针对非设计施工总承包项目而言，不适用设计施工总承包（即 EPC）项目。

在 EPC 项目中，由于招标人向所有投标人提供相同的初步设计或方案设计，在合同执行期由总承包人在初步设计或方案设计的基础上自行设计施工图，提供过前期咨询的企业不存在投标优势，一般认为可以参加设计施工总承包项目的投标。

24. 施工招标项目的投标人在哪些情形下不具备投标资格？

问：在工程建设项目施工招标投标活动中，投标人不得与招标人存在利害关系影响招标工作的公正性，目前招标投标法律法规限制哪些情形下的投标人资格？

答：《工程建设项目施工招标投标办法》第三十五条对于施工招标项目的投标人条件作出了限制规定："招标人的任何不具有独立法人资格的附属机构（单位），或者为招标项目的前期准备或者监理工作提供设计、咨询服务的任何法人及其任何附属机构（单位），都无资格参加该招标项目的投标。"

根据前述规定，参照《标准施工招标资格预审文件》，施工招标项目的投标人不得存在下列情形：

（1）招标人的任何不具有独立法人资格的附属机构（单位）。

（2）为招标项目的前期准备或者监理工作提供设计、咨询服务的任何法人及其任何附属机构（单位），都无资格参加该项目的投标，但设计施工总承包的除外。

（3）为本标段的监理人。

（4）为本标段的代建人。

(5) 为本标段提供招标代理服务的。

(6) 与本标段的监理人或代建人或招标代理机构同为一个法定代表人的。

(7) 与本标段的监理人或代建人或招标代理机构相互控股或参股的。

(8) 与本标段的监理人或代建人或招标代理机构相互任职或工作的。

25. 具有利害关系的两家单位能否组成联合体投标？

问： 某公司和公司下属的全资子公司能否组成联合体参加投标？

答： 根据《招标投标法》第三十一条第一款规定："两个以上法人或者其他组织可以组成一个联合体，以一个投标人的身份共同投标。"由此可知，联合体相当于一个投标人。根据《招标投标法实施条例》第三十四条第二款规定，单位负责人为同一人或者存在控股、管理关系的不同单位，不得参加同一标段投标或者未划分标段的同一招标项目投标，该条款实际限制的是存在这些利害关系的不同投标人同时参加同一招标项目，其目的是为了防止不同投标人之间发生事先沟通、私下串通等违反招标投标法律法规的情况，而存在直接控股关系的不同法人或其他组织组成一个联合体，不会出现上述情况。

因此，存在直接控股关系的母、子公司组成一个联合体后可以投标。

26. 招标人能否拒绝联合体投标？

问：有的招标文件明确规定："本项目不接受联合体投标"，是否构成以不合理的条件限制潜在投标人的情形？

答：《招标投标法》第三十一条允许"两个以上法人或者其他组织可以组成一个联合体，以一个投标人的身份共同投标"。《招标公告和公示信息发布管理办法》第五条规定："依法必须招标项目的资格预审公告和招标公告，应当载明以下内容：……（二）投标资格能力要求，以及是否接受联合体投标。"也就是说，是否接受联合体投标由招标人自主决定，并在资格预审公告和招标公告中明确规定，一般应根据项目的不同、进度要求、标段划分、潜在投标人参与程度等因素综合考虑是否接受联合体投标。法律没有明确规定必须采用联合体投标，也没有规定招标人必须接受联合体投标，招标人在不影响竞争程度的情况下，有权拒绝联合体投标，并不属于以不合理的条件限制潜在投标人的行为。

27. 联合体成员在"同一招标项目"中单独投标是否有效？

问：一个招标项目中，A公司与B公司组成联合体投标，又在该项目中单独投标，A公司的投标是否有效？

答：投标人只能"一标一投"，不得提交多份投标文件，在同一招标项目中如投多个标，则实质上形成围标，对其他投标人不公正，此情形下投标无效。《招标投标法实施条例》

第三章　投标类

第三十七条第三款规定："联合体各方在同一招标项目中以自己名义单独投标或者参加其他联合体投标的，相关投标均无效"，如在同一招标项目中自行投标又与他人联合投标，相当于"一标多投"，应予以禁止。"同一招标项目"是指同一份合同项下的项目。在本项目中，A公司与他人组成联合体投标，又单独在该项目中投标，即为在同一招标项目中投两次标，依据上述规定应作投标无效处理。

28. 投标人通过资格预审后发生重大变化，其是否还具备投标资格？

问：某大型设备采购招标项目采用资格预审方式，资格预审文件要求潜在投标人具有该产品的生产许可证。某潜在投标人通过资格预审，之后其拟投标产品的生产许可证因产品质量不合格而被发证机关吊销，此时该投标人的投标资格是否有效？

答：该投标人的投标资格无效。

通过资格预审仅表明潜在投标人取得了投标资格。在资格预审后到评标期间，潜在投标人的资格条件、履约能力可能会发生变化，导致其不再具备资格预审文件、招标文件规定的资格条件。通过资格预审的投标人并不意味着其履约能力在投标过程中一直有效，也并不意味着对其资格不能再进行审查。实际上，资格审查贯穿招标投标全过程，对于资格预审的项目，在评标过程中，评标委员会仍可对投标人的资格条件进行审查，重点是审查投标人的资格条件在通过资格预审后有无变化。尤其是投标人发生合并、分立、破产等重大变化的，评标委员会应重点审查是否影响投标人资格。

《招标投标法实施条例》第三十八条规定："投标人发生合并、分立、破产等重大变化的，应当及时书面告知招标人，投标人不再具备资格预审文件、招标文件规定的资格条件或者其投标影响招标公正性的，其投标无效。"除了合并、分立、破产，影响资格条件的重大变化还包括取消投标资格、重大财务变化、吊销营业执照等。也就是说，发生上述情形，即使通过资格预审，投标人的投标资格也可能在评标过程中被否决。

本项目中，投标人在通过资格预审后发生投标产品生产许可证被吊销的重大变化，已不符合投标人资格条件，评标委员会应当否决其投标。

29. 分公司以自己名义投标应注意关注哪些问题？

问：某公司属于某集团公司依法登记注册成立的专业化分公司，其如果以自己的名义参与投标，应当注意哪些事项可以确保投标活动的合规性？

答：依法办理企业登记手续的分公司，可以以自己的名义参加投标。根据实践经验，建议分公司注意以下事项：

（1）分公司应以自己名义购买招标文件，方能获取投标资格。实践中，有的招标文件规定"未按招标文件公告要求购买招标文件的投标，招标人不予受理"。如果投标人未购买招标文件，直接参加投标，其投标将被拒绝，从而失去投标机会。同样，分公司为获取投标资格，必须以自己的名义购买招标文件；如以其总公司名义购买招标文件而分公司投标的，招标人可能根据招标文件要求拒绝接受其投标。

（2）分公司应以自己名义提交投标保证金。根据现行规定，依法必须招标项目，以现金或者支票形式提交的投标保证金应当从其基本账户转出。因此，对于有投标保证金要求的依法必须招标项目，分公司递交投标保证金时也应确保从其基本账户转出，否则其投标可能被否决。

（3）分公司宜提交自己的既有业绩。由于招标文件可能要求分公司提供自身业绩，分公司应当提供其直接作为合同主体的业绩证明。

30. 两家投标人的部分股东相同的，能否参加同一项目的投标？

问：甲公司的股东有3人，乙公司的股东有5人，其中张某某和A公司是甲公司和乙公司共同的股东。请问：甲公司和乙公司能否参加同一项目的投标？

答：拥有相同股东的投标人原则上可以参加同一项目的投标。

《招标投标法实施条例》第三十四条第二款规定："单

位负责人为同一人或者存在控股、管理关系的不同单位，不得参加同一标段投标或者未划分标段的同一招标项目投标。"这主要是针对相互间存在单位负责人相同或者存在控股、管理关系的多个投标人作出的限制投标的规定，目的在于防止或杜绝串标或围标行为。但并没有禁止两个以上投标人为同一人控制、股东相同或有部分股东重叠时的投标资格。因此，投标人之间全部或仅有部分股东相同，都不能据此认定其相互之间存在控股、管理关系，不影响其投标资格。

在招标文件没有特别规定的情况下，同一公司下属的两家及以上子公司，或者同一个股东或相同的多个股东共同出资设立的两家或以上子公司，只要其单位负责人不是同一人，则可以同时参加同一标段的投标或者未划分标段的同一招标项目的投标。

因此，本项目中，只是甲公司和乙公司两家投标人股东有重合，但只要两者没有单位负责人相同，也不存在控股、管理关系，就不能限制其在同一项目中投标，不能判定其投标无效。

31. 不同代理商能否以同一制造商的不同品牌产品参与同一项目的投标？

问：在工程建设项目货物招标活动中，"一个制造商对同一品牌同一型号的货物，仅能委托一个代理商参加投标"，那么，不同代理商能否以同一制造商的不同品牌产品参与同一项目的投标呢？

答：《工程建设项目货物招标投标办法》第三十二条规定了"一个制造商对同一品牌同一型号的货物，仅能委托一个代理商参加投标。违反前两款规定的，相关投标均无效"。也就是说，不同代理商不能代理同一制造商的同一品牌同一型号的产品参加同一招标项目的投标，这样才符合"一标一投"的原则，否则同一制造商可以委托多个代理商以其同一品牌同一型号产品投标，实现围标的目的。

但是从现有法律规定来讲，并没有限制同一制造商的不同品牌参与同一合同项下的竞争，也就是不同代理商可以以同一制造商的不同品牌产品参与同一项目的投标。当然，同一制造商的不同品牌参与同一合同项下的竞标，相对容易发生围标串标行为。如通过操控一个品牌的报价，提高另一品牌中标的概率。而且，现实中某家制造商拥有数个不同品牌产品的情况也比较常见。实践中，可以通过招标文件设定条件，禁止以同一制造商的不同品牌投标，或者规定同一制造商不同品牌的同一产品，如果两者之间没有发生技术参数方面的升级或变化，规定视同同一品牌来对待。

32. 可行性研究报告编制单位能否参加工程设计施工总承包项目投标？

问：某大型公路建设工程设计施工总承包项目招标，该项目的可行性研究报告编制单位 A 公司参加投标，评标委员会就其有无资格参加投标产生意见分歧。请问：可行性研究报告编制单位能否参加工程设计施工总承包项目投标？

答：《工程建设施工项目招标投标办法》第三十五条规定："招标人的任何不具有独立法人资格的附属机构（单位），或者为招标项目的前期准备或者监理工作提供设计、咨询服务的任何法人及其任何附属机构（单位），都无资格参加该招标项目的投标。"

《房屋建筑和市政基础设施项目工程总承包管理办法》第十一条规定："工程总承包单位不得是工程总承包项目的代建单位、项目管理单位、监理单位、造价咨询单位、招标代理单位。政府投资项目的项目建议书、可行性研究报告、初步设计文件编制单位及其评估单位，一般不得成为该项目的工程总承包单位。政府投资项目招标人公开已经完成的项目建议书、可行性研究报告、初步设计文件的，上述单位可以参与该工程总承包项目的投标，经依法评标、定标，成为工程总承包单位。"

《公路工程设计施工总承包管理办法》第六条第四项规定："总承包单位（包括总承包联合体成员单位，下同）不得是总承包项目的初步设计单位、代建单位、监理单位或以上单位的附属单位。"

上述法律规定不尽相同，由于本项目中涉及大型公路建设工程设计施工总承包项目，笔者倾向于认为只要招标人公开可行性研究报告,所有投标人得到的信息对等,不会构成对其他投标人的不公平竞争,可行性研究报告编制单位即可以参与该项目投标。

33. 联合体签订的共同投标协议书格式和内容需要满足哪些要求?

问:某工程建设项目施工招标接受联合体投标,并要求联合体成员应按照招标文件提供的格式签订共同投标协议书,其中应明确牵头单位和其他各成员单位的职责分工。A、B、C三家公司组成联合体参与投标,但提供的共同投标协议书由三家公司自行起草,其中未明确三家单位的职责分工。这份协议书是否满足招标文件要求?

答:上述共同投标协议书不能满足招标文件要求。

联合体共同投标协议书是投标文件的有效组成部分,其内容一般包括以下几点:①约定各方承担的专业工作和相应责任。②明确联合体一方为牵头人,接受联合体所有成员的授权,负责投标和合同履行、项目组织和协调等工作。③约定联合体各方都应当按期完成所承担的项目任务,及时向其他各方通报所承担项目的进展和实施情况。④约定共同履行投标义务,向招标人承担连带责任等。未按招标文件提供的格式签订共同投标协议书或者有限制、免除联合体成员连带责任的内容的,都属于共同投标协议书内容有瑕疵,属于"重大偏差",该投标可能因"没有对招标文件的实质性要求和条件作出响应"而被否决。

本项目中，招标文件提供了共同投标协议书格式，要求联合体成员应按照招标文件提供的格式签订，但A、B、C三家公司组成的联合体自行起草格式签订了共同投标协议书，并且缺少了职责分工内容，影响评标委员会对联合体的资质资格、履约能力进行评审，属于未对招标文件的实质性要求和条件作出响应，依据《招标投标法实施条例》第五十一条规定，该联合体的投标应当被否决。

34. 联合体投标，所有成员法定代表人签署的授权委托书有什么要求？

问：某通信线路施工招标，招标文件声明"本项目接受联合体投标"，并要求"联合体需提供所有联合体成员法定代表人签署的授权委托书，未提供或提供无效的授权委托书的，应当否决其投标"。A公司、B公司和C公司组成联合体投标，请问该联合体投标提交的授权委托书应满足什么要求？如果未提供如何处理？

答：联合体是为共同投标并在中标后共同完成中标项目而组成的临时性组织，可以是两个以上法人组成的联合体、两个以上非法人组织组成的联合体或者是法人与非法人组织组成的联合体，对外以联合体名义投标，不具有法人资格。《工程建设项目施工招标投标办法》第四十四条规定："联合体各方应当指定牵头人，授权其代表所有联合体成员负责投标和合同实施阶段的主办、协调工作,并应当向招标人提交由所有联合体成员法定代表人签署的授权书。"

联合体作为一个投标人身份,应当聚集所有成员真实意思表示,因此必须由各联合体组成成员法定代表人共同签署授权委托书,授权同一代理人办理投标事宜,其表明联合体投标属于各方自愿、共同、一致的法律行为。未提供所有联合体成员法定代表人签署的授权委托书的,视为投标代表无权代理联合体投标。

本项目中,A、B、C三家公司虽组成联合体,但未提交授权委托书,不能认为该联合体成员均有意愿以联合体形式参加投标,评标委员会应当否决该联合体的投标。

35. 投标人能否同时递交多份投标文件?

问: 某公司参与某设计项目投标,按照招标文件要求制作了投标文件,同时其认为招标要求有些不尽合理并进行了优化完善,这样项目投资也可以压低一些,而且更符合绿色低碳原则,在此基础上制作了备选的投标方案。请问:其能否同时递交多份投标方案?

答: 投标人递交的投标文件内容应当明确无歧义,与之对应的报价也应当唯一确定。投标人递交多份内容不同的投标文件或投标报价,不符合投标人机会均等的要求,违背了"公开、公平、公正"原则。但是,如果招标文件允许提交备选方案的,则可以允许投标人递交一个以上的投标方案,但应在其递交的投标文件中明示主选方案和备选方案。

需要注意的是,如果招标文件允许提交备选方案,但投标人只提交一种投标方案而未提交备选方案的,则不宜强制投标人提交备选方案,也不能作为非实质性响应投标而被否决。此外,在机电产品国际招标中,仅允许提交一个备选方案,且备选方案的投标价格不得高于主选方案。对于国内招标,招标文件可自行规定备选方案数量,但一般以一个为宜。

36. 具有不同资质的企业组成的联合体的资格在哪种情形下合格?

问:某工程施工招标,招标文件要求投标人必须具备送变电专业二级及以上资质和房屋建筑工程二级及以上资质,允许联合体投标,甲企业只具有送变电专业二级资质,乙企业只具有房屋建筑工程二级资质,两者组成联合体其投标资格是否合格?

答:根据《招标投标法》第三十一条第二款规定,联合体各方均应具备承担招标项目的相应能力;国家有关规定或者招标文件对投标人资格条件有规定的,联合体各方均应当具备规定的相应资格条件。由同一专业的单位组成的联合体,按照资质等级较低的单位确定资质等级,其目的是为了防止资质较低的一方借用资质等级较高的一方的名义参加投标,在取得中标资格后自行实施中标项目的违规行为。

两个以上专业资质类别不同的单位组成的联合体，应当按照联合体的内部分工，各自按其资质类别及等级的许可范围承担工作。如本工程施工要求送变电专业二级及以上资质和房屋建筑工程二级及以上资质，允许联合体投标，甲企业只具有送变电专业二级资质，乙企业只具有房屋建筑工程二级资质。如果甲企业承担送变电工程，乙企业承担房屋建筑工程，两者组成联合体投标资质合格。如果甲企业只承担送变电工程，乙企业承担房屋建筑工程也参与部分送变电工程，则该联合体资质不合格，不满足招标文件要求。其所承担的项目内容按照联合体协议中载明的各自承担的工作内容来认定。如果甲企业和乙企业不分工，则该联合体资质不合格。

37. 分公司能否以自己的名义投标？

问：分公司不具备企业法人资格，没有独立的财产，没有独立的民事责任能力，那么能否以自己的名义投标呢？

答：根据《招标投标法》第二十五条规定，投标人是响应招标、参加投标竞争的法人或者其他组织。也就是说，投标人并非必须是法人，具有民事主体资格和行为能力的其他组织也可以参加投标。根据《最高人民法院关于适用〈中华人民共和国民事诉讼法〉的解释》第五十二条规定，其他组织是指合法成立、有一定的组织机构和财产，但又不具备法人资格的组织，包括法人依法设立并领取营业执照的分支机构，分公司就属于其他组织。依法设立并领取营业执照的分公司虽然不具有法人资格，但属于《招标投标法》第二十五条规定的其他组织，可以作为投标人参加投标。

《招标投标法实施条例》第三十二条规定，对于依法必须招标的项目不得非法限定潜在投标人或者投标人的所有制形式或者组织形式，否则属于以不合理条件限制、排斥潜在投标人或者投标人。因此，对于依法必须招标项目，招标人应当接受分公司参与投标，不得以其不具备法人资格而拒绝。

从法律允许公司设立分公司的初衷以及招标实践情况来看，分公司可以参加投标。分公司以自己名义投标时应提供分公司自己的业绩，方能向招标人证明其具有相应的合同履约能力，而不能以总公司业绩来投标。分公司以其自有资产对外承担责任，其资产不足以承担责任时，由其所属法人承担责任。

38. 被纳入"信用中国"网站失信黑名单是否还具有合格的投标资格？

问：有投标人被纳入"信用中国"网站失信黑名单，其投标是否还有效？评标委员会是否应当否决其投标？

答：《招标投标法》第十八条第一款规定："招标人可以根据招标项目本身的要求，在招标公告或者投标邀请书中，要求潜在投标人提供有关资质证明文件和业绩情况，并对潜在投标人进行资格审查；国家对投标人的资格条件有规定的，依照其规定。"第二十六条规定："投标人应当具备承担招标项目的能力；国家有关规定对投标人资格条件或者招标文件对投标人资格条件有规定的,投标人应当具备规定的资格条件。"因此,投标人的资格条件必须同时满足两项要求:一是国家规定;二是招标文件的规定。如招标文件没有规定资格条件,但国家有规定的,投标人不能以招标文件没有规定为由提出抗辩或不予以遵守。

对于被纳入"信用中国"网站失信黑名单限制参与投标的情况,最高人民法院、国家发展和改革委员会、住房和城乡建设部、水利部等联合发布的《关于在招标投标活动中对失信被执行人实施联合惩戒的通知》(法〔2016〕285号)规定:"(一)限制失信被执行人的投标活动。依法必须进行招标的工程建设项目,招标人应当在资格预审公告、招标公告、投标邀请书及资格预审文件、招标文件中明确规定对失信被执行人的处理方法和评标标准,在评标阶段,招标人或者招标代理机构、评标专家委员会应当查询投标人是否为失信被执行人,对属于失信被执行人的投标活动依法予以限制。"《最高人民法院关于公布失信被执行人名单信息的若干规定》(法释〔2013〕17号,根据2017年2月28日法释〔2017〕7号《关于修改〈最高人民法院关于公布失信被执行人名单信息的若干规定〉的决定》修正)第八条第一款规定:"人民法院应当将失信被执行人名单信息,向政府相关部门、金融监管机构、金融机构、承担行政职能的事业单位及行业协会等通报,供相关单位依照法律、法规和有关规定,在政府采购、招标投标、行政审批、政府扶持、融资信贷、市场准入、资质认定等方面,对失信被执行人予以信用惩戒。"

上述法律规定均未明确将纳入黑名单确定为否决投标的事项,如果在招标文件、招标公告中未将被纳入"信用中国"网站失信黑名单的企业确定为否决投标事项,则若否决该投标缺乏相应依据。

39. 投标人能否在招标文件规定的格式之外自行制作投标文件格式?

问: 某公司设备维修项目招标文件规定:"投标人应当按照招标文件规定制定投标文件,不得改变投标文件格式,否则按否决投标处理。"某投标人投标分项报价表格式自拟,只有分项价格而未显示总价,且根据该分项报价计算出的实际总价与投标一览表所载明的投标报价不一致,无法判断其准确的投标报价。请问:投标人能否自行制作投标文件格式?

答: 根据《招标投标法》第二十七条规定,投标人应当按照招标文件的要求编制投标文件,对招标文件提出的实质性要求和条件作出响应,其中包括按照招标文件中明确设定的投标文件格式和内容编写投标文件。评标委员会评审投标文件,主要针对投标文件内容是否符合招标文件要求和条件,逐一进行审核与评价。投标文件的格式如果与招标文件拟定的投标文件格式不一致,内容也有删减或修改,从中无法区分、辨别评审所需的必要信息,影响评标专家正常评标,或者导致投标文件内容不符合招标文件的实质性要求和条件，都可以否决投标。当然，投标人对投标文件格式的调整，如果涉及评审因素的内容无缺漏，实质性响应招标文件要求，且并不影响评审工作的，可以不否决投标，宜作评审减分处理。

因此，招标文件给定投标文件格式的，投标文件应当按照此格式编写，不要擅自变更其中实质性内容；如果没有给定格式，投标人可以根据自己的理解来编写。

本项目中，投标人未按照招标文件规定的格式、内容制定投标文件，而是自行制定投标文件格式，导致前后报价不一致，评标委员会无法判断真实的投标报价，影响评标，根据招标文件规定，应当否决该投标。

40. 投标时间截止后，投标人能否撤销投标文件，对该行为如何处理？

问：某国有企业物资采购项目招标文件规定："在投标截止时间以后，不能修改或撤销其投标文件，否则取消其投标资格并不予退还其投标保证金。"投标时间截止后，招标代理机构收到K公司的函件，内容为："由于本公司工作人员失误，本次投标报价低于生产成本，继续参与投标可能对本公司利益造成极大损失，本公司请求撤销投标文件。"请问投标人能否撤销其投标文件，对其行为如何处理？

答：投标人投标与否由其自主决定，在投标截止时间之前可以提交投标文件也可以撤回其投标文件，但是在投标截止时间之后禁止将其投标文件撤销，否则有悖诚信原则，损害招标人的信赖利益。因此，《招标投标法》第二十九条、《招标投标法实施条例》第三十五条第一款、《工程建设项目施工招标投标办法》第三十九条均规定，投标人在投标截止时间之后不可再撤销投标文件。《民法典》第四百七十六条也作出了有关承诺期限内要约不得撤销的规定，故投标人不得在投标有效期内撤销其投标。

《招标投标法实施条例》第三十五条第二款进一步规定："投标截止后投标人撤销投标文件的，招标人可以不退还投标保证金。"

本项目中，投标人在投标截止时间后才通知招标人要撤销其投标文件，根据招标文件"在投标截止时间以后，不能修改或撤销其投标文件，否则取消其投标资格并不予退还其投标保证金"的规定，投标人K公司的投标将被否决，且还将要付出投标保证金不予退还的代价。

41. 代理商参加投标，应当提供制造商业绩还是销售代理商业绩？

问：某公司通过公开招标方式采购一批行政交换机，招标文件要求"本项目允许代理商参加投标；参与本次招标项目的投标人是代理商的，需提供近三年内（以投标截止日计算）行政交换机不少于500台的销售代理业绩"。C公司作为某品牌代理商投标，提供的业绩均是制造商的销售业绩。请问代理商参加投标应当提供制造商业绩还是销售代理业绩？C公司提供的业绩是否有效？

答：投标人资格应符合法律规定及招标文件约定的资格条件。《招标投标法》第二十六条规定："投标人应当具备承担招标项目的能力；国家有关规定对投标人资格条件或者招标文件对投标人资格条件有规定的，投标人应当具备规定的资格条件。"投标人应当具备承担招标项目的能力，是指投标人具备与完成招标项目的需要相适应的能力或者条件以及相应的工作经验与业绩等。允许代理商参加投标的项目，将供货业绩作为投标人资格条件的，招标人可以在招标文件中明确该供货业绩是制造商的供货业绩还是代理商的供货业绩。一般来讲，为了考察代理商的供货能力和履约信用的，要求提供代理商供货业绩；为了考察制造商的生产能力的，要求提供制造商的供货业绩。如果招标文件未予明确，不论提交制造商还是代理商的供货业绩，均应当认可。

本项目中，招标文件要求投标人提供行政交换机的销售代理业绩，C公司提供的却是制造商业绩，显然自己的销售业绩不符合招标文件要求，根据《招标投标法实施条例》第五十一条第三项"有下列情形之一的，评标委员会应当否决其投标：……（三）投标人不符合国家或者招标文件规定的资格条件"的规定，其投标依法应当被否决。

42. 投标文件能否加盖投标专用章？

问：有的企业为了方便投标，专门刻制了投标专用章，在投标文件上进行加盖，是否与加盖公章具有同等法律效力？该投标文件是否有效？

答：对于企业来说，在办理注册登记、领取营业执照之后，一般可以刻制行政公章、合同专用章和财务专用章三枚印章，这些是能够代表企业法人行为、具有法律效力的印鉴，实践中得到了普遍的认可。至于企业自行刻制的其他业务用章（如物资进出库专用章）以及内设机构印章（如职能部门章）等，主要是在企业内部使用，用于处理企业内部事务、联系工作使用，在企业外部使用不具有法律效力。

在招标投标领域出现的投标专用章，目前在实践中尚未得到普遍认可，也未形成交易惯例。为避免争议，在招标文件中注明加盖公章的地方，不宜以投标专用章取代。如企业内部出于业务管理需要使用投标专用章，则应附上加盖企业法人公章并载明"该投标专用章与企业法人公章同等效力"的证明文件。实践中，也有招标人考虑到一些投标人投标业务较多，允许加盖投标专用章的情形，此时一般也会要求投标人提交该投标专业章效力方面的证明文件。

43. 电子投标文件上传不成功如何处理？

问：在电子招标投标活动中，因投标人自身原因或者网络原因，造成投标文件传输不成功，招标人应如何处理？

答：《电子招标投标办法》第二十七条规定："投标人应当在投标截止时间前完成投标文件的传输递交，并可以补充、修改或者撤回投标文件。投标截止时间前未完成投标文件传输的，视为撤回投标文件。投标截止时间后送达的投标文件，电子招标投标交易平台应当拒收。"这是执行《招标投标法》第二十九条及《招标投标法实施条例》第三十五条关于在电子招标投标环境下递交投标文件的具体规定。

依据《民法典》相关规定，投标文件是投标人提出的要约，投标人向招标投标交易平台传输投标文件相当于递交了投标文件。《民法典》第四百七十四条规定："要约生效的时间适用本法第一百三十七条的规定。"第一百三十七条规定："以对话方式作出的意思表示，相对人知道其内容时生效。以非对话方式作出的意思表示，到达相对人时生效。以非对话方式作出的采用数据电文形式的意思表示，相对人指定特定系统接收数据电文的，该数据电文进入该特定系统时生效；未指定特定系统的，相对人知道或者应当知道该数据电文进入其系统时生效。当事人对采用数据电文形式的意思表示的生效时间另有约定的，按照其约定。"

在电子招标投标活动中，电子投标文件成功上传至招标人指定的招标投标交易平台时，视为递交了投标文件。对于电子投标文件传输是否成功的判定，应以加密的投标文件是否在投标截止时存在于电子招标投标交易平台的服务器为准。在投标时间截止时，因投标人未传输、主动停止传输或其他技术原因传输未完成的,一概视为"撤回",也就是"弃标"。上传不成功的原因可另行查究,但不影响招标投标程序的继续进行。投标截止时间后,电子招标投标交易平台将拒收该项目的投标文件,投标人则无法进行投标文件上传操作。

44. 投标文件解密失败后如何处理？

问：电子投标文件虽然上传至电子招标投标交易平台,但是因公网问题、平台问题、CA证书问题、操作人员技术问题等因素导致未能顺利解密,如何处理？

答：在电子招标投标过程中,投标文件虽然传输至电子招标投标交易平台,但因故不能解密时,应依据《电子招标投标办法》第三十一条规定处理,即"因投标人原因造成投标文件未解密的,视为撤销其投标文件;因投标人之外的原因造成投标文件未解密的,视为撤回其投标文件,投标人有权要求责任方赔偿因此遭受的直接损失。部分投标文件未解密的,其他投标文件的开标可以继续进行。招标人可以在招标文件中明确投标文件解密失败的补救方案,投标文件应按照招标文件的要求作出响应。"

根据上述规定和《招标投标法实施条例》第三十五条"投标人撤回已提交的投标文件,应当在投标截止时间前书面通知招标人","投标截止后投标人撤销投标文件的,招标人可以不退还投标保证金"的规定,在电子招标投标过程中,因网络阻塞、断电或交易平台的技术故障等非投标人原因导致投标文件不能解密的，视为投标人撤回投标文件，投标人有权索回其投标保证金，且有权要求导致投标文件解密失败的责任方赔偿其直接损失。由于投标人自身的原因导致投标文件不能解密的，视为撤销其投标文件，投标人将自行承担撤销投标文件的责任，招标人有权不退还投标保证金。

为了防范电子投标文件解密不成功带来的效率损失和法律风险，招标人可以事前在招标文件中规定解密失败补救方案，如允许以用光盘输入或者调取公共服务平台备份的报价文件或纸质投标文件进行补录。另外，对于解密不成功的，建议招标人以退还投标保证金为宜，因为在电子招标投标情形下，投标文件解密不成功多为意外的技术因素引起，一般不是投标人有意为之。

45. 招标人应当拒绝接收投标文件的情形有哪些？

问：某单位参加某项目的投标，递交投标文件时，招标人认为投标文件密封不严，拒绝接收。该单位立即进行了密封后再次提交，但是招标人又说投标已经超过截止时间，再次拒收，其做法是否合适？招标投标中存在哪些情形时，招标人可以拒绝接收投标文件？

答：《招标投标法实施条例》第三十六条规定："未通过资格预审的申请人提交的投标文件，以及逾期送达或者不按照招标文件要求密封的投标文件，招标人应当拒收。"

因此，招标人拒绝接收投标文件有以下三种情况：一是在资格预审项目中，未通过资格预审的投标人提交的投标文件；二是未能在投标截止时间前递交到招标文件指定地点的投标文件；三是不密封或密封不符合招标文件要求的投标文件。

综上所述，还需要说明以下几方面内容：

（1）对于采用资格预审的招标项目，在接收投标文件时应核实投标人是否已通过资格预审。没有参加过资格预审的，等同于未通过资格预审。

（2）投标人重新密封合格后，可于投标截止时间前再次递交给招标人。如果超过投标截止时间再递交，等同于"逾期送达"，应当拒收，如本项目所述情形。

（3）投标文件的接收时间和地点确需变更的，招标人应预留合理时间，提前发布变更公告并通知所有购买招标文件的潜在投标人。投标人应按照变更后的接收时间和地点递交投标文件。

（4）招标人或招标代理机构接收投标文件时，应该履行完备的签收、登记和保存手续。接收投标文件的工作人员应记录投标文件递交的时间、地点及密封情况，登记投标人的联系人和联系方式，向投标人出具接收凭据。

46. 招标文件规定投标有效期为多长时间比较合适？

问：现行的法律法规没有关于投标有效期明确的时间规定，那么在招标文件中规定投标有效期为多长时间符合要求呢？

答：《招标投标法》等法律法规只是规定了投标有效期自投标人提交投标文件截止之日起开始计算，没有对投标有效期的时间长短作出具体规定。应由招标人考虑招标项目的性质、规模、评标难易程度等诸多因素，在招标文件中确定一个适当的投标有效期，以保证招标人有足够的时间完成评标并与中标人签订合同。

考虑到评标、定标、发出中标通知书以及签订合同都需要一定时间，一般招标人都会在招标文件中约定投标有效期为90个或120个日历日。具备合理理由的情况下，招标文件也可以规定更长的投标有效期，但从立法精神来看，招标人不应以占用投标保证金为目的，故意规定超长的投标有效期。

此外，《招标投标法实施条例》第二十六条规定："投标保证金有效期应当与投标有效期一致。"也就是说，只要确定了投标有效期，就等于确定了投标保证金的有效期，当然投标人承诺投标保证金有效期比投标有效期更长，但不能短于投标有效期，否则可能被否决投标。

47. 拒绝延长投标有效期的投标人的投标文件何时失效？

问：若向投标人发出延长投标有效期的书面通知，绝大多数投标人都会同意延长，但有一家投标人回函拒绝延长投标有效期，且要求招标人抓紧时间评标。在就此回函讨论时，有的人认为该投标人的投标文件自其回函到达招标人时即失效,不再对其进行评审;有的人认为其投标文件应当自该投标文件原载明的投标有效期届满时失效,在此之前如能完成评标工作仍应评审。以上哪种观点正确呢?

答:笔者认同后一种观点。

原投标文件对投标有效期作出响应,其在原定投标有效期届满时自动失效。投标人拒绝延长投标有效期,并不影响其原定的投标文件有效期,该有效期并不发生变动。

48. 工程建设领域可以设置哪些类型的保证金?

问:针对工程建设领域设置的保证金类型过多、数额巨大,一些保证金作用互有交集,增加了市场主体的负担和成本,恶化了市场环境,阻碍了市场竞争的情况,国家大力推行"放管服"改革,在工程建设领域出台一系列措施减轻建筑业企业负担,推动公平参与市场竞争,清理了很多原本不合理的保证金。那么,当前在工程建设领域允许保留的保证金有哪些?可不可以在招标文件中要求投标企业提交信誉保证金呢?

答:国务院办公厅《关于清理规范工程建设领域保证金的通知》(国办发〔2016〕49号)要求:"一、全面清理各类保证金。对建筑业企业在工程建设中需缴纳的保证金,除依法依规设立的投标保证金、履约保证金、工程质量保证金、农民工工资保证金外,其他保证金一律取消。对取消的保证金,自本通知印发之日起,一律停止收取……七、严禁新设保证金项目。未经国务院批准，各地区、各部门一律不得以任何形式在工程建设领域新设保证金项目。"综上所述，国家只保留了四类保证金，其中与招标投标活动有关的只剩下投标保证金一项，信誉保证金不在此列，招标人不得在招标文件中设置该项保证金。

49. 招标文件可以约定投标保证金的形式吗？

问：在招标文件中规定投标人应当提交投标保证金才可以投标，那么是否可以限定投标保证金的形式呢？

答：可以。

《招标投标法实施条例》第二十六条规定："招标人在招标文件中要求投标人提交投标保证金的，投标保证金不得超过招标项目估算价的2%。投标保证金有效期应当与投标有效期一致。依法必须进行招标的项目的境内投标单位，以现金或者支票形式提交的投标保证金应当从其基本账户转出。招标人不得挪用投标保证金。"是否需要提交投标保证金，由招标人根据招标项目实际在招标文件中提出，并明确投标保证金的形式、金额及提交时间等要求。

投标人应当按照招标文件要求的形式提供投标担保，投标担保有现金、支票、本票、银行汇票或银行保函等形式，实践中通常统称为投标保证金。为了减少风险，提高评审效率，招标人可事前在招标文件中明确投标保证金的形式，一般应选择风险少、易审核的方式，如现金、汇票和银行保函等。如允许提交银行保函，招标人也可以规定银行保函的格式与内容要求，对此投标人必须遵守，不得对其格式或内容作出限制性的规定（如限制在一定区域、限制的时间短于投标有效期、附加支付约束性条件等），否则都将构成实质性偏差，其投标可能被拒绝。

50. 投标保证金应由谁收取和退还？

问：《招标投标法实施条例》第二十六条规定招标人可以在招标文件中要求投标人提交投标保证金，同时该条例第三十一条和第五十七条均规定招标人应当退还投标保证金及银行同期存款利息，但没有具体规定收取和退还投标保证金的主体。请问投标保证金应该由谁来收取和退还？

答：投标保证金是为了保障招标人的利益而设置的，招标人是受益人，自然依法享有收取投标保证金的权利，也依法负有退还投标保证金及银行同期存款利息的义务。

实践中，投标保证金的收受人各有不同，既有招标人、招标代理机构，也有当地工程交易中心，甚至还有行政监督部门。因此，其他主体应当取得招标人的授权，方能代为收取投标保证金。而且，谁是投标保证金的实际收受人，谁就应当负责退还投标保证金及其利息。

需要注意的是，如果招标人委托的实际收受人没有按照《招标投标法实施条例》规定及时退还投标保证金及其利息的，则招标人作为《招标投标法实施条例》规定的退还义务人，仍然需要承担退还投标保证金及其利息的义务，而且可能面临相应的行政处罚。

51. 招标文件中如何规定投标保证金利息的计算方法？

问：《招标投标法实施条例》第五十七条规定："招标人最迟应当在书面合同签订后 5 日内向中标人和未中标的投标人退还投标保证金，同时应支付银行同期存款利息。"请问应该如何计算投标保证金的利息？

答：投标保证金利率标准和计算利息的起算时间和截止时间如何确定，这既要考虑合法性，也要考虑实践上的可行性和合理性。一般情况下，投标保证金停留在招标人处的时间较短，适宜以活期利息计算，招标人可在招标文件中将利息标准约定为"银行同期活期存款利息"，同时合理约定计息期限，如以投标截止之日起计算利息等。

当然，如为银行保函、工程投标保证保险方式提供投标担保，不会产生银行利息，无须考虑投标保证金的起算时间问题。

52. 投标保证金可否交给招标代理机构？

问：在制定招标文件时，能否规定投标人应当将投标保证金提交给招标代理机构？

答：投标保证金是投标人按照招标文件规定的形式和金额向招标人递交的，约束投标人履行其投标义务的担保。

《招标投标法实施条例》未规定投标保证金应交给谁，但根据其担保的性质和设定目的考虑，投标保证金应提交给其受益人即招标人。当然，招标人可以委托招标代理机构代其收取投标保证金。但由于招标代理机构并不是投标保证金的法定受益人，根据《民法典》的规定，招标代理机构收取投标保证金时，只能以代理人身份以招标人的名义收取，并按照招标人的指令管理投标保证金，相应的权利和义务仍属于招标人。

《工程建设项目施工招标投标办法》第三十七条第三款规定："投标人应当按照招标文件要求的方式和金额，将投标保证金随投标文件提交给招标人或其委托的招标代理机构。"这一规定使得把投标保证金提交给招标代理单位有了明确的法律依据。

53. 为了督促投标人严格履行投标义务，可否提高投标保证金缴纳标准？

问：某企业采购一批设备，为了督促投标人依法参加投标竞争，防范其串通投标、弄虚作假或者中标后拒绝签订合同等不诚信行为，拟在招标文件中要求投标人缴纳的投标保证金为合同估算价的10%，是否可以？

答：不可以。

《招标投标法实施条例》第二十六条规定："招标人在招标文件中要求投标人提交投标保证金的，投标保证金不得超过招标项目估算价的2%。"这里的"招标项目估算价"是指根据招标文件、有关计价规定和市场价格水平合理估算的招标项目金额。此外，工程建设项目的投标保证金金额除受前述缴纳比例的限制外，还受具体金额的限制，如施工、货物招标项目的投标保证金最高不得超过80万元人民币，勘察设计招标项目的投标保证金最高不得超过10万元人民币。招标人在招标文件中设定的投标保证金金额不得超过前述限制，超过部分不受法律保护，应当退还给投标人。

因此，该企业不能在招标文件中要求投标人提交合同估算价的10%作为投标保证金，必须限定在2%以内。

54. 什么是工程投标保证保险？

问：当前，为了减轻投标人的负担，国家在工程建设领域开展工程建设项目投标保证金保险试点工作。那么，什么是工程投标保证保险呢？

答：《中华人民共和国保险法》（以下简称《保险法》）第九十五条规定的保险公司的业务范围包括保证保险，属于财产保险业务的一种。根据《国家发展改革委中国保监会关于保险业支持重大工程建设有关事项的指导意见》（发改投资〔2015〕2179号），为进一步降低投标单位投标成本，减轻投标单位负担，发挥社会信用等市场机制的作用，目前已开展工程建设项目投标保证金保险试点工作。

工程投标保证保险是指保险公司向工程项目招标人提供

的保证工程项目投标人履行投标义务的保险。当投标人未能按照投标文件要求规范履行投标义务而导致招标人无法按时签订工程合同时，由保险公司按照保险合同对招标人的损失承担赔偿责任。保险公司所提供的保险合同或保险单作为工程担保的形式之一，与投标保证金、银行保函、担保公司保函具备同等效力。各项保险在使用流程上与原投标保证金、银行保函使用流程保持一致。通过工程投标保证保险替代投标保证金，有利于减轻企业负担。投标人向保险公司办理投标保证金保险，可将保险公司所提供的保险单及相关附件作为投标保证金担保的形式之一，与投标保证金、年度投标保证金具备同等效力。

55. 采用工程投标保证保险应注意哪些事项？

问：国家在工程建设领域大力推行工程投标保证保险，作为投标人提供的投标担保的措施。请问采用工程投标保证保险，应当注意哪些事项？

答：按照当前的相关规定，采用工程投标保证保险应注意以下几方面事项：

（1）投标保证保险单承保金额须大于或等于所投项目保证金金额（年度保证金须符合招标文件要求）。

（2）保险形式分为单次投保和全年投保两种。单次投保为一项目一保单（保险合同），保单须针对具体的项目。保单出具时间必须在项目保证金到账截止日之前，保单终止时间必须在投标有效期结束之后。全年投保即一年度一投保,对象为年度保证金单位。

(3) 投保单位须在项目开标截止时间前,递交投标文件的同时递交保单原件。

(4) 保费支付必须从投标单位的基本账户转入投保保险公司。

(5) 投标保证保险合同范本必须向当地公共资源交易机构备案。

56. 投标保证金不能超过招标项目估算价的2%,还有没有其他数额上的限制?

问:《招标投标法实施条例》第二十六条规定"招标人在招标文件中要求投标人提交投标保证金的,投标保证金不得超过招标项目估算价的2%",那么估算价为1亿元的建设工程施工招标项目,投标保证金是不是不超过200万元即可?

答:本题中的投标保证金不得超过80万元。

《招标投标法实施条例》第二十六条规定了投标保证金不得超过招标项目估算价的2%,这是针对各类招标项目而规定的投标保证金的上限,同时一些部门规章,在《招标投标法实施条例》的2%基础上,对工程建设项目勘察设计、施工或货物采购等特定类型招标项目补充规定了具体金额的上限,应一并适用。

比如根据《工程建设项目勘察设计招标投标办法》规

定，投标保证金数额不得超过勘察设计估算费用的2%，最多不超过10万元人民币；根据《工程建设项目施工招标投标办法》《工程建设项目货物招标投标办法》规定，投标保证金不得超过项目估算价的2%，但最高不得超过80万元人民币。换言之，勘察设计招标投标保证金不得超过招标项目估算价2%及10万元人民币中的较小值；施工、货物招标投标保证金不得超过招标项目估算价2%及80万元人民币中的较小值。《房屋建筑和市政基础设施工程施工招标投标管理办法》规定了投标保证金不得超过投标总价的2%，最高不得超过50万元，因此对于房屋建筑和市政基础设施工程施工招标项目，投标保证金不得超过招标项目估算价的2%及50万元人民币中的较小值。对于工程建设项目监理招标等项目，目前尚未规定具体金额限值，只要不超过估算价的2%即可。

57. 招标文件规定的投标保证金数额高于法定限额的，是否有效？

问：某工程建设项目施工招标，估算价为1亿元，招标文件要求投标保证金数额为300万元，投标人中标后无正当理由拒不签署合同，招标人扣留全部的300万元投标保证金，投标人能否要求招标人退还220万元投标保证金？

答：尽管《招标投标法实施条例》允许招标人自主约定投标保证金的金额，但该金额也要符合法律的规定。《招标投标法实施条例》第二十六条规定："招标人在招标文件中要求投标人提交投标保证金的，投标保证金不得超过招标项目估算价的2%。"在此基础上，《工程建设项目施工招标投标办法》《工程建设项目货物招标投标办法》《工程建设项目勘察设计招标投标办法》还规定了依法必须招标的施工、货物招标项目投标保证金最高不得超过80万元人民币，勘察设计招标项目投标保证金最高不得超过10万元人民币。《房屋建筑和市政基础设施工程施工招标投标管理办法》规定依法必须进行招标的房屋建筑和市政基础设施工程的投标保证金最高不得超过50万元人民币。可见，工程建设项目的投标保证金金额受前述交纳比例及最高金额的双重限制。对其他招标项目，尚未见有对投标保证金具体金额的限制。上述关于投标保证金金额的限制性规定属于强制性法律规定，故投标保证金超出限额的部分，因违背强制性法律规定而不能得到法律的支持。招标人占有该多余部分的投标保证金缺乏正当性，理应返还投标人。司法实践中，也一般认定投标保证金金额不得超出法律规定的限额，超出部分应予退还。

本项目中，按规定招标人最多收取80万元保证金，多收取的220万元保证金没有法律依据，招标人应当退还。

58. 投标保证金未在投标截止时间前到账是否有效？

问：招标项目要求投标人提交投标保证金的，投标人最晚什么时候，应当将投标保证金提交给招标人？

答：投标保证金有多种形式，除现金外，可以是银行出具的银行保函、保兑支票、银行汇票或现金支票等。投标保证金的交纳以在投标截止时间前实际到达招标人指定的投标保证金账户为准，投标截止时尚未入账的，视为未交纳投标保证金，迟到的投标保证金也不予认可。招标人或招标代理机构可以派人到银行核对是否到账。如果是保兑支票、银行汇票或现金支票，可以在提交投标文件的同时交给招标人查验。如果是投标保函，直接放在投标文件中一并交给招标人。

59. 退还投标保证金的同时一并退还的银行同期存款利息，该如何理解和计算？

问：《招标投标法实施条例》第三十一条、第五十七条都规定了招标人退还投标保证金的同时退还银行同期存款利息。那么该银行同期存款利息如何计算？

答：《招标投标法实施条例》明确规定了招标人退还投标保证金的同时应当退还银行同期存款利息。但这些规定较为原则，由此引申出以下几个具体法律问题：

（1）这里的"银行同期存款利息"，是以现金、电汇、网上支付等方式提交的投标保证金，因其实际发生了金钱的转移占有，金钱在银行存放期间本身产生的利息，也就是其孳息，该孳息通常归属于本金的所有权人。以银行保函、专业担保公司保证、工程保证保险等担保方式提交的投标保证金，并不产生孳息，故不涉及利息退还的问题。当以银行汇票、银行本票、支票形式支付投标保证金时，因为实际并未发生金钱的转移，并未实际产生利息，因此也不涉及利息退还的问题，但招标人将相应权利凭证实际兑现入账的除外。判断是否需要退还投标保证金利息，主要依据的是是否发生了金钱的转移占有。

（2）关于退还投标保证金利息的期限。招标人终止招标的，投标保证金利息的退还期限是"及时退还"，招标人根据具体工作进展情况自行确定一个合理期限。招标人确定中标人并签订合同后，投标保证金利息的退还期限是"最迟应当在书面合同签订后5日内"，这个期限很明确。

（3）由于投标保证金在招标人处占有期限较短，且禁止其挪用用于投资等行为，故可以在招标文件中明确规定"投标保证金利息按照银行活期存款利率计算"。

60. 招标文件可规定哪些情况下投标保证金不予退还？

问：某单位参加某项目投标，经评标委员会评标被推荐为中标候选人，评标结果公示期间，有人举报该单位与另一家投标人串通投标。经核查，证实上传这两家公司电子投标文件的MAC地址相同，电子投标文件均从中标候选人的办公计算机上传，于是招标人取消了该中标候选人的中标资格，扣留了投标保证金。请问招标文件可规定哪些情况下投标保证金不予退还？

答：根据《招标投标法实施条例》第三十五条、第七十四条规定，投标保证金不予退还的情形主要有：①投标截止后投标人撤销投标文件。②中标人无正当理由不与招标人订立合同。③在签订合同时向招标人提出附加条件。④不按照招标文件要求提交履约保证金。此外，招标人对投标保证金不予退还的情形另有要求的，应在招标文件中明确，如在提交投标文件截止时间后主动对投标文件提出实质性修改、投标人串通投标或有其他违法行为。还可在招标文件中约定：如果中标人不按照招标文件规定缴纳招标代理服务费，招标代理机构有权从其投标保证金中扣减相应金额以抵偿招标代理服务费。投标保证金不足以抵偿的，招标代理机构对不足部分可依法追索。

61. 投标发生的费用由投标人自行承担合理吗？

问：投标人参加投标必然有一定的费用支出，但是其不一定能中标，对于该费用，完全由投标人承担是否合理，能否由招标人承担？

答：原则上，投标人参加招标投标发生的费用，应自行承担。

招标投标活动均会产生一定的交易成本。对于投标人而言，为了获得投标机会，会组织相关人员收集、分析采购信息，将产生交通、住宿以及人员工资等费用或者需要支付给中介机构咨询费、信息费；在投标过程中，要购买招标文件、制作投标文件、踏勘现场、办理投标保证金、参加投标等，这些活动还将发生交通费、住宿费、人员工资、印刷费、咨询费等费用,统称为投标费用。

投标费用是投标人必要的管理成本,除非招标人在招标文件中明示其承担投标费用外(工程建设项目设计、建筑工程方案设计招标项目一般会考虑对投标费用给予补偿),通常做法是由投标人自行承担投标费用。如我国《标准施工招标文件》(2007 年版)"投标人须知"第 1.5 款规定:"投标人准备和参加投标活动发生的费用自理。"在招标投标实践中,招标人通常在招标文件中约定:"投标人参加本次招标投标项目所支出的成本和费用,不论中标与否,均由其自行承担。"这一做法符合交易惯例。当然,法律也不禁止招标人对投标人的投标费用予以补偿。

此外,根据《建筑工程方案设计招标投标管理办法》(建市〔2008〕63 号)第三十八条规定,建筑工程方案设计招标项目,招标人应当补偿,补偿标准由招标人根据项目实际确定并在投标邀请书或招标文件中规定;其他项目是否予以补偿及补偿标准,由招标人自主决定。

62. 招标人是否应该对未中标的工程设计方案予以补偿?

问:对于工程设计招标,因为投标人在投标时需要一定的投入,对于未中标的投标人,是否应当补偿其一定的投标费用?

答:工程设计招标可以分为设计方案招标和设计单位招

标两种类型。工程设计为智力密集型工作，投标人需要先期投入大量的人、财、物来创作设计投标方案，还要采用设计效果图、展板、模型、多媒体演示文件等方式表现其设计方案，需要付出一定费用，如果没有中标则其损失较大，故给予未中标的设计方案一定金额的补偿具有合理性。

现行部门规章已有一些原则性规定，如《工程建设项目勘察设计招标投标办法》第十五条第二款规定："勘察设计招标文件应当包括下列内容：……（六）勘察设计费用支付方式，对未中标人是否给予补偿及补偿标准。"《建筑工程设计招标投标管理办法》第十条规定，招标文件主要内容包括"未中标方案补偿办法"；《建筑工程方案设计招标投标管理办法》第三十八条规定："对于达到设计招标文件要求但未中标的设计方案，招标人应给予不同程度的补偿：（一）采用公开招标，招标人应在招标文件中明确其补偿标准。若投标人数量过多，招标人可在招标文件中明确对一定数量的投标人进行补偿。（二）采用邀请招标，招标人应给予每个未中标的投标人经济补偿，并在投标邀请函中明确补偿标准。招标人可根据情况设置不同档次的补偿标准，以便对评标委员会评选出的优秀设计方案给予适当鼓励。"此外，一些地方还出台了具体细则，如《台州市规划与建筑工程方案设计招标投标管理办法》明确规定了补偿费组成和分项费用参考标准。

为鼓励投标人在投标设计立意、构思、设计方案优化等

第三章 投标类

方面投入力量以创作出优秀的设计方案,建议招标人对未中标人支付合理的投标补偿费用,还可在此基础上评选优秀设计方案予以奖励,对此可在招标文件中规定具体的补偿办法,明确补偿对象和补偿的金额以及不予补偿的情形,如可明确规定未递交设计方案或递交的设计方案不满足招标文件实质性要求的不予以补偿等。

63. 投标文件上的投标人授权代表签字并非本人签字,该投标是否有效?

问: 某项目在评标过程中,评标专家经比对开标记录上的投标人授权代表签字和投标文件上的签字笔迹,发现A公司授权代表张某在投标文件上的签字并非本人签字,应当怎么评审?该投标是否无效?

答: 对于投标文件上的投标人授权代表签字与开标记录上的签字笔迹两者不一致时,可以要求该投标人进行澄清解释。如果解释不合理,考虑到开标记录上的签字笔迹为投标人授权代表现场签字,可信度高于投标文件上的签字,应以此为准,可以将投标文件签字非投标人授权代表本人签字作为非实质性偏差,在评分时予以减分处理。但如果认定投标人授权代表本人在投标文件上的签字非本人签字,且投标文件未加盖投标人公章,则评标委员会应根据《评标委员会和评标方法暂行规定》第二十五条"下列情况属于重大偏差:……(二)投标文件没有投标人授权代表签字和加盖公章……投标文件有上述情形之一的,为未能对招标文件作出实质性响应,并按本规定第二十三条规定作否决投标处理。招标文件对重大偏差另有规定的,从其规定"的规定,对该投标作否决投标处理。

第四章 开标类

1. 投标人是否必须参加开标活动？

问：有的招标文件规定"投标人法定代表人或授权代表必须参加开标会，如果不参加开标仪式，视为放弃投标"，该规定是否有效？

答：对于投标人是否参加开标仪式，现行相关法律法规对纸质文件开标和电子文件开标的要求有所不同。

《招标投标法》第三十五条规定："开标由招标人主持，邀请所有投标人参加。"因此，在纸质文件开标的情况下，招标人邀请并允许所有投标人参加开标活动，是招标人的法定义务。而投标人自主决定是否参加开标活动是其法定权利，投标人不参加开标会并不影响其投标的有效性。如《工程建设项目货物招标投标办法》第四十条规定："投标人或其授权代表有权出席开标会，也可以自主决定不参加开标会。"

在电子文件开标情况下，《电子招标投标办法》第二十九条规定："电子开标应当按照招标文件确定的时间，在电子招标投标交易平台上公开进行，所有投标人均应当准时在线参加开标。"投标人如果不参加开标，可能影响投标文件正常解密，并因此承担投标文件解密失败视为撤回投标文件的风险。

2. 要求投标人的法定代表人必须亲自到开标评标现场，否则投标无效的规定是否合法？

问：有的招标项目招标文件要求投标人的法定代表人必须到开标现场，也有一些地方招标投标管理部门的规范性文件强制要求投标人的法定代表人必须亲自到开标评标现场，否则投标无效。请问这些规定是否合法？

答：上述规定不符合优化营商环境的政策，也与《招标投标法》的基本原则相悖。第一，《招标投标法》只是要求招标人应当邀请投标人参加开标，但并没有规定投标人必须参加开标，只有电子招标，才要求投标人应当在线参加开标，其也是为了投标人参与解密投标文件，因此投标人参加开标是其权利而非义务。即使投标人参加投标，也没有必要要求投标人的法定代表人参加，规定如果不参加开标就决定投标无效，更加没有法律依据。第二，《招标投标法实施条例》第三十二条规定："招标人不得以不合理的条件限制、排斥潜在投标人或者投标人。"这样的规定对外地供应商，尤其是对那些频繁参加各地招标采购活动的企业而言，就是一种歧视或差别待遇。如《公路工程建设项目招标投标管理办法》第二十一条规定："……除《中华人民共和国招标投标法实施条例》第三十二条规定的情形外,招标人有下列行为之一的,属于以不合理的条件限制、排斥潜在投标人或者投标人:……(二)强制要求潜在投标人或者投标人的法定代表人、企业负责人、技术负责人等特定人员亲自购买资格预审文件、招标文件或者参与开标活动……"可见在一定程度上,要求投标人的法定代表人或项目经理、负责人等特定人员参加开标会,将涉嫌以不合理的条件限制、排斥潜在投标人。

3. 所有潜在投标人均迟到,招标人怎么办?

问:某工程建设项目开标,潜在投标人总共3家均迟到,未能在投标截止时间前递交投标文件。因该项目工期紧,招标人可否让3家单位提供承诺书:同意将开标时间推迟至××点××分,或者招标人能否现场将开标时间推迟至××点××分?

答:不可以。《招标投标法》第二十八条第二款规定:"在招标文件要求提交投标文件的截止时间后送达的投标文件,招标人应当拒收。"《招标投标法实施条例》第三十六条规定:"未通过资格预审的申请人提交的投标文件,以及逾期送达或者不按照招标文件要求密封的投标文件,招标人应当拒收。"该条例第六十四条规定:"招标人有下列情形之一的,由有关行政监督部门责令改正,可以处10万元以下的罚款:……(四)接受应当拒收的投标文件。招标人有前款第一项、第三项、第四项所列行为之一的,对单位直接负责的主管人员和其他直接责任人员依法给予处分。"如果确需推迟开标时间的，招标人应在投标截止时间前修改招标文件，延长递交投标文件的时间和开标时间，并事前通知所有领购招标文件的潜在投标人。

4. 纸质开标仪式的主要程序有哪些？

问：如果采用纸质招标文件投标，开标仪式的程序如何安排？

答：参照中国招标投标协会颁布的《招标采购代理规范》（ZBTB/T A01—2016）的规定，开标程序一般如下：

（1）宣布开标纪律。

（2）公布在投标截止时间前递交投标文件的投标人名称。

（3）宣布开标人、唱标人、记录人、监标人等有关人员姓名。

（4）由招标文件确定的人员（投标人代表或招标代理机构委托的公证机构人员）检查投标文件的密封情况。

（5）按照招标文件确定的开标顺序宣布投标文件开标顺序。

（6）公布标底价格（如果有）。

（7）按照宣布的开标顺序当众开标，公布标段（标包）名称、投标人名称、投标报价和投标文件的其他主要内容，并记录在案。

（8）招标文件规定最高投标限价计算方法的，计算并公布最高投标限价。

（9）投标人代表、招标代理机构代表、监标人、记录人等有关人员在开标记录上签字确认。

（10）开标结束。

5. 电子开标有哪些程序性要求？

问：在电子招标投标活动中，开标程序和使用纸质投标文件的开标程序有所不同，那么电子开标的程序有哪些要求？

答：参照中国招标投标协会颁布的《招标采购代理规范》（ZBTB/T A01—2016）的规定，投标人参加电子开标的代表应当通过互联网在线签到。电子交易平台按照约定次序完成投标文件开标解密程序后，向所有投标人一起展示已解密投标文件的开标记录信息，包括招标项目名称、标段（标包）号、投标人名称、投标报价等招标文件约定的开标信息。开标记录应由电子交易平台自动生成，参加电子开标的投标人代表可以通过互联网在线办理电子签名确认。开标记录经投标人电子签名确认后向所有投标人和社会公众发布，但依法应当保密项目的开标记录除外。

6. 招标人能否变更开标时间和地点？

问：某招标文件已经发出，因企业有工作冲突需要延迟几天开标，那么能否变更开标时间？

答：可以变更。

变更开标时间和地点，在性质上是对招标文件的修改。

开标时间和地点不能随意改变，如基于合理原因确需变更开标时间和地点的，招标人应按照《招标投标法实施条例》中有关修改招标文件的规定办理并及时以书面形式通知所有招标文件收受人。

根据相关法律的规定，开标时间即为投标截止时间。变更开标日期时，招标人应当在合理的时间之前以书面形式通知所有接收招标文件的潜在投标人。

7. 开标延期时投标保证金是否也应相应延期？

问：某招标项目因故要求延期开标，但已经有几个投标人递交了投标保证金，请问是否有必要要求投标人延长投标保证金的有效期？

答：《招标投标法实施条例》第二十六条规定："投标保证金有效期应当与投标有效期一致。"投标保证金作为投标文件的一部分，其有效期从投标截止之日起算。本项目招标人延期开标，不涉及投标保证金的有效期是否延长的问题。

实践中，可书面告知该投标人开标时间延后，并询问其是否继续参与投标。如该投标人放弃投标，应当及时退还其投标保证金。

8. 招标人是否可以对应当否决投标的投标文件不唱标？

问：某工程施工招标，开标时发现投标人甲递交的投标保证金金额不足，投标人乙未提交资质证书原件供当场核对，故开标会上当场宣布，这两家投标无效，引发异议。请问：招标人是否可以不开启应当否决投标的投标文件？

答：目前有的地方存在开标前先对投标人进行"资格验证"的情况，经验证参加开标会人员、资质证件、投标保证金等符合招标文件规定后再进行开标，经验证不合格的不予开启标书，当场退还投标人。但《招标投标法》第三十六条规定，招标人在招标文件要求提交投标文件的截止时间前收到的所有投标文件，开标时都应当当众予以拆封、宣读。开标既是招标人的义务，也是招标人的权利，只要投标人未在开标前撤回投标文件，招标人都有权拆封宣读。"先验证后开标"的做法明显是违法的，很有可能因为开标现场的错误判定导致投标人丧失中标机会。此外，评标（包括判定否决投标）是评标委员会的法定职责，有关工作人员可以为评标委员会提供必要的信息和配合，如将投标保证金的到账情况提供给评标委员会，配合评标委员会进行原件的审验等，但判定投标无效、否决投标是开标后评标委员会评标时所做的工作，招标人和有关工作人员不能代替。

本项目中，招标人在开标现场宣布投标人甲、投标人乙投标无效，缺乏法律依据，应当正常开标，且对于投标存在的偏差应当如实记录交由评标委员会评判。

9. 招标代理机构能否在开标现场当场修改投标报价？

问：某工程监理招标，招标代理机构在开标时发现 A 公司投标报价的大小写不一致,依据投标报价大小写不一致的以大写为准的原则,以大写的报价进行唱标,而未公开小写报价。投标人当场提出异议。请问:招标代理机构能否在开标现场当场修改投标报价?

答: 招标人、招标代理机构都无权判定投标报价是否错误,无权在开标现场修改、确认投标人的投标报价。

《招标投标法》第三十六条规定:"开标时,由投标人或者其推选的代表检查投标文件的密封情况,也可以由招标人委托的公证机构检查并公证;经确认无误后,由工作人员当众拆封,宣读投标人名称、投标价格和投标文件的其他主要内容。招标人在招标文件要求提交投标文件的截止时间前收到的所有投标文件,开标时都应当当众予以拆封、宣读。开标过程应当记录,并存档备查。"开标环节是一个信息公开的过程,要求招标人当众公开宣读所有投标人名称、投标文件中载明的投标报价以及投标报价有无折扣或者价格修改、有无替代方案等主要内容,使全体投标人了解各家投标报价和自己在其中的顺序,了解其他投标的基本情况,以充分体现公开开标的透明度。该程序本身不对投标报价是否正确、投标保证金是否合格、投标文件是否实质性响应招标文件等进行判断、认定。招标人、招标代理机构在开标过程中发现异常情况,如投标报价大小写不一致、投标保证金未提交、提交两份报价但不能区分主选、备选方案时,都不能根据自己的判断作出选择或认定,而应当如实记录在案,提交评标委员会判定处理。

本项目中,开标现场发现 A 公司投标报价的大小写不一致,开标人应当如实公布并记录大写、小写的报价,到评标阶段提交评标委员会处理,对该报价按照"大小写不一致以大写为准"的规则进行报价修正并通过澄清程序要求投标人确认,而不是由招标代理机构在开标现场自己判定投标报价存在错误,进而进行选择性唱标,超出了自己的权限,不符合法律规定。

10. 未在现场参加开标仪式的投标人事后能否提出异议?

问:某设备采购进行公开招标,允许投标人采取邮寄方式递交投标文件,但投标人应在投标截止时间前将投标文件邮寄到指定的开标地点。A 公司采取邮寄方式递交投标文件,未派人参与开标仪式。开标结束,A 公司通过邮件方式向招标人索要一份开标结果一览表,发现招标人把自己的报价唱错,遂提出异议,要求招标人修改投标报价。请问:A 公司能否就开标内容提出异议?

答:投标人不能在开标会后对开标内容提出异议。

对于开标程序及内容有不同意见的,投标人可以提出异议。《招标投标法实施条例》第四十四条第三款规定:"投标人对开标有异议的,应当在开标现场提出,招标人应当当场作出答复,并制作记录。"《政府采购货物和服务招标投标管理办法》第四十二条第二款也有类似规定。《电子招标投标办法》第三十九条规定："投标人或者其他利害关系人依法对资格预审文件、招标文件、开标和评标结果提出异议，以及招标人答复，均应当通过电子招标投标交易平台进行。"根据这些规定，投标人对开标活动存有异议，应当在开标现场提出异议，招标人也是在开标现场当场答复，对提出开标异议的时间点限定比较明确。对于电子招标投标项目，投标人提出异议应通过电子招标投标交易平台进行，在开标期间提出。投标人如果在开标活动结束后或在非开标现场提出异议，均不是有效的异议，招标人可以不接受。

本项目中，A公司并未参与开标会，并未在开标现场提出异议，视为其放弃了提出开标异议的权利，其在开标会后才对唱标内容提出异议，该异议无效。

11. 招标人经所有投标人同意后能否提前开标？

问：某国有企业，有一个办公设备采购项目，原来规定投标人编制投标文件的时间为20日。后来由于时间要求紧迫，就征求购买招标文件的所有潜在投标人的意见，各潜在投标人都回复这个项目规模不大，编制投标文件用不了20日，可以提前5~10日开标，这种情况下招标人能否提前开标？

答：《招标投标法》第二十四条规定："招标人应当确定投标人编制投标文件所需要的合理时间；但是，依法必须进行招标的项目，自招标文件开始发出之日起至投标人提交投标文件截止之日止,最短不得少于 20 日。"给予招标人充足的时间编制投标文件,一是不管路途远近的投标人都能尽量照顾到,给予其充足的编制投标文件的时间;二是保障一定的时间,可确保投标人充分准备,编制出尽可能完全响应招标文件实质性要求的投标文件,有利于交易的达成。

如果招标人为了压缩工期,要求提前开标,缩短等标期,且所有的潜在投标人都认为不影响编制投标文件,同意招标人提前开标的要求,对于依法必须招标的项目而言,也因违反不少于 20 日的规定而无效。但对于非依法必须招标项目而言,并不要求等标期不少于 20 日,故招标人可以修改开标时间并提前通知潜在投标人。

本项目不属于依法必须招标的项目,等标期可以少于 20 日,可在潜在投标人普遍接受的期限内提前开标,但须提前通知每一位已领购招标文件的潜在投标人。

12. 开标时投标人数不足 3 个时该如何处理?

问:某招标项目,截至投标截止时间,只有 2 家投标,此时能否开标?

答:根据《招标投标法》第二十八条"投标人少于 3 个的,招标人应当依照本法重新招标"及《招标投标法实施条例》第四十四条"投标人少于 3 个的,不得开标;招标人应当重新招标"的规定,在开标时,如投标人少于 3 个,不得开标并应将接收的投标文件原封退回投标人,对其原因进行分析并提出应对措施，依法重新组织招标。

重新招标后投标人仍少于3个的，按国家有关规定需要履行审批、核准手续的依法必须进行招标的项目，报项目审批、核准部门审批，核准后可以不再进行招标。对于非依法必须招标的项目，招标人可以不再进行招标，采用其他采购方式。

13. 电子招标投标情况下"投标人少于3个"如何认定？

问：《招标投标法实施条例》第四十四条规定："投标人少于3个的，不得开标；招标人应当重新招标。"那么，在电子招标投标活动中，哪种情况下可以认定为"投标人少于3个"呢？

答：《电子招标投标办法》第三十条规定："开标时，电子招标投标交易平台自动提取所有投标文件，提示招标人和投标人按招标文件规定方式按时在线解密。解密全部完成后，应当向所有投标人公布投标人名称、投标价格和招标文件规定的其他内容。"也就是说，只要在开标前，将投标文件上传至电子招标投标交易平台的投标人足够3家即可开标，少于3家的不得开标，招标失败。

投标人的数量不能以解密成功的投标文件数量来判定，而应以投标截止时间前通过网络传输送至电子招标投标交易平台所在的服务器是否达到3家为准。此时这些文件仍是未解密（等同于未拆封）的状态。由于解密失败，造成某标段内最终解密成功的投标人少于3家的，仍应继续开标评标。

14. 开标时不足3家，招标失败，招标人应否退还已接收的投标文件？

问：某招标代理机构，经常遇到有的招标项目在投标截止时间只有1家或2家投标人按时提交了投标文件的情况。请问：在这种情况下，招标失败，已经接收的投标文件是否需要退还给投标人，或者由招标人存档？

答：《招标投标法实施条例》第四十四条第二款规定："投标人少于3个的，不得开标；招标人应当重新招标。"此处的"不得开标"也就是指不得拆封、唱标。此时招标失败，招标人在出现这种情况时，应将收到的投标文件原封不动退还给投标人；如果是电子招标项目，不解密已经上传到招标投标交易平台的投标文件，之后依法重新启动招标程序。

15. 开标时发现投标文件存在问题该如何处理？

问：在开标过程中，可能会有投标人在开标一览表中投标报价的大写和小写不一致、未附提交投标保证金的银行保函、投标文件内容不全等问题，对于这些问题，开标工作人员如何处理，能否直接判定投标文件无效？

答：开标过程中，招标人或招标代理机构派出的开标工作人员只负责将投标文件的主要内容进行公开，无权对投标文件作出现场评判，更无权否决投标。在开标过程中，如发现投标文件的内容互相矛盾，存在未提交投标保证金、投标保证金额度不足、未按招标文件格式要求编制、未加盖单位公章或未签字、未提交投标函等实质性偏差情形的，应将具体情况如实记录在案，提交评标委员会在评标阶段处理。

16. 招标人如何当场答复投标人在开标现场提出的异议？

问：投标人如果在开标现场提出异议，招标人是否都需要给予明确的答复？

答：《招标投标法实施条例》确立了开标异议制度，其第四十四条规定："投标人对开标有异议的，应当在开标现场提出，招标人应当当场作出答复，并制作记录。"允许投标人在开标现场对开标提出异议且要求招标人当场作出答复。

具体操作时，还需要注意以下几点：

（1）招标人可以当场答复的问题范围是有限的。一般仅针对招标投标的程序性问题提出的异议、需要核实投标文件内容的异议等，招标人或招标代理机构可以当场答复。开标时仅记录开标情况，无权对投标文件的实质性内容进行评判。对于投标人提出的关于投标文件实质性内容的异议不作评判也无权答复，可仅回应"我们已经记录在案且将提交评标委员会评审判断"作为"答复"即可，不能越权或代行评标后当场答复。

（2）只有对于投标人在开标现场当场提出的异议，且该异议是对开标程序或者开标内容等与开标有关的异议，才是有效的异议，招标人对此有义务进行答复。

（3）投标人的异议方式，应以书面异议为有效，如果是投标人口头提出的，也应由开标工作人员记录在案，由投标人签字，以便备查。招标人的答复以书面为主，简单的答复可以口头答复后作书面记录，并应由投标人签字确认。

第五章 评标类

1. 资格审查委员会与评标委员会能否是同一组成员？

问：某招标项目，实行资格预审，按照规定抽取专家组成了资格审查委员会，能否让这组专家同时组成评标委员会？这样同一组专家完成资格预审后，对投标人提前熟悉，有利于后续确保评标质量、提高评标效率。

答：采用资格预审的招标项目，成立资格预审委员会负责对潜在投标人的投标资格进行预审，成立评标委员会进行评标，但不能抽取同一组专家既担任资格预审委员会成员又担任评标委员会成员，在资格预审结束到评标的空档期容易发生评标专家名单泄露的风险。另外，分两次分别抽选产生的资格预审委员会和评标委员会成员相同概率极低。

2. 哪些情形下可以更换评标委员会成员？

问：在评标过程中，经常发生评标委员会成员由于某种原因无法评标或者在评标过程中违法违规影响评标公正性的情况，能否更换？

答：可以更换。

第五章 评标类

《招标投标法实施条例》第四十八条规定："评标过程中，评标委员会成员有回避事由、擅离职守或者因健康等原因不能继续评标的，应当及时更换。"

结合招标投标实践，需要更换评标专家的情形主要有以下几方面：

（1）回避。主要情形有：①与投标人有利害关系（如投标人或者投标人主要负责人的近亲属，与投标人有经济利益关系，可能影响投标公正评审的）。②项目主管部门或者行政监督部门的人员。③曾因在招标、评标以及其他与招标投标有关活动中从事违法行为而受过行政处罚或刑事处罚的。

（2）擅离职守，工作不认真，不能胜任评标工作或违规违纪，被招标人取消评标资格的。如评标专家违反工作纪律，私下接触投标人，收受他人的财物或者其他好处，透露对投标文件的评审和比较、中标候选人的推荐情况以及与评标有关的其他情况。

（3）评标专家生病或其他个人原因（如家庭或单位有重要事情必须亲自办理），不能继续评标的。

调整评标专家，在评标专家已经抽选出及招标人派出代表组成评标委员会之后、评标结束之前的任何时间都可以。

3. 需要更换评标委员会成员时应如何办理？

问：当评标委员会成员因生病或者违法违规需要更换时，评标委员会需要调整成员，有哪些调整方法？

答：上述情况下，评标专家人数减少后，需要调整评标委员会成员的，一般有以下几种方法：①直接减员，直接减少应更换的专家，不再补充，但必须保证剩余评标委员会成员达到"人数为五人以上单数，其中技术、经济等方面的专家不得少于成员总数的2/3"的要求，且与评标工作量相符，保证评标委员会力量充足，能够按期完成评标工作。②补抽，依据法律规定的抽取评标专家的方法重新抽取，但需注意做好保密工作。如招标人代表需要更换，由招标人重新选派人员即可。被更换的评标委员会成员所作出的评审结果无效，由更换后的评标委员会成员重新进行评审。

4. 评标委员会成员应当回避的情形有哪些？

问：评标委员会应当客观、公正、独立地评审，因此评标委员会每一位成员都不应与本招标项目或者投标人具有可能影响评标公正性的利害关系，否则应当回避，那么请问在哪些情形下评标委员会成员应当回避退出评标呢？

答：为了确保评标委员会能公正、独立地评审，避免人为因素的干扰，根据《招标投标法》第三十七条第四款规定，与投标人有利害关系的人不得进入相关项目的评标委员会；已经进入的应当更换。《招标投标法实施条例》第四十六条第四款规定："行政监督部门的工作人员不得担任本部门负责监督项目的评标委员会成员。"《评标委员会和评标方法暂行规定》第十二条规定："有下列情形之一的，不得担任评标委员会成员：（一）投标人或者投标人主要负责人的近亲属；（二）项目主管部门或者行政监督部门的人员；（三）与投标人有经济利益关系，可能影响对投标公正评审的；（四）曾因在招标、评标以及其他与招标投标有关活动中从事违法行为而受过行政处罚或刑事处罚的。评标委员会成员有前款规定情形之一的，应当主动提出回避。"

招标人组建评标委员会时，不论是招标人代表还是从专家库中随机抽取的评标专家，如存在上述情形，都应当按照《招标投标法实施条例》第四十八条规定予以更换，评标委员会的成员自己也应当主动退出评标委员会。

招标人应当依法组建评标委员会，对拟选派的招标人代表或抽取到的专家，应就其是否与投标人具有《招标投标法》第三十七条、《招标投标法实施条例》第四十六条和《评标委员会和评标方法暂行规定》第十二条等规定的亲属关系、隶属关系、经济利益关系以及其他利害关系进行必要的审查。如有，则应予以更换。

5. 重新招标项目能否由原来的评标委员会评标？

问：某招标项目，第一次招标结束后，因第一、二中标候选人存在串通投标情形，不具备中标资格，最终决定重新招标，第二次招标活动能否交由原来的评标委员会评标？

答：现行法律法规未规定重新招标是否可以继续由原评标委员会进行评标，但考虑到原评标委员会在第一次招标活动结束评标后已经解散，第二次招标是全新的一次招标投标活动，所有程序都应当重新组织，评标委员会也应当重新组建。此外，第一次招标活动的评标过程和评标委员会组成人员名单在评标结束后极容易泄密，再使用原评标委员会难以保证评标活动的保密性、公正性，故也应当组建新的评标委员会评标。

6. 评标委员会成员中是否必须要有招标人代表？

问：《招标投标法》规定评标委员会由招标人代表和有关技术、经济等方面的专家组成，那么是不是招标人代表必须要参加评标委员会，否则该评标委员会组成就不合法呢？

答：《招标投标法》第三十七条规定："依法必须进行招标的项目，其评标委员会由招标人的代表和有关技术、经济等方面的专家组成，成员人数为五人以上单数，其中技术、经济等方面的专家不得少于成员总数的2/3。"评标委员会中招标人代表不得超过总人数的1/3，主要是为了制衡招标人权利，减少招标人在评标工作中的干预，确保评标委员会独立、客观地进行评审。此外，从上述法律条款来看，评标委员会由招标人代表和评审专家组成的规定属于授权性规范，而不是义务性规范，并没有强制要求评标委员会必须由招标人代表和评审专家组成。因此，是否选派招标人代表参加评标委员会，由招标人自主决定，但其数量不得超过评标委员会成员总数的1/3。

第五章　评标类

7. 评标委员会成员是否可以拒绝在评标报告上签字？

问：评标报告应当由评标委员会全体成员签字，但是如果有评标委员会成员不同意多数人的意见，能否拒绝在评标报告上签字？

答：可以。

《招标投标法实施条例》第五十三条规定："评标报告应当由评标委员会全体成员签字。对评标结果有不同意见的评标委员会成员应当以书面形式说明其不同意见和理由，评标报告应当注明该不同意见。评标委员会成员拒绝在评标报告上签字又不书面说明其不同意见和理由的，视为同意评标结果。"同时，《评标委员会和评标方法暂行规定》第四十三条对此作了类似规定，并增加"评标委员会应当对此作出书面说明并记录在案"的要求。

因此，评标委员会成员可以拒绝在评标报告上签字，但必须以书面形式说明拒绝签字的理由和原因。如果拒绝在评标报告上签字且不说明意见和理由，则视为其同意评标报告的意见，即与评标委员会其他成员一同承担该评标结果可能产生的法律后果。

8. 民企招标人可否直接指定评标委员会成员？

问：由于某高铁项目建设，某民营企业的一处生产厂区需要拆除后异地建设，在组建评标委员会时能否由招标人直接指定人员组成评标委员会？

答：《招标投标法实施条例》第四十六条第一款规定：

195

"依法必须进行招标的项目,其评标委员会的专家成员应当从评标专家库内相关专业的专家名单中以随机抽取方式确定。任何单位和个人不得以明示、暗示等任何方式指定或者变相指定参加评标委员会的专家成员。"该条款针对的是依法必须招标的工程建设项目。

本项目是民营企业使用自有资金建设的工程项目,不属于依法必须招标的项目。招标人可以从当地政府组建的评标专家库中随机抽取评标专家,也可以自行指定人员组成评标委员会。

9. 评标委员会中的招标人代表应履行哪些职责?

问:根据《招标投标法》《招标投标法实施条例》相关规定,依法必须招标项目的评标委员会可以有不超过成员总数1/3的招标人代表,招标人应当向评标委员会提供评标所必需的信息,其中部分工作需要招标人代表来完成,那么评标委员会中的招标人代表应履行哪些职责呢?

答:招标人代表应当履行的职责主要有以下几方面:

(1)向评标委员会提供评标所必需的招标项目信息。为增强评标的针对性、科学性,招标人代表可以向评标专家提供招标文件没有载明或者已经载明但短时间内评标专家不容易准确把握理解的,且为准确评标所必需的客观真实信息,主要包括:①招标项目的范围、性质和特殊性。②招标项目的质量、价格、进度等需求目标和实施要点。③招标文件中规定的主要技术标准和要求、商务条款。④招标文件规定的评标方法、评标因素及标准，以及设置评审因素及标准的主要考虑因素。

（2）作为熟悉本项目背景的招标人代表，对于评标专家遇到对招标文件、采购需求等内容需要做深入解释的，可以做补充说明。若产品技术参数或商务要求存在不明晰、不完善的情况，招标人代表可做提示补充。

（3）办理具体评标事务。即与评标专家相同，审查、评价投标文件是否符合招标文件的商务、技术等实质性要求；要求投标人对投标文件有关事项作出澄清或者说明；对投标文件进行比较和评价；确定中标候选人名单，以及根据招标人委托直接确定中标人；向招标人或者有关部门报告评标中发现的违法行为。

10. 部门规章规定评标委员会由招标人代表和评标专家组成，招标人代表必须参加评标委员会吗？

问：《招标投标法》第三十七条第二款规定，依法必须进行招标项目的评标委员会由招标人的代表和评标专家组成。请问：依法必须进行招标项目的评标委员会中必须要有招标人代表吗？能不能招标人不派出代表而完全由评标专家组成评标委员会？

答：招标人代表即受招标人委托，代替招标人参与评审、发表意见和确认有关事项的人。招标人代表参加评标委员会是他的权利，他可以参加，但也有权不参加。

首先，《招标投标法》之所以建立专家评审制度，主要初衷是为了实现分权制衡，促进廉政建设。但是，考虑到招标人毕竟是项目采购主体，为了维护招标人的正当权益，所以明确评标委员会由招标人代表和评标专家组成。

其次，是否派员参加评标委员会是招标人的权利，招标人可以放弃参加评标委员会，这涉及招标人对其自身权利的处分。招标人放弃参加后，评标委员会的成员缺额由评标专家来替补。替补的评标专家仍然是以评标专家身份参加评标委员会，而不是以招标人代表的身份。

最后，评标委员会的组成范围可以包括招标人代表、评标专家，"其中评标专家不得少于成员总数的2/3"是强制性规定，限定了评标专家的人数下限，但没有规定招标人代表的人数下限；同时，也没有对评标专家人数上限作出规定。因此，从字面意思理解，评标专家可以100%占据评标委员会名额（即没有招标人代表）。

综上所述，招标人有权委派代表参加评标委员会，但如果招标人不派代表参加评标委员会的，视为其对权利的放弃，评标委员会可以完全由评标专家组成。

11. 招标人代表需要具备什么条件？

问：某公司有一个依法必须招标项目，组建的评标委员会可以有不超过总数1/3的招标人代表。请问：招标人代表需要符合哪些条件？

答：现行《招标投标法》对招标人代表没有明确的规

定，根据相关法律精神及实践经验，招标人代表要符合下列基本要求：

（1）应当得到招标人的书面授权，这是基本条件。

（2）需要具有代表招标人发表意见的能力、具有项目评审的基本素质。

（3）可以是专家（或具备专家条件），也可以不是。实践中，不是专家的招标人代表，在评审过程中起着与评标专家互补的关键作用。

（4）招标人代表的人数有限制性规定，不得超过评标委员会成员总数的1/3。招标人如果想增加招标人代表，那就必须需要增加评标专家的人数，相互之间的制约关系一直存在。

（5）招标人代表不得以专家身份参与本单位项目评审。某单位的人员，只允许以"招标人代表"的身份出现在本单位的项目评审中，如果碰巧随机抽取到的评标专家是项目单位的工作人员，应当选择回避或放弃。

（6）结合法规中对"评标专家"和"招标人代表"的清晰界定，招标人代表在评审中不应该获得或收取劳务报酬。

12. 投标人以谋取中标为目的向评标委员会成员行贿，如何处理？

问：某起重设备年度维保外委服务项目招标，有人举报投标人A公司向评标专家行贿。经查，A公司向参与该次评标的技术专家张某行贿4万元，且还有通过张某向其他专家行贿的行为。对此应如何处理？

答：投标人通过向评标委员会成员行贿谋取中标的，应当否决投标，已经中标的，中标无效。

《招标投标法》第三十二条第二款规定："禁止投标人以向招标人或者评标委员会成员行贿的手段谋取中标。"第五十三条规定："投标人与招标人串通投标的，投标人以向招标人或者评标委员会成员行贿的手段谋取中标的，中标无效。"第五十六条规定："评标委员会成员收受投标人的财物或者其他好处的，评标委员会成员或者参加评标的有关工作人员向他人透露对投标文件的评审和比较、中标候选人的推荐以及与评标有关的其他情况的，给予警告，没收收受的财物，可以并处三千元以上五万元以下的罚款，对有所列违法行为的评标委员会成员取消担任评标委员会成员的资格，不得再参加任何依法必须进行招标的项目的评标；构成犯罪的，依法追究刑事责任。"

因此，本项目中，A公司向评标专家行贿谋取中标，根据《招标投标法实施条例》第五十一条"有下列情形之一的，评标委员会应当否决其投标：……（七）投标人有串通投标、弄虚作假、行贿等违法行为"的规定，其投标应当被否决。如果已经中标的，中标无效。评标委员会成员应依据上述规定承担行政责任甚至刑事责任，可能构成非国家工作人员受贿罪。

13. 评标委员会成员对客观评审因素评分不一致,该怎么办?

问:在评标工作中,经常遇到评标委员会成员对同一客观评审因素的评分不一致的情况,甚至有的会出现畸高畸低的情形,针对这种情况该怎么处理才能确保评审客观公正?

答:评标委员会的评审意见直接影响着中标结果。评标委员会都应当按照招标文件规定的评标标准和方法,客观、公正地对投标文件提出评审意见。评审包括客观分和主观分。主观分是指评委依据主观判断的打分,与评委个人的主观因素有很大关系。每个评委具体打分可能不同,评分可能会有误差,这是正常状态。客观分是指唯一确定,不会引起争议的打分内容。评委能从评标标准中直接确定应给予的分数,不需要评委个人的主观判断。客观分一般是可定量的内容,每家供应商的客观分不论由哪个评委评,只要严格按评标细则打分,都应当是一样的。理想的评审结果应当是所有评标委员会成员对同一投标人的客观评审因素的评分是一致的。但实践中,往往会出现不一致的情况。

招标人、招标代理机构对评审数据进行校对、核对时发现评标委员会成员对客观评审因素评分不一致,对畸高、畸低的重大差异评分,可以提示评标委员会复核或书面说明理由。评标委员会成员对客观评审因素评分不一致的,可以申请原评标委员会进行重新评审。评标委员会发现错误,应当当场修改评标结果,并在评标报告中记载。

14. 评标委员会评标工作出现错误如何处理？

问：评标工作出现错误认定、错误否决投标等情形在所难免，请问当发现在评标过程中有评标专家评审出现错误时该如何处理？

答：评标过程中，评标委员因认知偏差、能力有限或工作疏忽，难免会出现评标差错（如评分计算错误、有应否决投标情形而未否决投标），如果将错就错，必然影响招标的公正性，所以应当及时纠正。但《招标投标法》及其相关规定都没有设置纠错程序。实践中，在评标过程中或者评标结束后评标委员会或招标人如果发现评标确有差错，一般会召集评标委员会成员对评标结论进行复议并作出新的结论，同时将该过程记录在评标报告中。

15. 当事人订立合同时能否变更中标人在投标文件中载明的设备品牌？

问：某公司一批设备采购项目招标结束，现在准备签订合同，因为招标文件不能指定品牌，现在签订合同时，合同中的设备品牌是否一定要与中标人的投标文件里的设备品牌一致？能否进行更改？

答：不能变更合同中的设备品牌。

《招标投标法》第四十六条第一款规定："招标人和中标人应当自中标通知书发出之日起三十日内，按照招标文件和中标人的投标文件订立书面合同。招标人和中标人不得再行订立背离合同实质性内容的其他协议。"《招标投标法实施条例》第五十七条第一款也规定:"招标人和中标人应当依照招标投标法和本条例的规定签订书面合同,合同的标的、价款、质量、履行期限等主要条款应当与招标文件和中标人的投标文件的内容一致。招标人和中标人不得再行订立背离合同实质性内容的其他协议。"由上述条款可知,招标人和中标人不得再行订立背离合同实质性内容的其他协议。也就是说,招标人和中标人订立的合同的主要条款,包括合同标的、价款、质量、履行期限等实质性内容,应当与招标文件和中标人的投标文件一致。对于货物招标项目来说,设备品牌、型号等都是合同标的的核心内容。

本项目中,招标人与中标人订立合同时,应当将中标人投标的品牌载入合同,不得变更品牌,否则就属于变更"合同标的"、背离合同实质性内容,违反了上述规定。

16. 招标人向评标委员会提供评标必需的信息有哪些内容?

问:《招标投标法实施条例》第四十八条要求招标人应当向评标委员会提供评标所必需的信息,又要防范招标人向评标委员会提供明示或者暗示其倾向或者排斥特定投标人的信息干预独立评标,那么这个"度"如何把握,招标人向评标委员会提供评标必需信息指的是哪些内容?

答:为增强评标的针对性、科学性,保证评标委员会顺利完成评标，招标人应当为评标提供一定的条件，包括提供评标所需的信息，确保合理的评标时间。对此，《招标投标法实施条例》第四十八条规定："招标人应当向评标委员会提供评标所必需的信息，但不得明示或者暗示其倾向或者排斥特定投标人。"

招标人应当提供的"评标所必需信息"，一般是指招标人基于招标项目的实际情况，向评标委员会提供招标文件没有载明或者已经载明但短时间内评标委员会成员不容易准确把握理解，且为准确评标所必需的客观真实的信息，主要包括以下几方面内容：①招标项目的范围、性质和特殊性。应评标委员会要求，招标人可以就招标文件中的一些重要信息和数据，包括招标范围、技术标准和要求、投标报价要求、评标标准和方法、合同主要条款等内容进行解释或说明。②招标项目的质量、价格、进度等需求目标和实施要点。③招标文件中规定的主要技术标准和要求、商务条款。④招标文件规定的评标方法、评标因素及标准以及设置评审因素及标准的主要考虑因素。⑤开标记录。⑥投标文件。⑦采用资格预审的，还应包括资格预审文件和资格预审申请文件。但是，招标人在提供上述有关信息和数据时，不得以明示或者暗示的方式倾向或者排斥特定投标人。例如，招标人在介绍招标项目特殊要求时，特意提到某个投标人的技术标准、履约信誉最符合该招标项目的特殊需要，就构成了以暗示的方式倾向于特定投标人。

17. 招标文件可否提出两种评标办法，在开标现场由投标人随机选择其中之一进行评标？

问：为了打击串通投标行为，也为了防范有些只会"做标"实际实力并不强的企业中标，在招标文件中事前明确规定两种评标办法，在开标现场由投标人选择或随机抽取一种用于评标，这样一定程度上可以解决上述问题，这个做法是否合适？

答：不可以。

《招标投标法》第四十条规定："评标委员会应当按照招标文件确定的评标标准和方法，对投标文件进行评审和比较。"

根据相关法律政策文件，招标人应在招标文件中规定明确、唯一的评标办法、标准和授予合同的条件并事前向投标人公开，这样投标人才可以针对其要求编制投标文件。如果招标文件没有评标办法、评标标准，招标人可以作为招标答疑或修改文件在投标截止时间前15日发给潜在投标人，否则不能作为评标的依据。招标人在招标文件中提出两种评标办法，在开标时由投标人选择或随机抽取一种用于评标的做法，属于未在招标文件中明确评标办法，违反法律规定。

18. 评标时才发现招标文件缺失评标标准应该怎么办？

问：某招标项目在评标过程中，评标委员会发现招标文件关于评标的规定比较简略，只规定了评标方法和总体的评标因素，但是没有具体详细的评标标准。有的专家提出由评标委员会集体商议制定一个具体的评标标准，以便各位专家遵循统一的标准打分；有的专家不赞成，认为应向招标人反映解决。对于此情况，评标委员会应如何处理？

答： 招标人发现招标文件缺失评标标准影响评标工作正常进行的，应当修改招标文件后继续组织招标活动，如果在投标截止时间之后才发现，应当修改招标文件后重新招标。

《招标投标法》第十九条规定："招标文件应当包括招标项目的技术要求、对投标人资格审查的标准、投标报价要求和评标标准等所有实质性要求和条件以及拟签订合同的主要条款。"评标标准是招标文件必备的实质性内容，关系到依据何种评审依据进行公正评审，关系到招标人选择交易对象的衡量标准，不可或缺。

如果招标文件未设定评标标准，在投标截止前发现，可通过发布补充文件的方式弥补。根据《招标投标法实施条例》第二十一条规定，招标人可以通过修改、澄清的方式，对招标文件进行修正补救。一般补救内容可包括招标文件缺失的评标标准。

本项目所述情形是在投标截止时间之后评标时才发现招标文件缺失评标标准的。由于《招标投标法实施条例》第四十条又强调评标委员会应当按照招标文件确定的评标标准和方法进行评审，招标文件中没有规定的标准和方法不得作为评标的依据。因此，评标委员会不得自行制定评标标准。针对此项目而言，评标委员会最合适的做法是停止评标，报告招标人宣布终止当次招标活动，并在修改招标文件后重新组织招标。

19. 评标时，评标专家发现电子版招标文件和纸质版招标文件不一致，应当依据哪个版本评审？

问：某招标人发布的纸质版招标文件和从电子招标投标交易平台下载的电子版招标文件内容不一致，此时应当如何处理？

答：出现电子版招标文件和纸质版招标文件不一致的情况，首先看招标公告或招标文件对此有无规定；如招标文件无规定，则根据《电子招标投标办法》第六十二条的规定，当纸质文件与数据电文不一致时，除招标文件特别约定外，以数据电文为准。

但对于机电产品国际招标项目，根据《机电产品国际招标投标实施办法（试行）》第二十六条规定，招标人发售的纸质招标文件和电子介质的招标文件具有同等法律效力，除另有约定的，出现不一致时以纸质招标文件为准。

20. 对投标人资格条件的认定是以投标截止时还是以购买招标文件时的实际情况为准？

问：某招标项目10月8日开标，中标候选人的资质证书发证时间为9月29日。在公示期间，有未中标人向招标人提出异议，认为该中标候选人 9 月 29 日才获取资质证书，不具备投标人资格，中标无效。该异议有无道理？

答：投标人依据招标公告或资格预审公告中规定的资格条件，自行评估是否是合格的投标人，自认为资格合格即可购买招标文件投标或购买资格预审文件申请进行资格审查，是否合格在投标或进行资格预审时不作限制。投标人的资格条件是否满足招标文件要求，应当以投标截止时间这个时点提交的投标文件或者提交资格预审申请文件截止时间这个时点的内容来判断，而不能依据购买招标文件或资格预审文件的时点来评定投标人的资格。当然，通过资格预审的投标申请人在投标之后，在评标阶段还可以依据其提交的投标文件对其资格条件进行审查。

本项目中标候选人提交的资质证书发证时间为 9 月 29 日，投标截止时间为 10 月 8 日。此时中标候选人已取得资质证书，异议人提出的异议缺乏法律依据。

21. 电子投标文件与纸质投标文件不一致时以何为准评审？

问：在电子招标投标活动中，要求同时提交纸质的投标文件，在评标过程中发现电子投标文件和纸质投标文件内容不一致时，应评审哪个文件？

答：《电子招标投标办法》第二条规定："数据电文形式与纸质形式的招标投标活动具有同等法律效力。"实行电子招

第五章　评标类

标投标，或者为评标方便，或者为归档要求，并不排除纸质文件的使用。一般招标文件都会规定纸质文件和电子文件应保持一致，但如果因疏忽未就电子文件与纸质文件的效力优先问题作出规定，当两者不一致时就难以判定以何为准。对此，《电子招标投标办法》第六十二条规定："电子招标投标某些环节需要同时使用纸质文件的，应当在招标文件中明确约定；当纸质文件与数据电文不一致时，除招标文件特别约定外，以数据电文为准。"

因此，电子招标投标同时要求提供纸质文件的，应当在招标文件中作出约定，并明确两者不一致时以何为准，一般应确定以电子文件效力优先为宜。招标文件如果没有约定，按照《电子招标投标办法》第六十二条的规定，应以电子文件为准进行评审。

22. 标底的"参考作用"体现在哪些方面？

问：《招标投标法实施条例》明确标底既不能作为中标条件，也不能作为否决投标的条件。那么，标底的"参考作用"如何体现，设置标底有无必要性？

答：《招标投标法实施条例》第五十条规定："招标项目设有标底的，招标人应当在开标时公布。标底只能作为评标的参考，不得以投标报价是否接近标底作为中标条件，也不得以投标报价超过标底上下浮动范围作为否决投标的条件。"

标底是招标工程的预期价格，受严格保密。标底是核定成本价的参考依据，是招标人是否接受投标报价的参考标准，招标人可以以标底为尺度来评判投标人的投标单价和总价是否合理、可信，是否存在不平衡报价。标底也是评定选定中标人投标报价的经济性的参考标准，是招标人调整合同价格的依据，可以用它来控制工程造价和项目投资。因此，标底是评标、定标的重要参考依据，并非可有可无。

23. 评标委员会否决投标时在程序上有哪些要求？

问：评标委员会在评标过程中对于符合法律规定或者招标文件约定可以否决投标的情形，在作出否决投标决定时程序上应注意哪些要求？

答：否决投标就是使不合格的投标还未经详细评审即已经被评标委员会淘汰出局，该处理决定应当严格履行以下程序：

（1）否决投标的决定主体只能是评标委员会。如出现否决投标情形时，应由评标委员会成员提出，经评标委员会集体讨论取得一致意见后可以作出否决投标的决定。当评标委员会成员对是否否决投标有不一致意见时，可以按照"少数服从多数"的原则作出决定。在实践中，对"少数服从多数"，有超过半数的"简单多数"和超过2/3的"绝大多数"之分，建议在招标文件中提前明确；如招标文件中没有明确，则一般按"简单多数"原则处理。

（2）否决投标的决定应当在评标期间提出。在开标过程中发现投标文件不符合招标文件实质性要求的（如投标报价超出最高投标限价、投标文件缺少技术部分等），应当如实记录交由评标委员会判定该投标文件无效，不应由开标人员在开标现场宣布投标无效。

（3）否决投标一般在初评阶段提出。通过初评的投标文件才会被评标委员会详细进行评审、比较和排名。被否决的投标，不合格的投标文件将被筛选出来，不应进入详细评审环节，更不能被推荐为中标候选人。

24. 资格预审项目在评标中可否再进行资格后审？

问：某招标项目按照资格预审方式，已经对所有投标人的资格条件进行了审查，关于在评标过程中能否再次进行资格审查，有两种不同意见：第一种意见认为，既然投标人已通过资格预审，证明其投标资格条件是合格的，没必要浪费精力再次审查；第二种意见认为，法律没有禁止进行资格后审，可以在评标阶段再次进行审查。到底上述哪种说法符合法律规定？

答：资格审查是招标人的一种权利，贯穿于招标投标活动的全过程。一般情况下，资格预审项目在评标阶段不再进行资格审查。但是，在某些情况下，通过资格预审的潜在投标人在投标之前，其资质、履约能力等资格条件也会发生变化，投标资格是否仍满足要求存在变数。因此，一些项目因特殊情况也可以在评标阶段再次对投标人进行资格审查。

需要注意的是，已经进行资格预审的项目，在评标阶段如需对投标人再次进行资格审查，应注意资格审查标准须与资格预审保持一致，重点审查在资格预审后至开标期间，投标人是否因经营状况发生变化而导致投标资格不符合要求。

25. 评标中需要投标人讲标、现场澄清的如何处理？

问：某技术创新项目，需要投标人当场向评标专家讲述其技术方案，双方也需要就一些技术细节进行交流，专家的疑惑也需要投标人讲解。评标现场能否安排投标人讲标、现场澄清？

答：招标文件要求投标人须对投标文件进行现场讲解介绍，接受评标委员会相关澄清问询的，招标人应准备专用房间，配备电话、视频传输（单方向）等必要设施，并分别安排投标人进入该房间进行讲解介绍或答复，但不得采取组织评标委员会与投标人见面等容易泄露评标过程保密信息的方式。

26. "投标人应当具备承担招标项目的能力"如何评价？

问：某通信工程角钢塔采购项目招标，招标文件规定："投标人应具备生产投标产品所需的生产场地、生产设备、产品及元器件检测能力。"经评审，评标专家认为投标人某公司不具备12m长度构件的热镀锌能力，不满足本项目中角钢塔的生产装备要求。请问：该公司是否具备承担招标项目的能力，投标是否有效？

答：该公司不具备承担招标项目的能力，投标无效。

《招标投标法》第二十六条规定："投标人应当具备承担招标项目的能力；国家有关规定对投标人资格条件或者招标文件对投标人资格条件有规定的，投标人应当具备规定的资格条件。"承担招标项目的能力是指投标人在资金、技术、人员、装备等方面，具备与完成招标项目的需求相适应的能力或者条件。在货物采购招标中，投标人具有生产投标产品所需的必要生产场地、生产设备、检测能力等，即可认为具备相应生产能力，若其不具备这些条件，中标后，可能造成后续履约困难，无法按时交货或产品质量无法达到招标文件要求。投标人不具备相应的生产制造能力的，也就不具备履约能力，对这样的投标，招标人应当予以拒绝。对于投标人的生产能力，招标文件可以从必要生产场地、生产设备、检测能力等方面作出详细具体的规定，作为投标人的资格条件以及评标委员会评审的依据。

本项目中，招标文件已规定投标人应具备生产投标产品所需的生产场地、生产设备、产品及元器件检测能力等要求，因投标人不具备生产12m长度构件的热镀锌能力，也就不能保证有效控制角钢塔质量，故其不符合招标文件要求的投标人资格条件，根据《招标投标法实施条例》第五十一条第三项规定，因"投标人不符合国家或者招标文件规定的资格条件"，评标委员会应当否决其投标。

27. 投标文件出现算术性误差如何评审？

问：某施工招标项目，经评标委员会初步评审，其中某投标人的投标文件中对于税金出现计算错误，计算基础和费率正确，但计算出的税金金额错误，且低于招标文件要求的税金计取标准。有的专家认为应当视为算术性错误，可以允许投标人进行澄清，有的专家则认为应当视为低于法定标准计取税金，按招标文件规定应作否决投标处理。对于此问题，应当如何处理？

答：评标委员会应认定该投标文件存在的问题为算术性错误，可以要求投标人对此进行澄清说明。

《招标投标法》第五十二条第一款规定："投标文件中有含义不明确的内容、明显文字或者计算错误，评标委员会认为需要投标人作出必要澄清、说明的，应当书面通知该投标人。投标人的澄清、说明应当采用书面形式，并不得超出投标文件的范围或者改变投标文件的实质性内容。"该条款规定了可以澄清的几种情形，其中明确将计算错误列为可以澄清的内容。因此，对于本项目，投标人计算基础和费率正确，足以证明投标人并不想降低法定计费标准，应是人为计算失误导致，而不能直接认定投标人有意降低税金投标，故不能否决其投标。

28. 暗标评审项目的投标文件泄露投标人信息，如何评审？

问：某工程施工招标，采用暗标评审方式。招标文件规定:"投标文件技术标部分单独装订成册实行暗标评审,封面、封底及所有正文中均不得出现可识别投标人身份的任何字符、徽标、人员姓名、企业名称、以往工程名称、投标人独有的标准名称或编号等,也不得出现其他具有标识性作用的符号、图案等。如有违反,按无效标处理。"某投标人的投标文件中出现了投标人单位名称。请问什么是暗标评审?这类项目投标文件泄露或暗示投标人信息,怎么处理?

答: 暗标评审是一种将投标人的投标文件分为明标商务标和暗标技术标两部分分别评审的评标方法。采取暗标评审有利于增强技术标评标的保密性,消除明标评标过程中评标委员会成员的打分倾向和某些投标人用不正当手段谋取中标,有效遏制不公平竞争行为发生。在投标文件编制形式上,一般采用统一格式、统一封面、统一排版、统一装订方式;在编制内容上,一般技术文件不得出现单位名称、公章、法定代表人或其授权委托代理人姓名,不得有暗示本单位的说明性文字或标识,不得有所投工程名称以外的其他工程名称等。技术文件随机编号,评标专家在完全没有投标人身份信息的情况下,只根据其技术条件进行公正、公平地评审,不受外在因素影响。一旦发现技术文件违背上述形式、内容要求,则可能透露投标人信息,视为未实质性响应招标文件要求,作否决投标处理。

本项目中,投标文件中出现了投标人单位名称,违背了招标文件要求,按照招标文件规定应当否决该投标。类似地,如果投标文件未使用招标人统一提供的封面，未按照招标文件规定格式排版、打印、装订，未在投标文件中隐瞒投标人信息，投标人在投标文件中作出特殊记号等可能泄露投标人信息的，均可以否决其投标。

29. 允许提交备选投标方案时，投标文件未区分主选、备选方案如何评审？

问：某机电产品国际招标项目招标文件规定："本次招标项目允许投标人递交一个备选投标方案，但投标文件必须注明主选和备选方案。"H公司递交了两份内容不同的投标文件，但未注明哪个为主选方案，哪个为备选方案。此时应如何评审？

答：商务部《进一步规范机电产品国际招标投标活动有关规定》第四条第二款规定："招标文件如允许投标人提供备选方案，应当明确规定投标人在投标文件中只能提供一个备选方案并注明主选方案，且备选方案的投标价格不得高于主选方案。凡提供两个以上备选方案或未注明主选方案的，该投标将被视为实质性偏离而被拒绝。"第十五条也规定："评标委员会对有备选方案的投标人进行评审时，应当以主选方案为准进行评标。凡未按要求注明主选方案的，应予以废标。"也就是说，招标文件要求提交备选投标时，投标人在提交两份投标方案时必须注明主选、备选方案，评标委员会也应以主选方案为准进行评审。如果投标文件未注明主选、备选方案，评标委员会就无法确定评标对象，不知以何为准进行评标，影响评标工作，其投标将被否决。

本项目中，招标文件已规定："允许投标人递交一个备选投标方案，但投标文件必须注明主选和备选方案"，但H公司没有注明主选、备选方案，致使评标人无法评标，根据前述法律规定，其投标将被否决，不再进入详评。

30. 投标人能否拒绝对投标文件进行澄清、说明或者补正？

问：某交通设施采购项目招标，招标文件对投标人的供货业绩进行了规定。投标人A公司提供了与B公司的联合声明，载明"A公司是由B公司100%出资设立的全资子公司，A公司生产设备、产品、业绩、商标、管理人员等均为B公司原班人马，投标产品今后由A公司所有，B公司不再参与投标"。评标委员会要求A公司对两者法律关系进行澄清，并提供A公司与B公司相关关系证明的有效材料，A公司收到澄清函后，未作任何回复。对此如何评审？

答：根据《招标投标法》第三十九条、《招标投标法实施条例》第五十二条规定，投标文件中有含义不明确的内容、明显文字或者计算错误的，评标委员会可以要求投标人作出必要澄清、说明。《评标委员会和评标方法暂行规定》第十九条第一款也规定："评标委员会可以书面方式要求投标人对投标文件中含义不明确、对同类问题表述不一致或者有明显文字和计算错误的内容作必要的澄清、说明或者纠正。澄清、说明或者补正应以书面方式进行并不得超出投标文件的范围或者改变投标文件的实质性内容。"

对投标文件给予必要的澄清、说明和补正，有利于评标委员会全面把握投标人的真实意思表示，对投标文件作出公正客观的评价，投标人应当予以配合，及时作出回复。投标人拒不按照要求对投标文件进行澄清、说明或者补正的，根据《评标委员会和评标方法暂行规定》第二十二条规定，评标委员会可以否决其投标。

本项目中，A公司在评标委员会要求其澄清的情况下拒不答复需澄清的问题，评标委员会可以依法否决其投标。

31. 当投标人对评标委员会的澄清要求不予正面回答、"答非所问"时如何处理？

问：某招标项目在评标过程中，评标专家发现A公司的投标文件对于设备的关键参数前后响应不一致，评标委员会要求A公司进行澄清。A公司发来的书面回复中罗列了设备的一些其他参数，但并未对要求澄清的关键参数正面作出明确的答复和说明。对此如何评审？

答：根据《招标投标法实施条例》第五十二条规定，投标文件中有含义不明确的内容、明显文字或者计算错误，评标委员会认为需要投标人作出必要澄清、说明的，应当书面通知该投标人。投标人的澄清、说明应当采用书面形式，并

第五章 评标类

不得超出投标文件的范围或者改变投标文件的实质性内容。《评标委员会和评标方法暂行规定》第十九条第一款规定，评标委员会可以书面方式要求投标人对投标文件中含义不明确、对同类问题表述不一致或者有明显文字和计算错误的内容作必要的澄清、说明或者纠正。如果评标委员会发出澄清通知，投标人尽管进行答复，但并不予正面回答，"答非所问"，也就是"拒不按照要求对投标文件进行澄清"，则根据《评标委员会和评标方法暂行规定》第二十二条规定，评标委员会可以否决其投标。

本项目中，评标委员会发现 A 公司技术投标文件中参数响应不一致，属于投标文件对同类问题表述不一致，且关键参数属于实质性问题，不进行澄清可能影响评审、定标，在这种情况下投标人不予以正面回复，根据上述法律规定，评标委员会可以否决其投标。

32. 投标人不接受评标委员会依法作出的修正价格，能否否决投标？

问： 某工程货物采购招标，A 公司投标报价 5600 万元，为最低报价。评标专家发现该投标人的投标报价与分项报价的合价不一致，各分项报价金额之和为 5720 万元，评标委员会依据分项报价之和对投标人的报价进行了修正，并要求投标人对修正后的价格澄清确认。A 公司未在规定的时间予以回复，对此评标委员会如何评审？

答：《招标投标法》第三十九条以及《评标委员会和评标方法暂行规定》第十九条均规定，评标委员会可以要求投标人对投标文件中含义不明确的内容作必要的澄清或者说明，只要澄清或者说明不超出投标文件的范围或者改变投标文件的实质性内容即可。其中《评标委员会和评标方法暂行规定》第十九条对投标价格算术性错误的修正方法及规则还做了详细规定，即"投标文件中的大写金额和小写金额不一致的，以大写金额为准；总价金额与单价金额不一致的，以单价金额为准，但单价金额小数点有明显错误的除外；对不同文字文本投标文件的解释发生异议的，以中文文本为准"。也就是说，评标委员会对于投标价格算术性错误依据法律规定的规则进行修正后，可以要求投标人对此澄清说明。投标人如果不确认该修正后的报价，评标委员会可以按照《评标委员会和评标方法暂行规定》第二十二条"投标人……拒不按照要求对投标文件进行澄清、说明或者补正的，评标委员会可以否决其投标"的规定进行处理。

本项目中，评标委员会发现投标人的投标报价与分项报价的合价不一致，据此对投标人的报价按照分项报价之和进行了修正，并要求投标人对修正后的价格澄清确认的行为是合法合理的。投标人 A 公司对此澄清未在规定的时间予以回复，根据《评标委员会和评标方法暂行规定》第二十二条的规定，对其投标应予否决。

第五章　评标类

33. 投标有效期内完不成评标、定标怎么办？

问：某招标项目因工作程序等原因，导致评标比较晚，在原来确定的投标有效期内完成定标、签订合同有很大难度，能否延长投标有效期？

答：招标文件都会明确规定投标有效期。《评标委员会和评标方法暂行规定》第四十条规定："评标和定标应当在投标有效期内完成。不能在投标有效期内完成评标和定标的，招标人应当通知所有投标人延长投标有效期。拒绝延长投标有效期的投标人有权收回投标保证金。同意延长投标有效期的投标人应当相应延长其投标担保的有效期，但不得修改投标文件的实质性内容。因延长投标有效期造成投标人损失的，招标人应当给予补偿，但因不可抗力需延长投标有效期的除外。"此外，在《工程建设项目货物招标投标办法》和《工程建设项目施工招标投标办法》也有类似规定。

本项目招标人可以延长投标有效期。招标人拟延长投标有效期的，应在原投标有效期期满前，以书面形式通知所有投标人延长投标有效期，征得投标人的同意。投标人如果同意延长投标有效期，应以书面形式给予招标人回复，且相应延长其投标担保的有效期。同意延长投标有效期的，原投标文件不能更改。投标人不同意延长投标有效期的，招标人不能扣留其投标保证金，其投标文件将在原投标有效期届满时失效。因延长投标有效期造成投标人损失的，招标人应当给予补偿，但因不可抗力需延长投标有效期的除外。

34. 招标文件对法定的资格条件未作规定，其能否作为否决投标的依据？

问：某公司通过招标投标方式购买一批计量器具，在评标过程中发现有的投标文件未附计量器具生产许可证，再查招标文件也没有明确要求供应商提供计量器具生产许可证。对这种情形，对是否可以否决投标产生了争议，其能否作为否决投标的依据？

答：招标文件未规定投标人资格条件，但法律有明确规定的，也应执行。《招标投标法》第十八条规定："招标人可以根据招标项目本身的要求，在招标公告或者投标邀请书中，要求潜在投标人提供有关资质证明文件和业绩情况，并对潜在投标人进行资格审查；国家对投标人的资格条件有规定的，依照其规定。"第二十六条规定："投标人应当具备承担招标项目的能力；国家有关规定对投标人资格条件或者招标文件对投标人资格条件有规定的，投标人应当具备规定的资格条件。"对于投标人的资格条件，既有法定的资格条件，也有招标人根据招标项目实际在不违反法律规定的前提下自行制定的资格条件（可称约定资格条件）。

在招标投标活动中，投标人的资格条件既要符合招标文件的要求，也要符合法律法规的规定。法律规定的资格条件一般为强制性的规定，比如《建筑法》规定的建筑业企业资质，《中华人民共和国计量法》（以下简称《计量法》）规定生产、销售计量器具应提供计量器具生产许可证等，违反该规定的将导致投标无效，故评标委员会可以否决其投标。

35. 评标委员会要求投标人澄清不得有哪些行为？

问：在评标过程中，评标委员会的一个很重要的职责就是要求投标人对其投标文件的部分内容进行澄清说明，以便全面准确掌握投标人的实质性响应情况。那么，评标委员会要求投标人澄清说明应注意哪些问题呢？

答：评标委员会提出澄清说明要求应当符合法定情形。当投标文件中含义不明确、对同类问题表述不一致或者有明显文字和计算错误的内容的，评标委员会可以要求投标人澄清、说明或者纠正。但评标委员会不得要求投标人对超出投标文件范围的内容进行澄清，其澄清内容不得涉及投标价格、投标方案等投标文件的实质性内容，不得利用澄清机会对这些实质性内容进行修改或变相修改，不得通过澄清机会改变招标文件的内容后要求投标人进行响应，不接受投标人主动提出的澄清或者超出招标人要求进行的澄清（即使条件更为优厚）。之所以禁止上述行为，其目的在于防范招标人和投标人串通改变竞争格局、破坏竞争秩序，以确保招标投标活动的公平、公正。

36. 评标委员会可对投标文件哪些问题提出澄清要求？

问：实践中经常发现投标文件存在内容有缺失、前后表述不一致等问题，哪些情形下评标委员会可以发出澄清函要求投标人解释说明？

答：一般对于投标文件中含义不明确的内容、对同类问题表述不一致或者有明显文字和计算错误的，评标委员会可要求投标人作出澄清。

《招标投标法》第三十九条规定："评标委员会可以要求投标人对投标文件中含义不明确的内容作必要的澄清或者说明。"《招标投标法实施条例》第五十二条规定："投标文件中有含义不明确的内容、明显文字或者计算错误，评标委员会认为需要投标人作出必要澄清、说明的，应当书面通知该投标人。"《评标委员会和评标方法暂行规定》第十九条第一款规定："评标委员会可以书面方式要求投标人对投标文件中含义不明确、对同类问题表述不一致或者有明显文字和计算错误的内容作必要的澄清、说明或者补正。澄清、说明或者补正应以书面方式进行并不得超出投标文件的范围或者改变投标文件的实质性内容。"

值得注意的是，《招标投标法实施条例》第五十二条第二款明确规定："评标委员会不得暗示或者诱导投标人作出澄清、说明，不得接受投标人主动提出的澄清、说明。"

37. 投标人对投标文件进行澄清可以采用哪些方式？

问：在评标工作中，经常出现评标委员会要求投标人对投标文件中含义不明确、前后表述不一致或者有明显文字或

第五章 评标类

者计算错误的内容进行澄清解释。那么，澄清的方式有哪些呢？

答：《招标投标法实施条例》第五十二条规定："投标文件中有含义不明确的内容、明显文字或者计算错误，评标委员会认为需要投标人作出必要澄清、说明的，应当书面通知该投标人。投标人的澄清、说明应当采用书面形式，并不得超出投标文件的范围或者改变投标文件的实质性内容。"

该条款着重强调澄清必须要采用书面形式。也就是说，招标人以书面形式向投标人提出需要澄清的问题，投标人同样以书面形式回复，既能起到证明效力，也有利于隔断评标委员会成员与投标人的联系，满足评标保密要求。

在工程项目施工、监理或者设计招标投标实践中，经常会要求项目经理负责人、总监理工程师或者项目总设计师进行答辩，就投标技术方案的关键点进行讲解（述标），补充文字难以精确表述到位的内容，同时回答招标人提出的问题，该做法应属于对投标文件的澄清说明。客观地讲，这样"面对面"的沟通比较有效，能够准确反映投标人对招标文件的理解与响应程度，但该方式与"书面澄清"以及评标需要保密的要求相冲突。建议采用技术手段，在确保不泄露评标委员会成员名单的背景下，通过物理隔离（如玻璃屏风）、视频、网络交流等手段，让评标委员会成员"面对面"与投标人进行交流。

38. 投标人对评标委员会提出的澄清不作解释应如何处理？

问：在某项目评标过程中，评标委员会发现某投标人的投标文件中对于技术参数前后表述不一致，发出澄清函要求该投标人进行解释，但是该投标人在规定时间内未予回复，评标委员会依法应当如何处理？

答：如澄清问题属于细微偏差，投标人拒不澄清补正的，根据《评标委员会和评标方法暂行规定》第二十六条规定，评标委员会可在详细评审时对细微偏差按照招标文件的规定作不利于该投标人的量化处理。

如投标人拒不按照要求对投标文件进行澄清、说明或者补正，并影响对投标文件实质性内容的评审，则根据《评标委员会和评标方法暂行规定》第二十二条规定"投标人资格条件不符合国家有关规定和招标文件要求的，或者拒不按照要求对投标文件进行澄清、说明或者补正的，评标委员会可以否决其投标"。如招标文件规定了投标人拒不按照要求对投标文件进行澄清、说明或者补正时招标人有权否决投标的条款，则应否决其投标。

39. 否决投标的情形有哪些？

问：否决投标，是评标委员会对违反法律规定或者未对招标文件的实质性要求和条件作出响应的投标文件，不再予以评审，投标人失去中标资格的决定。那么，哪些情形符合

第五章　评标类

否决投标的条件呢?

答:《招标投标法实施条例》第五十一条规定:"有下列情形之一的,评标委员会应当否决其投标:(一)投标文件未经投标单位盖章和单位负责人签字;(二)投标联合体没有提交共同投标协议;(三)投标人不符合国家或者招标文件规定的资格条件;(四)同一投标人提交两个以上不同的投标文件或者投标报价,但招标文件要求提交备选投标的除外;(五)投标报价低于成本或者高于招标文件设定的最高投标限价;(六)投标文件没有对招标文件的实质性要求和条件作出响应;(七)投标人有串通投标、弄虚作假、行贿等违法行为。"

《评标委员会和评标方法暂行规定》第二十条规定:"在评标过程中,评标委员会发现投标人以他人的名义投标、串通投标、以行贿手段谋取中标或者以其他弄虚作假方式投标的,应当否决该投标人的投标。"第二十一条规定:"在评标过程中,评标委员会发现投标人的报价明显低于其他投标报价或者在设有标底时明显低于标底,使得其投标报价可能低于其个别成本的,应当要求该投标人作出书面说明并提供相关证明材料。投标人不能合理说明或者不能提供相关证明材料的,由评标委员会认定该投标人以低于成本报价竞标,应当否决其投标。"第二十二条规定:"投标人资格条件不符合国家有关规定和招标文件要求的,或者拒不按照要求对投标文件进行澄清、说明或者补正的,评标委员会可以否决其投标。"第二十三条规定："评标委员会应当审查每一投标文件是否对招标文件提出的所有实质性要求和条件作出响应。未能在实质上响应的投标，应当予以否决。"第二十五条规定："下列情况属于重大偏差：（一）没有按照招标文件要求提供投标担保或者所提供的投标担保有瑕疵；（二）投标文件没有投标人授权代表签字和加盖公章；（三）投标文件载明的招标项目完成期限超过招标文件规定的期限；（四）明显不符合技术规格、技术标准的要求；（五）投标文件载明的货物包装方式、检验标准和方法等不符合招标文件的要求；（六）投标文件附有招标人不能接受的条件；（七）不符合招标文件中规定的其他实质性要求。投标文件有上述情形之一的，为未能对招标文件作出实质性响应，并按本规定第二十三条规定作否决投标处理。招标文件对重大偏差另有规定的，从其规定。"

一般情况下，否决投标条件和认定标准，都会在招标文件中详细列明，作为招标文件的必备内容，便于投标人对照参考，同时也作为评标委员会评审的依据。在编制招标文件时，招标人应将否决投标条款集中列出，以利于评标委员会对照评审。在评审阶段，评标委员会应当尽职尽责履行评标之责，依据招标投标相关法律法规规定的法定否决投标条件和招标文件规定的约定否决投标条件客观、公正地作出决策，对于符合否决投标条件的应当作否决投标处理。

40. 投标人提供两套投标方案时，评标委员会如何评审？

问：某单位设备采购招标，在开标过程中，唱标人发现一家投标人在投标一览表中提供了两个报价方案，唱标人对两个报价正常唱标。评审过程中，评标委员会确认招标文件中没有要求提供备选方案，该投标人的投标文件中也没有注明主选、备选方案，评标委员会经评审否决了该投标人的投标，此做法是否合适？

答：评标委员会的做法符合相关法律规定。

"一标一投"是基本要求，但是经招标人同意，投标人可以提交备选标，该备选标也应响应招标文件实质性要求。《招标投标法实施条例》第五十一条规定，如同一投标人提交两个以上不同的投标文件或者投标报价（招标文件要求提交备选投标的除外）时，评标委员会应当否决其投标。《评标委员会和评标方法暂行规定》第三十八条规定："根据招标文件的规定，允许投标人投备选标的，评标委员会可以对中标人所投的备选标进行评审，以决定是否采纳备选标。"《工程建设项目货物招标投标办法》第二十四条规定："招标人可以要求投标人在提交符合招标文件规定要求的投标文件外，提交备选投标方案，但应当在招标文件中作出说明。不符合中标条件的投标人的备选投标方案不予考虑。"

根据上述规定，如招标文件允许，投标人可以提供两个报价方案。如招标文件中未规定是否可以提交两个报价方案而投标人提交两个报价方案且没有注明主选备选方案时，应当否决其投标。

41. 评标办法中的加分项是否会排斥潜在投标人？

问：有的招标文件在评审标准中设置80%或90%的基本分，然后再设置20%或10%的加分项，具备这些条件的可以加分，这种做法是否会排斥潜在投标人？

答：评标办法中的加分项是对满足招标文件要求的投标人，按照规定的评审规则对具备不同条件的投标人进行的不同评价，对超出一般条件要求的投标人给予不同分值的加分，体现了"择优"原则。公平、合理设置加分项，一般不会排斥潜在投标人。如果加分项设置不合理（如只对某品牌、采取某种专利，或者在本地或本行业具有业绩或奖项的投标人加分），则属于对特定投标人倾向性加分，构成以不合理的条件限制、排斥潜在投标人或者投标人的违法行为。

42. 招标人或招标投标监督部门能否否决投标？

问：某招标项目有5家投标人，评标结束后，经招标人和招标监督部门审核，发现有4家投标人的投标文件有重大偏差。这时，招标人或招标监督部门能不能否决此4家的投标？

答：否决投标是评标委员会的评标工作内容之一，评标工作交由评标委员会完成。本项目5家投标人中有4家存在重大偏差，本应在评标阶段由评标委员会予以否决，但直到评标结束才被招标人和招标监督部门发现。对此，依据《招标投标法实施条例》第七十一条"评标委员会成员有下列行为之一的，由有关行政监督部门责令改正：……（六）对依法应当否决的投标不提出否决意见"的规定，应当由招标监督部门责令评标委员会重新进行评审并否决不合格的投标，而不能由招标人或行政监督部门直接否决投标。

43. 招标文件未要求提供强制性产品认证（CCC 认证）证书，投标人也未提交该证书的，其投标是否有效？

问：某国有企业因改造视频会议室，需购买一批电子大屏幕、图像处理器、高清摄像机等产品，招标文件没有明确要求必须提供强制性产品认证（CCC 认证）证书。在评标过程中，有的投标人提供了强制性产品认证（CCC 认证）证书，有的没有提供。有评标专家提出，既然招标文件未作要求，投标文件未提交强制性产品认证（CCC 认证）证书，也就不能否决其投标。请问：这种说法对吗？

答：这种说法不对。

强制性产品认证，又称 CCC 认证，是国家为保护广大消费者的人身健康和安全，保护环境，保护国家安全，依照法律法规实施的一种产品评价制度。根据《强制性产品认证管理规定》《强制性产品认证标志管理办法》等规定，通过制定强制性产品认证的产品目录和强制性产品认证实施规则，对列入《强制性产品认证的产品目录》中的产品实施强制性的检测和工厂检查。凡是列入强制性产品认证的产品目录中的产品，必须经过国家指定的认证机构认证合格、取得指定机构颁发的认证证书，并标注认证标志后，方可出厂、销售、进口或者在其他经营活动中使用。这些要求是强制性认证产品目录内的产品准予生产、进入市场的必备条件。如果没有获得指定认证机构颁发的认证证书，没有按规定加施认证标志，不得出厂销售，不得参与投标。因此，采购列入强制性产品认证目录的产品，取得强制性产品认证（CCC认证）证书是法律规定的投标人必备资格条件，是强制性法律规定，不论招标文件有无规定，投标人生产、销售该产品都必须具备该认证证书。招标文件即使未作规定，评标委员会也应当将此法定的资格条件作为评标依据。

本项目中，大屏幕、图像处理器属于国家3C强制认证产品，但该投标人的产品没有经过强制性认证，违反法律的强制性规定，因此其投标应当被否决。

44. 投标代表授权委托书只盖章未签字是否合格？

问：某项目评标委员会在评标时发现某投标文件中所附的授权委托书没有按照格式要求由投标人法定代表人签字，只是加盖了单位公章，但招标文件明确要求"授权委托书由投标人法定代表人签字并加盖公章"，评标委员会能否将此作为重大偏差否决该投标？

答：招标人不宜轻易地将投标人存在偏差的投标一律作为无效投标处理。如本项目所述，投标人颁发给投标代表的授权委托书已有投标人的单位公章，只是缺少其法定代表人的签字，该瑕疵仅为细微偏差，其授权委托书仍然能证明该投标人授予投标代表代理投标的意思表示，评审时应做不利于该投标人的量化处理，不宜否决投标。

但是，如招标文件明确规定了"授权委托书缺少法定代表人签字即否决投标"之类的表述，评标委员会则应当否决该投标。此外，如果授权委托书既无公章，也无法定代表人签字，该授权委托书无效，应当依法予以否决投标。

45. 投标人被列入建筑市场主体严重失信"黑名单"，其投标资格是否合格？

问：某国有企业建设工程项目施工招标，招标文件规定："被政府主管部门认定存在严重违法失信行为并纳入建筑市场主体严重失信'黑名单'的，否决该投标人的投标。"A投标人此前因工程质量安全事故被列入建筑市场主体严重失信"黑名单"，投标是否有效？

答：列入建筑市场主体严重失信"黑名单"的投标人的投标无效。

近几年，为了落实《国务院关于建立完善守信联合激励和失信联合惩戒制度加快推进社会诚信体系建设的指导意见》（国发〔2016〕33号）等文件精神，推进社会信用体系建设、健全守信激励失信约束机制，国家出台对违法、失信企业实行联合惩戒、限制投标的一系列政策，营造诚实守信的市场环境，促进招标投标公平竞争。如根据《建筑市场信用管理暂行办法》第十四条规定，下列情形的建筑市场各方主体，列入建筑市场主体"黑名单"：①利用虚假材料、以欺骗手段取得企业资质。②发生转包、出借资质，受到行政处罚。③发生重大及以上工程质量安全事故，或1年内累计发生2次及以上较大工程质量安全事故，或发生性质恶劣、危害性严重、社会影响大的较大工程质量安全事故，受到行政处罚。④经法院判决或仲裁机构裁决，认定为拖欠工程款，且拒不履行生效法律文书确定的义务。该办法规定列入建筑市场主体"黑名单"和拖欠农民工工资"黑名单"的建筑市场各方主体，在市场准入、资质资格管理、招标投标等方面依法给予限制。据此，招标文件可以将投标人被纳入失信黑名单确定为否决投标事项。查询"黑名单"的途径，一是通过国家企业信用信息公示系统（www.gsxt.gov.cn）查询，二是通过"信用中国"网站（www.creditchina.gov.cn）查询。

本项目中，A投标人已被列入建筑市场主体严重失信"黑名单"，招标文件也规定了"投标人被纳入建筑市场主体严重失信'黑名单'的，否决该投标"，因此A投标人的投标应当被否决。

46. 投标人被市场监督管理部门列入严重违法失信企业名单，其投标资格应否受到限制？

问：某国有企业办公楼物业服务项目招标，招标文件规定:"被'信用中国'网站列入'黑名单'或被国家企业信用信息公示系统列入'严重违法失信企业名单(黑名单)''经营异常名录'的投标人,其投标作否决处理。"A投标人在国家企业信用信息公示系统中被列入"严重违法失信企业名单",请问其投标是否有效?

答: 为加强对严重违法失信企业的管理,促进企业守法经营和诚信自律,扩大社会监督,依据《企业信息公示暂行条例》《严重违法失信企业名单管理暂行办法》规定,企业有下列情形之一的,列入严重违法失信企业名单管理:①被列入经营异常名录届满3年仍未履行相关义务。②提交虚假材料或者采取其他欺诈手段隐瞒重要事实,取得公司变更或者注销登记,被撤销登记。③因不正当竞争行为两年内受到三次以上行政处罚。④因提供的商品或者服务不符合保障人身、财产安全要求,造成人身伤害等严重侵害消费者权益的违法行为,两年内受到三次以上行政处罚,等等。对于失信企业,可以限制其投标或中标资格,招标文件可以将列入"严重违法失信企业名单"作为限制投标条件。列入"严重违法失信企业名单"的记录,应以"信用中国"、国家企业信用信息公示系统等网站公示的权威信息为准。投标截止日前已移出该名单的,具有合格的投标资格。

本项目中,A投标人已被列入"严重违法失信企业名单",根据招标文件中投标人被列入"严重违法失信企业名单"将被否决投标的规定,其投标应当被否决。

47. 投标人或其法定代表人、项目负责人在近三年内有行贿犯罪行为，应否否决投标？

问： 某国有企业工程建设项目监理招标，招标文件规定："投标人自行在中国裁判文书网查询确认并承诺，我公司、公司法定代表人、拟委任的项目负责人，在本次投标截止日前三年时间内，均未有行贿犯罪行为。"A 投标人投标文件承诺无行贿犯罪行为，但事后被举报并经查实，其法定代表人在三年内因行贿被追究刑事责任。请问 A 投标人的投标是否有效？

答： A 投标人的投标无效。

根据最高人民检察院、国家发展和改革委员会发布的《关于在招标投标活动中全面开展行贿犯罪档案查询的通知》规定，行贿犯罪记录应当作为招标的资质审查、中标人推荐和确定的重要依据。"无行贿犯罪记录"是指供应商或相关人员未被人民法院生效裁判认定行贿犯罪罪名成立而需承担刑事责任。

目前，上述文件已经废止，但行贿犯罪记录查询制度在招标投标活动中被保留下来，将无行贿犯罪记录列为供应商应当具备的资格条件。招标文件可以要求投标人提供"近三年无行贿犯罪行为承诺书"，如规定："投标人应书面承诺投标人、法定代表人和项目负责人在投标截止日前三年无行贿犯罪行为。如投标人成立不足三年，则承诺期限为投标人成立之日起至承诺书出具之日。如果提供的书面承诺有虚假内容，其投标无效。"

招标人也可以不再要求投标人自行提供无行贿犯罪行为

承诺书,而是由招标人或招标代理机构在开标之后,自行登录中国裁判文书网官网进行查询,查询的记录时间一般是投标截止之日前三年内的信息。该信息提供给评标委员会作为评标依据;在定标之前还可对中标候选人进行查询,以便确定的中标人不存在行贿犯罪行为记录。

本项目中,A投标人的法定代表人存在行贿犯罪行为,其不具备合格的投标资格,评标委员会应当否决其投标。

48. 银行保函、投标保证保险的受益人并非"招标人",是否还有效?

问: 某市政府就市民休闲广场施工项目进行公开招标,招标文件要求提交投标保证金,提交形式可为支票、银行汇票、银行保函或者投标保证保险,并在"投标人须知前附表"中明确规定:"投标人提交的银行保函的抬头或投标保证保险的受益人应为招标人。"投标人A公司提交了抬头为招标代理机构的银行保函。该保函是否有效?

答: 投标保证金的目的是为了保障招标人在招标投标过程中,不因投标人在投标截止后撤销投标文件或中标后无正当理由拒不签订合同等行为对其利益造成损害,保障的是招标人的利益。因此,银行保函的抬头以及投标保证保险的受益人应当为招标人,而非招标代理机构。如果投标保证金的受益人不是招标人,则达不到保障招标人利益的目的,为无效的投标担保。

本项目中，招标文件已明确规定"投标人提交的银行保函的抬头或投标保证保险的受益人应为招标人"，但A公司提交抬头为招标代理机构的银行保函，属于未按招标文件要求提交投标保证金，根据《评标委员会和评标方法暂行规定》第二十五条"下列情况属于重大偏差：（一）没有按照招标文件要求提供投标担保或者所提供的投标担保有瑕疵……"的规定，构成"重大偏差"，其投标应当被否决。

49. 初步评审后有效投标不足3个时，继续评标还是否决全部投标？

问：某工程建设项目货物招标，投标人数量本来就不多，评标委员会经过初步评审否决部分投标，完成初步评审，剩下有效投标只有2个，此时评标委员会是否必须否决全部投标、重新招标，还能不能继续评标、推荐中标候选人？

答：与投标人不足3家不得开标的规定不同，经过初步评审，否决部分不合格的投标后，如果剩余的有效、合格的投标只剩下1个或2个，不足3个，此时不是必然要重新招标，还可以继续评标。对此，《评标委员会和评标方法暂行规定》第二十七条明确规定："评标委员会根据本规定第二十条、第二十一条、第二十二条、第二十三条、第二十五条的规定否决不合格投标后，因有效投标不足3个使得投标明显缺乏竞争的，评标委员会可以否决全部投标。投标人少于3个或者所有投标被否决的，招标人在分析招标失败的原因并采取相应措施后,应当依法重新招标。"

根据该条规定,对于依法必须招标的项目,剩余有效投标不足3个时,继续评标还是终止评标,由评标委员会自由裁量判定是否具有竞争性。其中"投标明显缺乏竞争"的认定标准,需要根据不同招标项目实际及原因确定,一般指的是投标人过少,没有达到预期的竞争性,如有串标可能,价格差异较大或者畸高、畸低,技术响应太差等情形。如果认为剩余1个或2个合格投标具有竞争性,如技术可行、价格合理,可以继续进行评标,并可从中推荐中标候选人。如果评审认为合格投标与预期采购目标有较大差距,导致最终采购结果不理想,此时允许招标人否决所有投标,有利于保障招标人的权益。

所有投标被否决后,如属于依法必须招标的项目,应当依法重新招标,或者经批准后采用其他采购方式;但对于非依法必须招标的项目,招标人可以重新招标,也可以直接采取其他采购方式。

50. 投标人的报价高于最高投标限价能否否决投标?

问:某采购项目,潜在投标人数量不多且相互之间大多彼此熟悉,可能会串通抬高报价。在这种情况下能否设置招标控制价,在招标文件中规定超出招标控制价的将被否决投标,只从低于招标控制价的投标人中选择中标人?

答:该做法是可行的,且有法律依据。

为了防止投标人报价过分高于市场价，尤其在竞争不充分、财务预算受限等情形下，为了控制价格，招标人可以在招标文件中设置最高投标限价，并声明投标人的报价必须在此限价之下，否则按照否决投标处理。

《招标投标法实施条例》第二十七条第三款规定："招标人设有最高投标限价的，应当在招标文件中明确最高投标限价或者最高投标限价的计算方法。招标人不得规定最低投标限价。"最高投标限价是招标人可以承受的最高价格，也是投标报价的上限，必须在招标文件中明示，作为招标文件的实质性内容，投标人必须响应。超过最高投标限价投标，也就是超出了招标人的承受能力，导致该项目不一定能够顺利实施。同时，投标人未响应招标人的实质性要求，属于重大偏差。根据《招标投标法实施条例》第五十一条第五项规定，投标报价低于成本或者高于招标文件设定的最高投标限价的，评标委员会应当否决其投标。

51. 投标文件项目名称与招标文件不完全一致，如何评审？

问：某国有企业集中招标，共分为3个标包，其中一个项目招标文件中项目名称为"综合安全监控中心建设工程"，评标过程中发现某投标人投标文件项目名称均为"调度监控中心建设工程"，为该批次另一招标项目名称。评标委员会对此应如何处理？

答：《招标投标法》第二十七条规定："投标人应当按照招标文件的要求编制投标文件。投标文件应当对招标文件提出的实质性要求和条件作出响应。"招标投标活动为合同订立的过程，招标公告为招标人发出的要约邀请，投标文件为投标人按其要求发出的要约。《民法典》第四百七十二条规定："要约是希望与他人订立合同的意思表示，该意思表示应当符合下列条件：（一）内容具体确定；（二）表明经受要约人承诺，要约人即受该意思表示约束。"招标文件载明要约邀请内容，非常明确具体；投标文件载明要约内容，对招标文件的实质性内容作出全面响应，包括其载明的项目名称应当与招标文件表述一致，如果两者不一致，则视为未对要约邀请发出相应要约，即未对招标文件进行实质性响应，应当否决该投标。

本项目中，投标人投标文件项目名称为"调度监控中心建设工程"，与招标文件项目名称"综合安全监控中心建设工程"不一致，评标委员会应当依据《招标投标法实施条例》第五十一条第六项规定否决该投标。

当然，如果投标文件载明的项目名称虽有错误但仅属个别文字错误，不影响区分招标项目的，可以要求投标人澄清，而非直接作否决投标处理。

52. "低于成本"如何理解？

问：《招标投标法》第三十三条规定投标人不得以低于成本的报价竞标，但何谓"低于成本"，投标人的"成本"

采取什么样的衡量标准，现行法律并没有规定。请问：实务中如何认定"成本"，如何判定"低于成本"？

答：从立法本意来讲，这里讲的"低于成本"，是指低于投标人的为完成投标项目所需支出的个别成本。由于每个投标人的管理水平、技术能力与条件不同，即使完成同样的招标项目，其个别成本也不可能完全相同，管理水平高、技术先进的投标人，生产、经营成本低，有条件以较低的报价参加投标竞争，这是其竞争实力强的表现。实行招标投标的目的，正是为了通过投标人之间的竞争，特别是在投标报价方面的竞争，择优选择中标者。因此，只要投标人的报价不低于自身的个别成本，即使是低于行业平均成本，也是完全可以的。因此，《招标投标法》第三十三条所指的"成本"应是指企业个别成本，而不是社会平均成本，也不是行业平均成本。投标人以低于社会平均成本但不低于其个别成本的价格投标，应予以支持鼓励，这有利于促使投标人挖掘内部潜力，改善经营管理，提高管理水平。但对于投标人违背诚信原则，以低于其个别成本恶意参与竞争"抢标"的行为，应予禁止，以防范后续违约风险。

53. 能否将司法鉴定作出的鉴定意见、咨询机构出具的咨询报告或者审计机构作出的审计意见作为认定"低于成本"的依据？

问：实践中，一些中标人通过司法鉴定作出的鉴定意见、

第五章　评标类

咨询机构出具的咨询报告或者审计机构作出的审计意见,这些鉴定、评估结果能否作为判定"低于成本"的依据?

答: 鉴定意见、咨询报告、审计意见等往往参照的是一定区域本行业社会平均价或市场价进行鉴定或评估,其代表的是本行业的社会平均成本。社会平均成本与投标人的个性成本与市场行情、技术实力、管理水平、资金投入、人力资源管理等综合因素相关,存在一定差异。故该行业的社会平均成本并非投标人为完成招标项目所支出的个别成本,不能作为投标报价是否低于该投标人个别成本的判定依据。如在(2018)最高法民申 4697 号民事裁定书中,最高人民法院认为,《招标投标法》所称的"低于成本",是指低于投标人为完成投标项目所需支出的个别成本。由于每个投标人的管理水平、技术能力与条件不同,即使完成同样的招标项目,其个别成本也不可能完全相同。管理水平高、技术先进的投标人,生产、经营成本低,有条件以较低的报价参加投标竞争,这是其竞争实力强的表现。因此,只要投标人的报价不低于自身的个别成本,即使是低于行业平均成本,亦无不可。

54. 投标文件副本未盖投标人公章是否属于重大偏差?

问: 在某项目招标文件中约定:"如有下列情况之一的,投标人的投标为无效投标:1. 投标文件未加盖投标人公章⋯⋯"评标过程中,评标专家发现某投标人的投标文件正本按照招标文件的要求加盖了公章并签字,副本没有加盖投标人公章。这种情况下,该投标文件是否构成重大偏差,评标委员会是否应当否决该投标?

答:应当认定这种情况属于"细微偏差",不应当否决投标。

投标文件区分正本和副本,招标文件中一般都会有这样的表述:当副本和正本不一致时,以正本为准。《标准施工招标文件》同样有此内容。《评标委员会和评标方法暂行规定》第二十五条规定:"下列情况属于重大偏差:……(二)投标文件没有投标人授权代表签字和加盖公章……投标文件有上述情形之一的,为未能对招标文件作出实质性响应,并按本规定第二十三条规定作否决投标处理。招标文件对重大偏差另有规定的,从其规定。"

本项目投标文件副本与正本不一致,应按照正本来评审,而正本不存在上述法律规定和招标文件约定的否决投标条件(未加盖公章),因此不应否决。

55. 投标人不去现场踏勘能否判定其投标无效?

问:某安装改造项目进行招标,鉴于项目现场较为复杂,场地狭窄,而且需要拆除旧的设备后安装新设备,要求各潜在投标人务必前往现场勘察。在评标过程中发现 A 公司没有去现场勘察,在投标文件中对现场复杂情况也未描述清楚,有的评标专家提出应作无效投标处理,有的评标专家提出在招标文件中并没有规定不去现场勘察是无效投标的条件,因此不可以作为无效投标处理。上述哪种说法正确？

答：不去现场踏勘不能被判定为投标无效。

在招标投标活动中，现场踏勘、答疑会、开标等环节并没有法律规定要求招标人必须参加（电子开标除外），招标人可以自主决定是否参加这些环节，这是投标人的权利。

本项目招标文件提出要求投标人务必参加现场踏勘，但参加现场踏勘并不是实质性要求，招标文件也不宜将是否参加现场踏勘作为实质性条件或否决投标的条件。投标人未参加现场踏勘，招标文件也没有类似规定，不能将其视为无效投标而予以否决。

56. 同一投标人提交两个以上不同的投标报价时如何评审？

问：某政府采购项目招标，招标文件明确规定："本次招标项目不允许提交备选投标方案。"评标委员会发现投标人S公司的投标文件另有附函，内容为："本公司郑重承诺，若在本次招标项目中成为中标人，自愿在原投标总报价的基础上再下调1.5个百分点，以示诚意。"对此投标，应如何评审？

答：一般情况下，投标人递交的投标文件内容应当明确无歧义，与之对应的投标报价也应当是唯一确定、不可变动的价格。而且投标报价是重要的评审因素，如果允许投标人递交多份投标报价，或者如本项目中设条件可变动修改的报价，相当于提交两份投标报价，对其他投标人不公平，也会造成评标委员会无法评标，甚至给投标人提供了根据其他投标人的报价作出有利于自己选择的机会，有悖诚信原则，故对此类行为应当否决其投标。

只有在招标文件允许提交备选方案的情况下，投标人方可提交两个以上投标方案及报价，并在文件中注明主投标方案、主选报价和备选投标方案、备选报价。

本项目中，S公司的附函对其投标报价作了附条件的调整，实质上是向招标人提交了两份不同的投标报价方案，但招标文件已明确规定"本次招标项目不允许提交备选投标方案"，因此S公司的行为属于"一标多投"，评审委员会应当依据《政府采购货物和服务招标投标管理办法》第六十三条"投标人存在下列情况之一的，投标无效：……（六）法律、法规和招标文件规定的其他无效情形"的规定，判定其投标无效。

57. 出具投标保函的银行不符合招标文件要求是否属于重大偏差？

问：某依法必须招标的D市楼盘开发项目施工进行公开招标，要求投标人提交投标保证金，招标文件要求"以投标保函提交投标保证金的，投标保函的出具银行应为地市级分行以上银行。"有3家建筑公司提交的投标保函出具人均为某村镇商业银行。请问银行保函能否限定出具银行？出具投标保函的银行不符合招标文件要求，是细微偏差还是重大偏差？

答：银行保函是指招标人为保证投标人不得撤销投标文

件、中标后不得无正当理由不与招标人订立合同等，要求投标人在提交投标文件时一并提交的由银行出具的书面担保。实践中，为保证开立银行的信用水平和担保能力，招标文件可以要求开具保函的银行满足一定级别、明确规定银行保函的具体格式等，如要求"只接受全国性银行地市以上分行出具的银行保函"。如果未按照招标文件要求的银行机构开具银行保函，则该投标担保存在瑕疵，为未实质性响应招标文件要求，构成重大偏差，将可能导致投标被否决。

本项目中，3家建筑公司提交的投标保函出具人均为"村镇商业银行"，不满足招标文件中"地市级分行以上银行"的要求，根据《招标投标法实施条例》第五十一条"有下列情形之一的，评标委员会应当否决其投标：……（六）投标文件没有对招标文件的实质性要求和条件作出响应"及《评标委员会和评标方法暂行规定》第二十五条"下列情况属于重大偏差：（一）没有按照招标文件要求提供投标担保或者所提供的投标担保有瑕疵……投标文件有上述情形之一的，为未能对招标文件作出实质性响应，并按本规定第二十三条规定作否决投标处理"的规定，该3家建筑公司的投标应当被否决。

58. 对投标保证金的支付设置不合理的限制性条件如何评审？

问：某职业技术学院会计综合实训基地装饰工程组织公

开招标，招标文件要求提交投标保证金，并且"投标人以银行保函提交投标保证金的，担保银行必须无条件地、不可撤销地保证在收到付款要求后无追索地支付保函金额，不得对投标保证金的支付提出不合理的限制性条件，否则作否决投标处理"。某装饰工程公司的投标保函注明"本保函仅能在投标人所在地兑现"。对此保函如何评审？

答：保函应当是一种"见索即付"的书面信用担保凭证，具有独立性，意思是指受益人只要在保函有效期内提交符合保函条件的支付要求书及保函规定的其他任何单据，担保人即应无条件地将款项赔付给受益人。若投标人提交的投标保函对支付提出限制条件（如限制在一定区域兑付、附加支付约束性条件等），该保函便失去了其独立性，投标担保有瑕疵，招标人对此可不予接受。

本项目中，某装饰工程公司的投标保函将兑现地域限制在投标人所在地，对投标保函进行了不合理限制，不满足招标文件"不得对投标保证金的支付提出不合理的限制性条件"的实质性要求，根据《评标委员会和评标方法暂行规定》第二十五条和招标文件的规定，因"没有按照招标文件要求提供投标担保或者所提供的投标担保有瑕疵"，属于"重大偏差"，其投标应予否决。

59. 未按照国家法律规定填报增值税税率如何评审？

问：某仪器设备采购招标，招标文件规定"不接受不按

第五章 评标类

国家法律法规规定填报增值税税率的投标文件",国家法律规定该产品的增值税税率为13%,投标人A公司的投标报价文件中将增值税税率填写成0.13%,对此如何评审?

答:增值税是对商品生产、流通、劳务服务中多个环节的新增价值或商品的附加值征收的一种流转税。面对不同的征税对象有不同的税率,投标人填写的税率如果不符合国家税法规定,则为违法行为。对此类投标文件,招标文件可以规定为否决投标项。

本项目中,A公司投标文件的增值税率填写错误,会导致含税总价也出现错误,即使总价填写正确,也会因税率错误而出现数额不一致的问题。招标文件已明确规定"不接受不按国家法律法规规定填报增值税税率的投标文件",并将其作为"违反税法"的否决投标项,因此该投标文件不应再进入详评,评标委员会应当否决其投标。

60. 投标人能否自定安全生产文明施工费费率,对此如何评审?

问:某企业后方基地装修工程施工招标,招标文件"工程量清单报价说明"中规定:"安全文明施工费依据《××省建设工程费用定额》计取"、"安全文明施工费=人工费(不含机上人工)×7.5%""安全生产文明施工费费率未响应招标文件要求的将被否决投标"。H公司为取得报价优势,在其投标文件中将安全文明施工措施费费率改为5.5%,即安全文明施工措施费=人工费（不含机上人工）×5.5%。请问：投标人能否自定安全生产文明施工费费率？此种情形如何评审？

答：《建设工程安全生产管理条例》第八条规定："建设单位在编制工程概算时，应当确定建设工程安全作业环境及安全施工措施所需费用。"《建筑工程安全防护、文明施工措施费用及使用管理规定》第六条规定："依法进行工程招标投标的项目，招标方或具有资质的中介机构编制招标文件时，应当按照有关规定并结合工程实际单独列出安全防护、文明施工措施项目清单。投标方应当根据现行标准规范，结合工程特点、工期进度和作业环境要求，在施工组织设计文件中制定相应的安全防护、文明施工措施，并按照招标文件要求结合自身的施工技术水平、管理水平对工程安全防护、文明施工措施项目单独报价。投标方安全防护、文明施工措施的报价，不得低于依据工程所在地工程造价管理机构测定费率计算所需费用总额的90%。"

安全生产文明施工费是指按照国家现行的施工现场环境、建筑施工安全、卫生标准和有关规定，购置、更新施工安全防护用具及措施、改善安全生产条件、作业环境所需的费用，属于不可竞争性费用。不同地区、单位对安全生产文明施工费的取值有不同的规定。投标人应当在投标文件中按照规定的比例计列该项费用，否则不满足招标文件要求。

本项目中，招标文件规定安全生产文明施工费费率系数为"7.5%",H公司填报的费率系数为"5.5%",属于未实质性响应招标文件要求,依据《招标投标法实施条例》第五十一条第六项及招标文件的规定,其投标应作否决处理。

61. 投标人能否修改招标文件中提供的合同条件?

问:某国有企业采购工程设备,招标文件规定:"投标人对招标文件中列明的合同标的、数量、质量、价款、履行期限、履行地点、履行方式、违约责任和解决争议方法等的修改,视为未实质响应招标文件,其投标予以否决。""合同文本"中约定:"付款:设备安装调试完毕后试运行一个月进行使用验收,使用验收合格后30日内支付合同总金额的97%,质保期满后一个月内支付剩余3%金额。"某投标人在投标文件中将该合同条款修改为:"付款:设备安装调试完毕后试运行一周进行使用验收,使用验收合格后7日内一次性支付全部合同价款。"请问:投标人能否修改招标文件中提供的合同条件?

答:招标人提供的合同条件中的主要内容属于合同实质性内容,投标文件应当符合这些内容,不得随意对合同主要条款进行删减、修改或者增加,以免出现不符合招标文件实质性要求导致投标被否决。招标人可以在招标文件中明确规定禁止修改合同主要条款作为实质性要求,并将修改合同主要条款的行为列为否决投标的情形。

《招标投标法实施条例》第五十一条规定:"有下列情形之

一的，评标委员会应当否决其投标；……（六）投标文件没有对招标文件的实质性要求和条件作出响应。"同时《评标委员会和评标方法暂行规定》第二十五条规定："下列情况属于重大偏差：……（六）投标文件附有招标人不能接受的条件……投标文件有上述情形之一的，为未能对招标文件作出实质性响应，并按本规定第二十三条规定作否决投标处理。"

本项目中，投标人对合同条款中招标人支付价款期限、比例进行了修改，删除了质保金条款，限制了招标人的权利。在招标文件将合同特定条款纳入实质性要求的前提下，投标人修改合同条款，构成未响应招标文件的实质性条件和要求，依据上述法律规定，该投标应当被否决。

62. 投标文件附加招标人不能接受的交易条件的，如何认定和评审？

问：某国有企业通过招标方式采购科研项目研究机构，招标文件规定："对关键条款的偏离、保留或反对将被认为是实质上的偏离，该投标将被否决""该项目成果知识产权转让权属于甲乙双方，双方都有权向第三方转让或许可使用"。某投标人的投标文件在此基础上增加内容："但招标人（委托方）向第三方转让或许可使用时必须经受托方（中标人）同意。"对此应如何评审？

答：《招标投标法》第二十七条规定："投标人应当按照招标文件的要求编制投标文件。投标文件应当对招标文件提出的实质性要求和条件作出响应。"对于招标文件中提出的实质性条件和要求，投标人编制的投标文件应当对此逐项响应确认，不能在投标文件中再附加招标人不能接受的条件，否则将可能构成重大偏差。《评标委员会和评标方法暂行规定》第二十五条规定："下列情况属于重大偏差：……（六）投标文件附有招标人不能接受的条件……投标文件有上述情形之一的，为未能对招标文件作出实质性响应，并按本规定第二十三条规定作否决投标处理。"

招标文件体现招标人的意思表示，对其采购条件已作出明确规定。投标人提出招标人不能接受的条件（如对招标文件的实质性要求和条件的响应存在偏离、保留性响应，或者增加交易条件，限制招标人权利），不符合招标人的本意，评标委员会应视为重大偏差，依法否决该投标。

本项目中，投标人在原采购条件基础上新增内容"但招标人（委托方）向第三方转让或许可使用时必须经受托方（中标人）同意"，提出招标人不能接受的交易条件，该内容已构成招标文件规定的"实质上的偏离"情形，评标委员会可以否决该投标。

63. 投标人能否复制招标文件的技术规格内容作为投标文件的一部分？

问：某医院通过国际招标方式采购 X 射线计算机断层扫描系统，招标文件"技术规格"详细列举了各项技术规格和参数范围，同时规定"投标人复制招标文件的技术规格相关部分内容作为其投标文件中一部分的，其投标将被否决"。某投标人直接复制招标文件"技术规格"内容作为其投标文件的技术方案。请问：投标人能否复制招标文件的技术规格内容作为投标文件的一部分？对此类投标，如何评审？

答：《机电产品国际招标投标实施办法（试行）》第五十九条规定："技术评议过程中，有下列情形之一者，应予否决投标：……（四）投标人复制招标文件的技术规格相关部分内容作为其投标文件中一部分的。"有的项目招标文件即参照该规定，将"投标人复制招标文件的技术规格相关部分内容作为其投标文件中一部分"列为否决投标条款。

招标文件中的技术规格内容包含了招标人所需机电产品的各项重要、一般参数要求，直接影响招标人能否采购到符合项目需求的产品。投标人未依据自身产品实际编制技术投标文件，而是直接复制招标人技术规格内容作为投标文件的一部分，并未作出详细具体、具有针对性的响应性描述，会导致评标委员会无法判断投标产品能否满足招标人需求，对有此情形的投标应当否决。

本项目中，某投标人直接复制招标文件的"技术规格"内容作为其投标文件的技术方案进行投标，依据上述法律规定，评标委员会应当否决其投标。

第五章 评标类

64. 超范围报价应否否决投标？

问：某设备采购项目公开招标，招标文件中载明的需求数量为20台，某投标人投标文件中的供货数量是23台，报价也是23台设备的价格，对此是核减其供货范围和投标报价后进行评审还是否决其投标？

答：从法律规定来看，《招标投标法实施条例》第五十一条对应当否决投标的七种情形进行了规定，主要包括投标文件未经投标单位盖章和单位负责人签字、投标人不符合国家或者招标文件规定的资格条件、投标报价低于成本或者高于招标文件设定的最高投标限价、投标文件没有对招标文件的实质性要求和条件作出响应。从这些情形可以看出，以超范围报价为由否决投标并没有直接的法律依据。

从招标文件来看，如果招标文件未将超范围报价规定为实质性要求和条件，也不能以未实质性响应招标文件要求为依据对其进行否决。

从合理性角度分析，超范围报价也不应认定为未响应招标文件的实质性要求。因为超范围报价是指投标人超出招标人预期要求提供了货物，是过分满足了招标文件要求，而不是不满足招标文件要求。如果其价格比按正常范围报价的投标人还要优惠，其他方面也都满足要求，没理由否决其投标。

综上所述，除非招标文件对投标超范围报价作为招标文件实质性内容或直接规定为否决投标事项，否则出现这种情形就不应当否决投标。如果超范围报价的投标人中标，招标人应该按照其原有供货范围和报价签订合同，而不宜进行任何调整。如果确实不需要多余的设备，可以在合同签订后依法与投标人另行协商处理。

65. 评标委员会发现投标漏项如何评审？

问：某工程建设项目货物招标，在评标过程中，评标委员会发现某投标人提供的货物一览表中有漏项，对此如何评审？

答：所谓投标漏项，是指招标文件要求投标人作出响应而投标文件未予响应的事项。对于评标过程中发现的投标漏项，主要依据招标文件的规定确定处理方式：属于未响应招标文件中规定的实质性条件的，则构成重大偏差，评标委员会应对其作出否决投标处理；如果投标漏项并未构成重大偏差，评标委员会可以进行澄清，根据澄清结果、招标文件或者法律规定决定是否作出对该投标人不利的量化处理。通常情况下，如果投标漏项只是细微偏差，且投标人已根据评标委员会的要求补正，则不应在评审时对投标人进行不利的量化处理。

对于报价漏项，《机电产品国际招标投标实施办法（试行）》作出了相应的处理规定，招标文件应当明确规定在实质性响应招标文件要求的前提下投标文件分项、报价允许缺漏项的最大范围或比重，并注明如缺漏项超过允许的最大范围或比重，该投标将被视为实质性不满足招标文件要求，并将导致投标被否决。

第五章 评标类

综上所述，不论一般的招标项目还是机电产品国际招标项目，为明确、统一评审标准，招标文件均应事先明确报价缺漏项的评审标准。

66. 项目未结束，供应商资质到期怎么办？

问：投标人提供的相关资质有效期在发出中标通知书之后、中标合同履行完毕之前的期间到期，对此问题如何处理？

答：查验投标人提供的资质、资格证书，判断投标人提供的资质证书日期等内容是否有效，是评标工作的重要内容。通常，资质证书上面会显示有效期，投标时该供应商的资质证书并未到期，发证机关也不会提前为该供应商颁发新的证书。因此，不能以此为由判定其投标无效。在评标时，只要投标供应商的资质证书在有效期内，就应当认定其投标有效。

一般情况下，资质有效期只是一个有限的期限，有些项目履行期限较长，总会出现履约过程中资质证书因有效期届满而失效，所以要求资质证书一直有效也是不现实的。因此，在合同履行完毕之前，资质到期属于正常现象。大部分资质证书到期后可以续期，为保证顺利履约，供应商应及时办理资质续期手续。虽然资质证书有效期到期，但如果发证机关出具了书面函件证明该证书仍然有效，只是因为某些特殊原因而未能及时补发新的证书的，也应该认可投标人的资质证书有效。

67. 采购可追溯产品，投标人未提交可查询追溯信息的，能否否决投标？

问：某市中医院一批中药材采购项目，采购文件规定："所投标产品应为可追溯产品，并可在全国可追溯商品查询平台中查询该产品的追溯信息。"投标人A公司在投标文件中承诺该公司产品为可追溯产品，但评标委员会通过查询全国可追溯商品查询平台，未查询到该公司投标产品的追溯信息。请问：能否将可查询追溯信息列为投标人的资格条件？此种情形如何评审？

答：国际标准化组织（ISO）把可追溯性的概念定义为："通过登记的识别码，对商品或行为的历史和使用或位置予以追踪的能力。"《中华人民共和国食品安全法》（以下简称《食品安全法》）第四十二条规定："国家建立食品安全全程追溯制度。食品生产经营者应当依照食品安全法的规定，建立食品安全追溯体系，保证食品可追溯。国家鼓励食品生产经营者采用信息化手段采集、留存生产经营信息，建立食品安全追溯体系。"商务部等七部门印发《关于协同推进肉菜中药材等重要产品信息化追溯体系建设的意见》提出："推动政府采购在同等条件下优先采购可追溯产品，引导电商、商超、团体消费单位积极采购、销售可追溯产品。"采购可追溯产品可以确保出现安全质量问题时能够追本溯源，找出问题症结所在，及时解决安全质量风险。建立食品安全全程追溯制度是国家法律规定的强制性要求。招标人可以将投标产品是否纳入食品安全追溯体系，作为投标人的资格条件。

本项目中，A公司所投产品在全国可追溯商品查询平台中查询不到追溯信息，不满足采购文件要求，投标资格不合格，根据《政府采购货物和服务招标投标管理办法》第六十三条"投标人存在下列情况之一的，投标无效：……（三）不具备招标文件中规定的资格要求"的规定，评标委员会应当判定其投标无效。

68. 投标文件载明的哪些分包内容将导致其投标被否决？

问：在投标文件中，投标人提出中标后将工程建设项目的部分内容进行分包。那么，一般提出哪些分包要求，其投标将被否决？

答：《招标投标法》第四十八条、《招标投标法实施条例》第五十九条对招标项目的转包、分包作了相同规定，即中标人应当按照合同约定履行义务，完成中标项目。中标人不得向他人转让中标项目，也不得将中标项目肢解后分别向他人转让。中标人按照合同约定或者经招标人同意，可以将中标项目的部分非主体、非关键性工作分包给他人完成。接受分包的人应当具备相应的资格条件，并不得再次分包。中标人应当就分包项目向招标人负责，接受分包的分包人就分包项目承担连带责任。因此，投标文件的内容存在下列转包、分包情形的，将导致其投标被否决：

（1）投标人在投标文件中提出要将工程项目转包。

（2）招标人明确提出不允许分包而投标人提出要将部分工程分包。

（3）招标人允许分包，但投标人将主体工程或者关键性工作分包给他人。

（4）投标人选定的分包人的资格条件不满足招标文件要求或者法律规定。

（5）投标文件存在其他法律法规或招标文件明文禁止的分包行为。

69. 评标过程中对出具试验报告的检测机构应注意评审什么内容？

问：某公司通过招标方式采购冷凝落地式锅炉，招标文件规定："投标人须提供第三方检测报告，未提供第三方检测报告的其投标予以否决。"某投标人提供了某特种设备检测研究院出具的检测报告。评标委员会在评审中发现，该特种设备检测研究院未经国家监督管理部门认证，没有承检冷凝落地式锅炉的资格。请问：招标投标活动中对出具试验报告的检测机构应有什么要求？此种情形应如何评审？

答：《招标投标法实施条例》第五十一条规定："有下列情形之一的，评标委员会应当否决其投标：……（六）投标文件没有对招标文件的实质性要求和条件作出响应。"《中华人民共和国认证认可条例》第三十二条规定："国务院认证认可监督管理部门应当公布指定的认证机构、实验室名录及

第五章 评标类

指定的业务范围。未经指定的认证机构、实验室不得从事列入目录产品的认证以及与认证有关的检查、检测活动。"即检测机构应通过认证认可监督管理部门的认证,并在认证范围内开展检测活动,未经认证或者超出认证范围出具的检测报告均不具备法律效力。招标投标活动中,投标人提供的检验检测报告的出具机构应当通过认证认可监督管理部门的认证,其作出的检验检测才是有效的。评标委员会在评审时不仅要评审检测报告内容是否符合招标文件要求,同时也要注意出具检测报告的机构是否经过 CNAS 认可。

本项目中,出具检测报告的某质量监督检验站未经过 CNAS 认可,其出具的检测报告无效,按照前述法律规定,该投标应当被否决。

70. 属于同一协会成员的投标人按照该组织要求协同投标,如何处理?

问:某装饰装修工程项目接到举报,称该项目部分投标人均为某行业协会会员,该协会对此类工程项目确定了"指导价",并要求协会会员在此类项目投标中报价不得低于该"指导价"。该协会还经常组织同一区域的投标人"组团"参与投标,提前分配中标名额。在该次招标中,该协会在上述投标人递交投标文件前专门派人对报价进行了检查,确保其投标价格高于"指导价"。经招标人查证,该举报属实。对此如何处理?

答:《招标投标法实施条例》第三十九条规定:"禁止投标人相互串通投标。有下列情形之一的,属于投标人相互串通投标:……(四)属于同一集团、协会、商会等组织成员的投标人按照该组织要求协同投标……"对于此类情形的定性需要同时满足两个条件:一是同一招标项目的不同投标人属于同一组织成员;二是这些不同的投标人按照该组织要求在同一招标项目中采取了协同行动。所谓协同行动是指按照预先确定的策略投标,确保由该组织的成员或者特定成员中标。需要指出的是,同一组织的成员在同一招标项目中投标并不必然属于串通投标,必须有证据证明其采取了协同行动的行为,且有谋求其成员中标的目的方可予以确认。

本项目中,投标人在某行业协会要求下按照"指导价"确定投标价格并协同投标,属于串通投标行为,应当依据《招标投标法实施条例》第五十一条"有下列情形之一的,评标委员会应当否决其投标:……(七)投标人有串通投标、弄虚作假、行贿等违法行为"的规定,否决其投标,并向招标投标行政监督部门反映要求查处。

71. 不同投标人能否委托同一单位或者个人办理投标事宜?

问:在某医院设备采购项目招标过程中,招标代理机构工作人员在核对"投标文件递交登记表"时发现有两家投标人的投标文件是由同一人戴某提交并签字的。经过查证,

第五章 评标类

B公司称因其投标代表临时有急事，无法及时赶到现场，因此请正在该地开会的熟人王某代为提交投标文件，而王某又让A公司的戴某帮忙一并提交投标文件并签字。对此如何处理？

答：根据《招标投标法实施条例》第四十条规定，不同投标人委托同一单位或者个人办理投标事宜的，视为投标人相互串通投标。本项规定所称的投标事宜包括领取或者购买资格预审文件、招标文件、编制资格预审申请文件和投标文件、踏勘现场、出席投标预备会、提交资格预审文件和投标文件、出席开标会等。

需要注意以下情形：一是不同投标人委托同一单位或者同一人办理同一项目投标不同环节的，也属于本项所规定的情形。例如，某单位或个人领取招标文件时代表甲投标人，出席开标会时又代表乙投标人。二是采用电子招标投标的，从同一个投标单位或者同一个自然人的IP地址下载招标文件或者上传投标文件也属于本项规定的情形。

本项目中，不论B公司是否知情，其和A公司委托同一人提交投标文件的做法已经构成《招标投标法实施条例》第四十条规定的"视为串通投标行为"，评标委员会应依据《招标投标法实施条例》第五十一条"有下列情形之一的，评标委员会应当否决其投标：……（七）投标人有串通投标、弄虚作假、行贿等违法行为"的规定，否决其投标。

72. 不同投标人的投标文件相互混装是否构成串通投标，能否否决投标？

问：某高速公路土建施工招标项目，E公司与W公司投标文件中的投标报价和工程量清单被评标专家发现混装，E公司的投标文件中出现了W公司的内容和名称，而W公司的投标文件中多次出现E公司名称，所提供的投标人廉洁自律承诺书中还加盖了E公司的印章。此行为是否构成串通投标？

答：根据《招标投标法实施条例》第四十条第五项规定，不同投标人的投标文件相互混装视为投标人相互串通投标。此类情形一般都是由于投标人之间相互串通，协商编制投标文件，由于疏忽大意在打印装订时出现了相互混装的情况，属于较容易查证的串通投标情形。

需要注意的是，不同投标人的投标文件"相互混装"是指"你中有我、我中有你"，如果出现投标人A的投标文件中出现投标人B的文件、名称或落款，但B公司的投标文件完全正常的情况，则仅凭此特征不能认定为相互串通投标。遇到此类情况时，应当对两个投标人的投标文件进行细致比对，查找是否存在两份文件内容异常一致、报价呈现规律性差异的情形。同时可以请监督人员启动调查程序，对投标文件是否由同一人编制进行调查，以查证投标人是否存在串通投标行为。

本项目中，E公司与W公司的投标文件混装情况非常明显，应当依据《招标投标法实施条例》第五十一条"有下列情形之一的，评标委员会应当否决其投标：……（七）投标人有串通投标、弄虚作假、行贿等违法行为"的规定，对其投标予以否决。

73. 不同投标人的投标文件所记录的软件、硬件信息均相同，是否构成串通投标？

问：某县文体中心图书馆建设项目施工招标，招标文件规定："不同投标人的电子投标文件存在下列情形之一，视为电子投标文件雷同：……2. 不同投标人的已标价工程量清单 XML 电子文档记录的计价软件加密锁序列号信息有一条及以上相同……应认定为《招标投标法实施条例》第四十条第（一）项'不同投标人的投标文件由同一单位或者个人编制'的情形。"评审专家发现 A 公司提供的软件、硬件信息与 B 公司软件、硬件信息一致（加密锁序列号相同），是否构成串通投标？

答：对于电子招标投标中的串通投标行为，《电子招标投标办法》中并无明确的列举式规定，一些地方结合实践探索制定了相关认定标准，如福建省住房和城乡建设厅发布的《关于施工招标项目电子投标文件雷同认定与处理的指导意见》第一条第（二）款规定，不同投标人的已标价工程量清单 XML 电子文档记录的计价软件加密锁序列号信息有一条及以上相同，或者记录的硬件信息中存在一条及以上的计算机网卡 MAC 地址（如有）、CPU 序列号和硬盘序列号均相同的（招标控制价的 XML 格式文件或计价软件版成果文件发布之前的软件、硬件信息相同的除外），或者不同投标人的电子投标文件（已标价工程量清单 XML 电子文档除外）编制时的计算机硬件信息中存在一条及以上的计算机网卡 MAC 地址（如有）、CPU 序列号和硬盘序列号均相同的，应认定为《招标投标法实施条例》第四十条第（一）项"不同投标人的投标文件由同一单位或者个人编制"的情形。

如果不同投标人的已标价工程量清单 XML 电子文档记录的计价软件加密锁序列号信息有一条及以上相同，说明其投标文件是使用同一计价软件制作加密的，构成串通投标。

本项目中，投标人 A 公司提供的软件、硬件信息与投标人 B 公司软件、硬件信息一致（加密锁序列号相同），应当依据前述规定认定为串通投标，否决这两家投标。

74. 电子招标投标交易平台查重分析投标文件内容异常一致，如何处理？

问：某市政建设工程项目在评标过程中，使用电子招标投标平台的投标文件查重比对功能，发现甲、乙两家公司所列"投标分项报价明细表"的 56 个分项中仅 1 项的数量、价格存在差异，其余 55 项完全相同，雷同率超 98%，此种情形能否按照串通投标处理？

答：《招标投标法实施条例》第四十条规定："有下列情

形之一的，视为投标人相互串通投标：……（四）不同投标人的投标文件异常一致或者投标报价呈规律性差异……"电子招标投标平台对投标文件的内容审查较之评标专家人工审核更为全面和严格，通过系统比对能够快速识别不同标书的雷同及错误，诸如格式相同、内容异常一致、报价呈现规律性差异等情况。如福建省住房和城乡建设厅发布的《关于施工招标项目电子投标文件雷同认定与处理的指导意见》第一条第（三）款规定，不同投标人的技术文件经电子招标投标交易平台查重分析，内容异常一致或者实质性相同的，应认定为《招标投标法实施条例》第四十条第（四）项"不同投标人的投标文件异常一致"的情形。为了明确认定标准，招标文件可规定文件内容重复率的百分比，或文件错误或内容一致超过几处的，认定为串通投标。

本项目中，甲、乙两家公司的投标分项报价雷同率超过98%，评标委员会应当认定为串通投标，并依据《招标投标法实施条例》第五十一条"有下列情形之一的，评标委员会应当否决其投标：……（七）投标人有串通投标、弄虚作假、行贿等违法行为"的规定，否决其投标。

75. 不同投标人的投标文件两处以上错误一致，能否认定为串通投标？

问：某路面铺设工程项目评标过程中，评标专家发现两家投标人编制的投标文件存在内容雷同且多处错误一致的情况，如将"路面铺装施工材料表"中的某种沥青混凝土的数量写成了242411t（笔误，实际预估使用量应为24241t），"路面基层施工"写成"露面基层施工"等。此种情形能否按照串通投标处理？

答：《招标投标法实施条例》第四十条将投标人的投标文件异常一致视为投标人相互串通的情形之一，但并未规定异常一致的判断标准。在实践中不同投标人的投标文件内容雷同，甚至错误都相同的情况屡见不鲜。为便于评标委员会对此类情形进行认定，招标人在编制招标文件时可以统一量化认定规则，如明确规定两份投标文件雷同比例达到多少可视为异常一致，或者相同的错误出现几次时视为串通投标。

部分地区也出台了相应文件对如何认定投标文件雷同进行了明确。如《杭州市工程建设项目招标投标管理暂行办法》第十六条规定，不同投标人编制的投标文件存在两处以上错误一致的，视为投标人相互串通投标。

本项目中，两家投标人的投标文件出现多处错误一致和内容雷同，基本可以判断属于同一人或同一家单位编制，此类情况经核对属实，可视为串通投标，其投标应当依据《招标投标法实施条例》第五十一条"有下列情形之一的，评标委员会应当否决其投标：……（七）投标人有串通投标、弄虚作假、行贿等违法行为"的规定被否决。

76. 不同投标人提交电子投标文件的 IP 地址相同，是否构成串通投标？

问：某安防监控系统采购项目招标，招标文件规定："投标人提交电子投标文件的 IP 地址相同的，将被认定为串通投标行为予以否决。"评标过程中，电子评审系统显示该标段有两家投标人提交的电子投标文件的 IP 地址相同，能否按照串通投标处理？

答：《招标投标法实施条例》第四十条规定，不同投标人委托同一单位或者个人办理投标事宜的，视为投标人相互串通投标。国家发展和改革委员会法规司、国务院法制办财金司和监察部执法监察司编写的《中华人民共和国招标投标法实施条例释义》对此条进行了延伸说明："不同单位的投标文件出自同一台计算机"，符合《条例》第 40 条第（一）款"不同投标人的投标文件由同一单位或者个人编制"的规定。IP 地址是指互联网协议地址，每台联网的计算机上都需要有 IP 地址，才能正常通信。如果把制作投标文件的计算机比作一部手机，那么 IP 地址就相当于电话号码。上传电子投标文件的 IP 地址相同或接近，很大概率证明招标文件出自同一台计算机或同一单位。

实践中，一些地区明确将"不同投标人的投标报名的 IP 地址一致，或者 IP 地址在某一特定区域"作为串通投标行为进行认定。如《雄安新区工程建设项目招标投标管理办法（试行）》第二十八条第三项，将不同投标人提交电子投标文件的 IP 地址相同的情形视为投标人相互串通投标。

本项目中，A 公司与 B 公司提交的电子投标文件 IP 地址相同，且招标文件中已明确将此类情形视为串通投标行为，因此两家公司的投标应当依据《招标投标法实施条例》第五十一条"有下列情形之一的，评标委员会应当否决其投标：……（七）投标人有串通投标、弄虚作假、行贿等违法行为"的规定被否决。

77. 不同投标人的投标文件从同一投标人处领取，是否构成串通投标？

问：某科创产业基地建设工程项目招标过程中，招标人接到举报称以 B 公司为首的 A、B、C、D 四家公司存在串通投标嫌疑，A 公司、C 公司、D 公司的投标文件均是从 B 公司的授权代表处领取后自行盖章、签字后分头提交给招标人的。此种情形能否按照串通投标处理？

答：不同投标人的投标文件从同一投标人处领取或者由同一投标人分发，实则这些投标文件是由同一单位编制的，这属于投标人相互串通投标的一类表现形式。

如《上海市建设工程招标投标管理办法》第二十四条规定，不同投标人的投标文件从同一投标人处领取或者由同一投标人分发，此类情形经调查属实的，视为投标人相互串通投标。不论是从同一投标人处领取或由同一投标人分发投标文件，都说明了不同投标人间存在交换信息、密切联络的情况，应当严格禁止。

本项目中，四家投标单位的投标文件均是从一个投标人的授权代表处领取的，实际属于由同一单位编制投标文件，是明显的串通投标行为，经查证属实后应当依据《招标投标法实施条例》第五十一条"有下列情形之一的，评标委员会应当否决其投标：……（七）投标人有串通投标、弄虚作假、行贿等违法行为"的规定否决投标。

78. 借用他人资格、资质证书投标，应如何处理？

问：某企业通过招标方式采购一批设备，招标文件要求投标人为设备生产制造商，且应提供投标产品合同业绩和生产许可证。A设备公司是一家新成立企业，尚未取得相应的生产许可证，但仍然参与了投标，投标文件中所提供的业绩证明和生产许可证是从B设备公司借来的。对此应如何处理？

答：《招标投标法》第三十三条规定："投标人不得以他人名义投标或者以其他方式弄虚作假，骗取中标。"第五十四条规定："投标人以他人名义投标或者以其他方式弄虚作假，骗取中标的，中标无效，给招标人造成损失的，依法承担赔偿责任；构成犯罪的，依法追究刑事责任。"《招标投标法实施条例》第四十二条对此类情形进行了细化规定，即投标人使用通过受让或者租借等方式获取的资格、资质证书投标的，属于《招标投标法》第三十三条规定的以他人名义投标。该条例第六十八条规定："投标人以他人名义投标或者以其他方式弄虚作假骗取中标的，中标无效；构成犯罪的，依法追究刑事责任；尚不构成犯罪的，依照招标投标法第五十四条的规定处罚。"

《招标投标法》及其实施条例明确禁止投标人以他人名义投标，目的是为了防止不具备资格条件的投标人扰乱正常招标投标秩序，维护招标人及其他投标人的合法权益。实践中，一些投标人在不具备招标项目所要求的资格条件（如业绩、资格证书等）情形下，借用他人资格、资质证书参与投标，有违诚实信用原则，属于违法行为。

本项目中，A公司未按照招标文件要求而是借用他人的业绩证明及生产许可证，属于弄虚作假行为，依据《招标投标法实施条例》第五十一条"有下列情形之一的，评标委员会应当否决其投标：……（七）投标人有串通投标、弄虚作假、行贿等违法行为"的规定，评标委员会应当否决其投标。

79. 投标人挂靠其他单位投标，应如何处理？

问：某学校数字教学楼建设施工招标，接到举报称A公司是刘某挂靠参与投标的，并提供了刘某与A公司签订的合作协议复印件，其中约定由刘某以A公司名义参与投标，工程中标后，刘某组织施工队负责工程施工，并按中标总价的3%向A公司支付管理费。对此如何处理？

答："挂靠"一般是指在建筑工程领域一些不具备相应施工资质的单位或个人以其他有资质的施工单位名义投标，

并承揽工程的行为。《工程建设项目施工招标投标办法》第四十八条规定,以他人名义投标,是指投标人挂靠其他施工单位,或从其他单位通过受让或租借的方式获取资格或资质证书,或者由其他单位及其法定代表人在自己编制的投标文件上加盖印章和签字等行为。依据《建筑工程施工发包与承包违法行为认定查处管理办法》第十条规定,存在下列情形之一的,属于挂靠:①没有资质的单位或个人借用其他施工单位的资质承揽工程的。②有资质的施工单位相互借用资质承揽工程的,包括资质等级低的借用资质等级高的,资质等级高的借用资质等级低的,相同资质等级相互借用的。③本办法第八条第一款第(三)至(九)项规定的情形有证据证明属于挂靠,如施工总承包单位或专业承包单位未派驻项目负责人、技术负责人、质量管理负责人、安全管理负责人等主要管理人员;专业作业承包人承包的范围是承包单位承包的全部工程,专业作业承包人计取的是除上缴给承包单位"管理费"之外的全部工程价款。上述行为均为"挂靠"的常见情形。

本项目中,A公司挂靠其他单位投标,且双方约定由A公司自行施工并向被挂靠单位上交"管理费",属于典型的在投标中弄虚作假的行为,评标委员会应当依据《招标投标法实施条例》第五十一条"有下列情形之一的,评标委员会应当否决其投标:……(七)投标人有串通投标、弄虚作假、行贿等违法行为"的规定否决其投标。

80. 投标报价可能低于成本价时如何评审？

问：在某项目评标过程中，评标委员会发现有一个投标人的报价明显低于其他投标人的报价，不足最高报价的一半，可能低于成本价，评标委员会应如何处理？

答：投标报价是投标人参与投标竞争的重要竞争因素，对某些项目而言甚至是决定性因素。投标人以低于社会平均成本、低于其他竞争对手的合理的价格投标，有利于发挥竞争机制作用，发现合理的市场价格，客观上也促成投标人挖掘内部潜力，提高管理水平。但是同时也要防止企业为了谋取中标，以低于自身成本的价格作为投标报价参与市场竞争，以排挤其他竞争对手，这样的行为是扰乱市场秩序的不正当竞争行为。《招标投标法》第三十三条规定："投标人不得以低于成本的报价投标。"第五十一条规定："有下列情形之一的，评标委员会应当否决其投标：……（五）投标报价低于成本……"此处的成本是指企业个别成本，而不是社会平均成本，也不是行业平均成本。

《评标委员会和评标方法暂行规定》第二十一条规定："在评标过程中，评标委员会发现投标人的报价明显低于其他投标报价或者在设有标底时明显低于标底，使得其投标报价可能低于其个别成本的，应当要求该投标人作出书面说明并提供相关证明材料。投标人不能合理说明或者不能提供相关证明材料的，由评标委员会认定该投标人以低于成本报价竞标，应当否决其投标。"

因此，评标过程中，如果评标委员会发现投标人的报价明显低于其他投标报价或者在设有标底时明显低于标底，使得可能低于其个别成本的，应当启动澄清程序，要求该投标人作出书面说明并提供相关证明材料。如果投标人不能给出合理的解释，则评标委员会可以认定其为"低于成本竞标"，并否决其投标。

81. 电子招标投标项目未按要求提交完整的纸质招标文件时是否应当否决投标？

问：电子招标投标活动中，投标人没有按照招标文件要求同时提交纸质的投标文件，或者纸质的投标文件内容有缺失，如要求投标文件中的综合单价分析表需要打印，评标委员会须依据招标文件前附表"否决投标的情形"进行评审，但并未将投标人是否提供纸质文件的综合单价分析表作为实质性响应的条件，"否决投标的情形"中也无"投标文件不齐全"的内容及"未提供综合单价分析表，其投标文件将被否决"的规定。那么，是否应当否决该投标？

答：在招标投标实践中，招标文件对投标文件的组成及格式提出要求的，投标文件必须按照招标文件要求进行编写，投标文件的组成应当符合招标文件的要求，不得有缺漏项。如果招标文件有投标文件的组成部分如有缺失将构成重大偏差应当否决投标的条款的，则应当按此严格执行，作否决投标处理。如果未将投标文件内容缺失列入否决投标事项且不影响评审的，则不应否决投标。

《电子招标投标办法》第六十二条规定："电子招标投标某些环节需要同时使用纸质文件的，应当在招标文件中明确约定；当纸质文件与数据电文不一致时，除招标文件特别约定外，以数据电文为准。"根据上述规定，尽管纸质招标文件缺失"综合单价分析表"，但可以依据电子投标文件评审，不影响评标，不能否决该投标。

82. 如何认定虚假的资格和业绩证明文件？

问：实践中，为了谋求中标，个别投标人提供虚假的财务报表、资格证明文件或伪造、虚报业绩，扰乱了正常的招标投标秩序。请问虚假的资格和业绩证明文件如何认定？

答：《招标投标法实施条例》第四十二条第二款规定："投标人有下列情形之一的，属于弄虚作假投标：（一）使用伪造、变造的许可证件；（二）提供虚假的财务状况或者业绩；（三）提供虚假的项目负责人或者主要技术人员简历、劳动关系证明；（四）提供虚假的信用状况；（五）其他弄虚作假的行为。"

招标投标活动中，投标文件中的投标人资格、业绩证明文件（如中标通知书、合同、资质等级证书、生产许可证、试验报告）均为复印件，为投标人伪造证明文件提供机会和可能。评审时，评标专家应严格审查投标人的资格和业绩证明文件。对资格、业绩证明文件真伪有疑点的，可以提出澄清，要求投标人提供原件核对。此外，如在确定中标候选人后发现该类问题，仍可以采用书面调查、实地调研、协查等途径调查核实。查证确属虚假投标的，投标人的投标或中标无效，还将承担相应的法律责任。

83. 评标委员会发现招标文件存在错误时如何处理？

问：某工程项目施工招标，根据《建筑业企业资质标准》规定，对施工单位资质最低要求应为"二级资质"，但是招标文件要求为"三级及以上资质"即可，这种情况在评标时才被评标专家提出，此时应如何处理？

答：招标文件违反国家法律、行政法规强制性规定的，应当在修改后重新组织招标。

根据《建筑法》第十三条规定，建筑施工企业只能在其资质等级许可的范围内从事建筑活动，具备三级资质的建筑施工企业不得承揽只有二级及以上资质可以承担的施工项目，招标文件设置的投标人资质要求应符合《建筑法》的强制性规定。依据《民法典》第一百五十三条关于违反法律、行政法规的强制性规定的民事法律行为无效的规定，该招标文件无效。

《招标投标法实施条例》第二十三条规定："招标人编制的资格预审文件、招标文件的内容违反法律、行政法规的强制性规定，违反公开、公平、公正和诚实信用原则，影响资格预审结果或者潜在投标人投标的，依法必须进行招标的项目的招标人应当在修改资格预审文件或者招标文件后重新招标。"也就是说，招标文件的内容违反法律、行政法规的强制性规定时，对于依法必须招标的项目，其招标人应当对其进行修改后重新招标；如属于非依法必须招标项目，可以参照《招投标法实施条例》第二十三条的规定在修改招标文件后重新招标，也可以终止招标活动采取其他采购方式。

84. 评标过程中招标人能否改变采购数量并要求投标人响应？

问：某依法必须招标的项目在评标过程中，招标人代表发现招标文件规定的采购数量比实际需求少一台设备，能否改变招标项目的数量，要求投标人回函确认并调整其报价？

答：《招标投标法》第四十三条规定："在确定中标人前，招标人不得与投标人就投标价格、投标方案等实质性内容进行谈判。"第五十五条进一步规定："依法必须进行招标的项目，招标人违反本法规定，与投标人就投标价格、投标方案等实质性内容进行谈判的，给予警告，对单位直接负责的主管人员和其他直接责任人员依法给予处分。前款所列行为影响中标结果的，中标无效。"也就是说，在投标截止后，招标人不得修改招标文件，投标人也不得修改投标文件，双方不得就投标价格、投标方案等实质性内容进行谈判。

本项目招标人发现招标文件有误，对其修改后要求投标人进行确认并修改数量和报价，既修改招标文件又改变投标报价，违反了上述禁止进行实质性谈判的规定，其行为无效。为解决数量短缺的实际问题，招标人可以按照原招标文件规定选择中标人，然后在合同履行过程中追加采购数量和合同价款。

85. 招标文件能否限定只允许法人投标，不允许分支机构投标？

问：某公司一个建设工程审计项目，招标文件要求投标人必须是法人。但某会计师事务所分所来投标，该分所取得执业许可证。请问：能否否决该会计师事务所分所的投标？

答：《招标投标法实施条例》第三十二条规定："招标人不得以不合理的条件限制、排斥潜在投标人或者投标人。招标人有下列行为之一的，属于以不合理条件限制、排斥潜在投标人或者投标人：……（六）依法必须进行招标的项目非法限定潜在投标人或者投标人的所有制形式或者组织形式。"投标人的组织形式，除依法招标的科研项目允许个人参加投标外，一般是指法人或者其他组织。上述条款只针对依法必须进行招标的项目，要求不得限定投标人的组织形式，但对于非依法必须招标项目，并没有类似禁止性规定，换句话说，可以限定投标人的组织形式。

本项目为非依法必须招标的项目，招标文件可以限定只允许法人投标，会计师事务所分所属于分支机构，其投标资格不符合招标文件要求，投标无效。

86. 评标委员会否决部分投标后剩余有效投标不足 3 个的，是否应否决全部投标后重新招标？

问：某招标项目在评标过程中，评标委员会依据招标文件规定否决了一些不合格的投标后，只剩余 2 家合格的投标单位，是继续评标还是必须否决全部投标后重新招标？

答：不一定。

《评标委员会和评标方法暂行规定》第二十七条规定："评标委员会根据本规定第二十条、第二十一条、第二十二条、第二十三条、第二十五条的规定否决不合格投标后，因有效投标不足 3 个使得投标明显缺乏竞争的，评标委员会可以否决全部投标。投标人少于 3 个或者所有投标被否决的，招标人在分析招标失败的原因并采取相应措施后，应当依法重新招标。"

因此，遇到本项目所述情形时，关键要看投标是否具有竞争性。如果剩余的 2 家有效投标价格较低、质量较好，即性价比较高；或者即使重新招标，市场上能满足要求的投标人依然是这几家，即市场上有竞争力的投标人已经都来投标，那么应视为投标仍具有竞争性，评标委员会不应否决剩余投标，应继续完成详细评审并推荐中标候选人等相关工作。如果剩余的投标明显缺乏竞争性，评标委员会则有权否决所有投标，并重新招标。

第六章 定标类

1. 公示中标候选人应满足哪些要求？

问：某依法必须招标的工程项目评标结束，依法应当对中标候选人名单进行公示，应满足哪些要求？

答：《招标投标法实施条例》第五十四条规定："依法必须进行招标的项目，招标人应当自收到评标报告之日起3日内公示中标候选人，公示期不得少于3日。"中标候选人公示时，应当注意以下几个要点：

（1）公示媒体。根据《招标公告和公示信息发布管理办法》第八条的规定，中标候选人应当在"中国招标投标公共服务平台"或所在地省级电子招标投标公共服务平台公示。

（2）公示内容。《招标公告和公示信息发布管理办法》第六条规定："依法必须招标项目的中标候选人公示应当载明以下内容：（一）中标候选人排序、名称、投标报价、质量、工期（交货期），以及评标情况；（二）中标候选人按照招标文件要求承诺的项目负责人姓名及其相关证书名称和编号；（三）中标候选人响应招标文件要求的资格能力条件；

（四）提出异议的渠道和方式；（五）招标文件规定公示的其他内容。"公示内容至少应当包括以上内容。

（3）公示期限。公示期限为3日，为自然日。公示期间，招标人不能发出中标通知书。

2. 中标候选人公示与中标公告有何区别？

问：在招标投标过程中，经评标后，招标人发布中标候选人公示，公示结束后发布中标公告。请问中标候选人公示与中标公告的区别在什么地方？各具备哪些法律效力？

答：根据《招标投标法实施条例》第五十四条，依法必须进行招标的项目，招标人应当自收到评标报告之日起3日内公示中标候选人，公示期不得少于3日。投标人或者其他利害关系人对依法必须进行招标的项目的评标结果有异议的，应当在中标候选人公示期间提出。招标人应当自收到异议之日起3日内作出答复，作出答复前，应当暂停招标投标活动。中标结果公示的性质为告知性公示，即向社会公布中标结果。中标候选人公示与中标结果公示均是为了更好地发挥社会监督作用的制度。两者区别如下：一是向社会公开相关信息的时间点不同，前者是在最终结果确定前，后者是在最终结果确定后；二是中标候选人公示期间，投标人或者其他利害关系人可以依法提出异议，中标结果公示后提出异议法律没有具体规定。

3. 依法必须招标的项目中标候选人公示信息应包含哪些内容？

问：根据《招标公告和公示信息发布管理办法》第二条规定，依法必须招标项目的资格预审公告、招标公告、中标候选人公示、中标结果公示等信息，除依法需要保密或者涉及商业秘密的内容外，应当按照公益服务、公开透明、高效便捷、集中共享的原则通过媒体发布向社会公开。请问确定中标候选人后应当公示哪些信息？

答：根据《招标公告和公示信息发布管理办法》第六条规定："依法必须招标项目的中标候选人公示应当载明以下内容：（一）中标候选人排序、名称、投标报价、质量、工期（交货期），以及评标情况；（二）中标候选人按照招标文件要求承诺的项目负责人姓名及其相关证书名称和编号；（三）中标候选人响应招标文件要求的资格能力条件；（四）提出异议的渠道和方式；（五）招标文件规定公示的其他内容。"对于非依法必须招标的项目，评标委员会推荐了中标候选人并提出要公示的，也可以参照该规定公示中标候选人相关信息。

4. 推荐了中标候选人是不是就意味着确定了中标人？

问：某投标人在一项目中投标，招标人公示的中标候选人名单中将该单位列为唯一的中标候选人。之后，招标人未发出中标通知书，而是重新选择与其他单位签订了合同，该单位认为其已经中标,招标人应承担违约责任。其主张是否合理?

答:推荐中标候选人不等于确定中标人,更不意味着双方建立了合同关系,该投标人的主张缺乏法律依据。

根据《招标投标法》第四十五条规定,中标人确定后,招标人应当向中标人发出中标通知书。中标通知书对招标人和中标人具有法律约束力。从合同订立的角度来讲,中标通知书是招标人对中标人作出的承诺。《民法典》第四百八十三条规定:"承诺生效时合同成立,但是法律另有规定或者当事人另有约定的除外。"

本项目评标委员会推荐了该投标人为中标候选人,招标人未确定该投标人为中标人,招标人与该投标人之间的合同尚未成立。该投标人主张招标人应承担违约责任缺乏法律依据。《招标投标法》第四十五条第二款规定:"中标通知书对招标人和中标人具有法律效力。中标通知书发出后,招标人改变中标结果的,或者中标人放弃中标项目的,应当依法承担法律责任。"该条款对应的法律责任是《招标投标法》第五十七条的规定:"招标人在评标委员会依法推荐的中标候选人以外确定中标人的,依法必须进行招标的项目在所有投标被评标委员会否决后自行确定中标人的,中标无效。责令改正,可以处中标项目金额千分之五以上千分之十以下的罚款;对单位直接负责的主管人员和其他直接责任人员依法给予处分。"

本项目招标人与中标候选人之外的其他人签订合同,行政监督部门可依据《招标投标法》第五十七条的规定,对其责令改正并进行相应处罚。

5. 中标候选人公示期间有人举报非中标候选人如何处理?

问: 某一招标项目评标结束,公示中标候选人后,有人举报未列入中标候选人的其他投标人有违法行为,是否应当暂停招标活动,待对该举报事件处理完毕再进行定标?

答: 评标委员会评标工作结束后,一般推荐1~3名投标人为中标候选人并进行排序和公示,如有人举报未列入中标候选人的其他投标人存在违法违纪行为,招标人按照规定进行答复。而且,由于举报的对象不涉及中标候选人,因此并不影响推荐的中标候选人结果及其排序,不影响中标候选人公示程序,因此按照正常的流程,待公示期届满定标即可。

6.《招标公告和公示信息发布管理办法》第六条第三款中规定的公示中标候选人响应招标文件要求的"资格能力条件"具体包括哪些?

问:《招标公告和公示信息发布管理办法》第六条第三款中规定了公示中标候选人响应招标文件要求的资格能力条件,请问这些资格能力条件具体包括哪些文件,请详细列出予以说明？其是否包括用于证明业绩的合同复印件？是否包括技术人员的职业证书等相关文件？

答： 中标候选人响应招标文件要求的资格能力条件具体包括哪些文件要视具体招标项目要求而定，无法通过立法作出统一规定。

7. 公示中标候选人时是否应公示其业绩合同复印件？

问： 中标候选人公示，若需要将用以响应招标文件要求的资格能力条件中的业绩合同复印件进行公示，是否会对投标人的商业秘密构成侵害？

答：《招标公告和公示信息发布管理办法》只要求公开中标候选人响应招标文件要求的资格能力条件，未要求公开证明业绩的合同复印件等证明文件。

8. 是否需要将评标委员会评分的每一小项的分数都予以公示？

问： 作为国企采购，希望在招标投标的公示方面做到规范化、透明化，因此也一直都有按照国家的法律法规进行相关公示，但有一些条款规定的公示内容太过笼统，公示少了又怕影响投标人及公众的知情权，公示多了又怕侵犯中标人的商业秘密。所以希望能够明确哪些资料（具体列明）是必须公示的，并举出相应的例子（比如包括合同证明、资质证书等），这样更有利于公示的规范化。实践中疑惑比较多，比如：中标候选人公示，除了公布总分、排序、报价等基本内容，是否需要将评标委员会评分的每一小项的分数都予以公示？

答：关于是否需要公示评标委员会评分的每一小项的分数，目前各地做法各不相同，国家层面没有统一规定。但招标人从提高招标投标活动透明度、接受社会监督的角度出发自愿公开的，可以在中标候选人公示中公布相关内容，但评标委员会成员的名单应当保密。

9. 确定中标人应符合哪些规则？

问：根据现行法律规定，确定中标人应遵守哪些规则？

答：根据《招标投标法》第四十条第二款规定："招标人根据评标委员会提出的书面评标报告和推荐的中标候选人确定中标人。招标人也可以授权评标委员会直接确定中标人。"该法第四十一条同时规定："中标人的投标应当符合下列条件之一：（一）能够最大限度地满足招标文件中规定的各项综合评价标准；（二）能够满足招标文件的实质性要求，并且经评审的投标价格最低；但是投标价格低于成本的除外。"此外，《招标投标法实施条例》第五十五条规定："招标人应当确定排名第一的中标候选人为中标人。排名第一的中标候选人放弃中标、因不可抗力不能履行合同、不按照招标文件要求提交履约保证金，或者被查实存在影响中标结果的违法行为等情形，不符合中标条件的，招标人可以按照评标委员会提出的中标候选人名单排序依次确定其他中标候选人为中标人，也可以重新招标。"

招标人在确定中标人时，应当遵循上述相关法律规定。

10. 第一中标候选人放弃中标后，如何确定中标人？

问：某国有企业投资建设的工程项目评标结束，在中标候选人公示期间，排名第一的中标候选人提出因本公司工作人员失误，计算的投标报价出现错误，如果照此履行合同将造成亏损，故其提出放弃中标资格。那么，招标人后续如何确定中标人，是否需要重新招标？

答：《招标投标法实施条例》第五十五条规定："排名第一的中标候选人放弃中标、因不可抗力不能履行合同、不按照招标文件要求提交履约保证金，或者被查实存在影响中标结果的违法行为等情形，不符合中标条件的，招标人可以按照评标委员会提出的中标候选人名单排序依次确定其他中标候选人为中标人，也可以重新招标。"

需要注意的是，第一中标候选人放弃中标的，法律虽然赋予了招标人可选择重新招标的权利，但招标人要理性行使这一权利。在其他中标候选人符合中标条件、能够满足采购需求的情况下，招标人应尽量依次确定中标人，以节约时间和成本，提高效率。当然，在其他中标候选人与采购预期差距较大，或者依次选择中标人对招标人明显不利时，招标人可以选择重新招标。例如，排名在后的中标候选人报价偏高，或已在其他合同标段中标，履约能力受到限制，或存在串通投标等违法行为等，招标人可以选择重新招标。

11. 第一中标候选人不符合中标条件时，第二中标候选人必然递补中标吗？

问：某公司参加一招标项目，评标结果公示该公司为第二中标候选人。该公司发现第一中标候选人有提供虚假业绩证明材料骗取中标的情况，经举报，招标人查实并且取消了第一中标候选人的中标资格，此时该公司是否按序递补自然成为中标人？

答：《招标投标法实施条例》第五十五条规定："国有资金占控股或者主导地位的依法必须进行招标的项目，招标人应当确定排名第一的中标候选人为中标人。排名第一的中标候选人放弃中标、因不可抗力不能履行合同、不按照招标文件要求提交履约保证金，或者被查实存在影响中标结果的违法行为等情形，不符合中标条件的，招标人可以按照评标委员会提出的中标候选人名单排序依次确定其他中标候选人为中标人，也可以重新招标。"《工程建设项目货物招标投标办法》第四十八条补充规定："依次确定其他中标候选人与招标人预期差距较大，或者对招标人明显不利的，招标人可以重新招标。"因此，在第一中标候选人因故不能中标的情况下，招标人可以与排名在后的中标候选人签订合同，也有权选择重新招标，该决定权在招标人。对于非依法必须招标的项目而言，出现上述情况时，招标人甚至还可以改用非招标方式采购。因此，即使第一中标候选人不能中标，第二中标候选人也不必然中标。

需要注意的是，依据国家发展和改革委员会法规司等编著的《中华人民共和国招标投标法实施条例释义》一书对该条款的解释，招标人不得随意行使上述选择权，一般情况下应当依序定标，只有在其他中标候选人与采购预期差距较大，或者依次选择中标人对招标人明显不利时，招标人才可以选择重新招标。

12. 对依法必须招标的设备采购项目，采购人的子公司可以生产，能否不招标？

问：A公司通过招标方式采购某设备（属于依法必须招标项目），其有一个全资的子公司C能够制造提供该设备。请问：该项目可以直接向C公司采购吗？

答：不可以。

《招标投标法实施条例》第九条规定了依法必须招标项目"有下列情形之一的，可以不进行招标：……（二）采购人依法能够自行建设、生产或者提供"，这里的"采购人"是指符合民事主体资格的法人、其他组织，不包括与其相关的母公司、子公司，以及与其具有管理或利害关系的，具有独立民事主体资格的法人、其他组织。

本项目中，C公司属于A公司的全资子公司，与A公司同为独立法人，C公司能够生产所采购的设备不等同于A公司能够自行生产，因此A公司应当依法采取招标方式采购，不能以适用上述规定为由规避招标。

13. 投标人放弃中标资格的，招标人是否可以不退还其投标保证金？

问：某单位在成功中标一招标项目后，在中标候选人公示期间，因原材料等市场价格上涨，认为其完成该项目不会盈利甚至可能亏损，于是向招标人发函要求放弃中标资格，是否可以要求招标人退还其投标保证金？

答：不可以。

《招标投标法实施条例》第七十四条规定："中标人无正当理由不与招标人订立合同，在签订合同时向招标人提出附加条件，或者不按照招标文件要求提交履约保证金的，取消其中标资格，投标保证金不予退还。对依法必须进行招标的项目的中标人，由有关行政监督部门责令改正，可以处中标项目金额10‰以下的罚款。"

投标保证金是招标人为了确保投标人按照《招标投标法》等法律、法规，以及招标文件规定，依法参与投标活动、确保在中标后按照其投标文件签订合同而要求投标人所缴纳的保证金。投标保证金制约的是投标人的投标行为，保护的是招标人的利益。如招标人在招标文件中设置了投标保证金，而中标人又无故放弃中标，招标人可依法不退还其投标保证金。

14. 招标投标行政监督部门能否变更中标人？

问：作为招标投标行政监督部门在处理投标人提起的投诉案件时，认定招标人确定中标人错误的同时，能否直接确定其他中标候选人为中标人？

答：评标、定标是招标人的职责，行政监督部门不能代为评标、定标。

招标投标是招标人和投标人通过要约邀请—要约—承诺的方式达成交易的民事活动，相关权利义务应由双方当事人享有、行使，包括定标权应由招标人自主行使，招标人也可以委托他人定标。《招标投标法》第四十条第二款规定："招标人根据评标委员会提出的书面评标报告和推荐的中标候选人确定中标人。招标人也可以授权评标委员会直接确定中标人。"《招标投标法》第四十五条规定："中标人确定后，招标人应当向中标人发出中标通知书，并同时将中标结果通知所有未中标的投标人。"《招标投标法》第五十五条规定："国有资金占控股或者主导地位的依法必须进行招标的项目，招标人应当确定排名第一的中标候选人为中标人。"

尽管根据《招标投标法》第七条规定，招标投标活动及其当事人应当接受依法实施的监督；有关行政监督部门依法对招标投标活动是否严格执行了《招标投标法》规定的程序、规则，是否体现了公开、公平、公正和诚实信用原则实施监督，可根据监督检查的结果或当事人的投诉依法查处招标投标活动中的违法行为，但这里的监督必须"依法实施"，不能成为变相的行政干预。对不属于行政监督管理范围内，而应由招标投标活动当事人自主决定的事项，行政监督部门不得凭借其行政权力代为作出决定或违法进行干预，否则就是越权或滥用职权。

因此，招标投标行政监督部门有权受理投诉，发现存在违法行为时有权要求当事人纠正并可作出行政处罚，但如果代替招标人决定中标人、发布中标结果公告，该行为属于《中华人民共和国行政诉讼法》规定的超越职权的行政行为，依法应予以撤销。

15. 排名第一的中标候选人不符合中标条件时，重新招标适用于哪种情形？

问：某工程项目已经评标结束，但发现第一中标候选人被列为失信被执行人，不再符合中标人的条件，此时如果重新招标，应符合什么条件？

答：《招标投标法实施条例》第五十五条规定："国有资金占控股或者主导地位的依法必须进行招标的项目，排名第一的中标候选人放弃中标、因不可抗力不能履行合同、不按照招标文件要求提交履约保证金，或者被查实存在影响中标结果的违法行为等情形，不符合中标条件的，招标人可以按照评标委员会提出的中标候选人名单排序依次确定其他中标候选人为中标人，也可以重新招标。"根据该条款规定，第一名中标候选人不合格的，依次确定后续排名在前的中标候选人为中标人或重新招标分别适用于哪种情形,《招标投标法实施条例》没有具体规定,缺乏操作性。

《评标委员会和评标方法暂行规定》第四十八条规定:"排名第一的中标候选人放弃中标、因不可抗力提出不能履行合同,或者招标文件规定应当提交履约保证金而在规定的期限内未能提交,或者被查实存在影响中标结果的违法行为等情形,不符合中标条件的,招标人可以按照评标委员会提出的中标候选人名单排序依次确定其他中标候选人为中标人。依次确定其他中标候选人与招标人预期差距较大,或者对招标人明显不利的,招标人可以重新招标。"此外,《工程建设项目勘察设计招标投标办法》第四十条、《工程建设项目施工招标投标办法》第五十八条、《工程建设项目货物招标投标办法》第四十八条也有类似规定。简单归纳如下:首先,排名第一的中标候选人不符合中标条件的,以依次确定其他中标候选人为中标人为宜(若仅有一名中标候选人则只能重新招标),这样可以减少重新招标增加的费用支出和时间成本,提高采购效率,对投标人而言也更加公平,由于其价格已经公开,重新招标可能会改变原有竞争地位。其次,依次确定其他中标候选人与招标人预期差距较大,或者对招标人明显不利的,可以重新招标。对于"预期差距较大""对招标人明显不利",具体应根据项目实际判断,如其他中标候选人响应的技术参数或投标报价距招标人期望值差距较大,可以重新招标,决定权在招标人。

第六章　定标类

16. 中标候选人的投标报价超出预算，招标人可否否决评标结果重新招标？

问：某公司通过公开招标采购一批货物，由于第一中标候选人的投标报价超过该公司的项目采购预算，因公司对预算管控比较严格，调整预算手续也特别复杂。因此，想否决评标结果重新组织招标，是否可行？

答：招标人应当依据评标委员会的评标结果和推荐的中标候选人名单确定中标人。如招标文件中未把采购预算设置为招标控制价，即使评标委员会推荐的中标候选人的投标报价超过招标人的预算，也不能以此为由否决其投标或不确定为中标人，而应当以其报价作为中标价，事后通过相应程序调整预算。

17. 第二中标候选人递补中标时，能否以第一中标候选人的投标价为中标价？

问：某公司一小型基建项目评标结束，第一中标候选人的投标报价低于第二中标候选人，但因其提供虚假的投标资料被取消中标资格，此时按照排序由后续的中标候选人中标，但其价格又比较高。此时，如果确定第二中标候选人为中标人，那么能否以第一中标候选人的投标价为中标价？

答：《招标投标法》第四十三条、《招标投标法实施条例》第五十七条，以及《工程建设项目施工招标投标办法》第五十九条等均规定，不能改变投标人的投标价格和投标方案。招标人与中标人签订的书面合同中的标的、价款、质量、履行期限等主要条款应当与招标文件和中标人的投标文件内容一致,招标人与中标人不得再另行订立背离合同实质性内容的其他协议。招标人不得向中标人提出压低报价、增加工作量、缩短工期或其他违背中标人意愿的要求,以此作为发出中标通知书或签订合同的条件。当第一中标候选人放弃中标,在依次确定第二中标候选人为中标人时,应以第二中标候选人的投标价(经过算术修正后)为中标价,但不能以第一中标候选人的投标价作为第二中标候选人的中标价,否则相当于修改了第二中标候选人的投标价。

因此,该公司如确定第二中标候选人为中标人,应以该中标人的投标价为中标价。

18. 谁可以发出中标通知书?

问:某招标项目评标结束,招标人授权评标委员会定标。公示期满后,评标委员会确定第一中标候选人为中标人。请问该项目中标通知书应当由谁发出?

答:中标通知书应由招标人发出或者授权招标代理机构发出。

《招标投标法》第四十五条规定:"中标人确定后,招标人应当向中标人发出中标通知书,并同时将中标结果通知所有未中标的投标人。"确定中标人和发出中标通知书都是招标人作出承诺的意思表示,不管是招标人自行定标,还是委托评标委员会定标,确定中标人后,都应当由招标人向中标人发出中标通知书。《合同法》第二十一条规定了"承诺是受要约人同意要约的意思表示",也就是说,承诺只能由受要约人也就是招标人作出。当然,招标人可以委托其代理人也就是招标代理机构或者其他人向要约人传达其作出承诺的意思表示。

19. 法院能否强制招标人必须发出中标通知书?

问:A培训中心就其办公大楼经营权租赁项目公开进行招标,该租赁项目经开标、评标,确定中标人为B酒店管理有限公司但一直未向该公司发出中标通知书。B酒店管理有限公司为此起诉至法院,请求判令A培训中心向其发出中标通知书。请问:法院能否强制招标人发送中标通知书?

答:招标人向中标人发出中标通知书的行为,实质上就是招标人对中标人作出的将会产生法律效力的承诺行为。中标通知书是否向中标人发出并到达中标人,决定着承诺是否生效,也就决定合同是否成立。《招标投标法》第四十五条规定:"中标人确定后,招标人应当向中标人发出中标通知书,并同时将中标结果通知所有未中标的投标人。中标通知书对招标人和中标人具有法律效力。中标通知书发出后,招标人改变中标结果的,或者中标人放弃中标项目的,应当依法承担法律责任。"招标人已确定中标人后,其不向中标人发出中标通知书的行为,确实违反上述规定。

但根据合同自愿原则,当事人依法享有自愿订立合同的自由，任何人不能强制一方当事人在缔约过程中就对方当事人的要约必须作出将会产生合同效力的承诺。也就是说，若在中标后，招标人拒绝发出中标通知书、拒绝作出承诺，尽管可能承担缔约过失责任，但是法律也不能强制招标人必须作出承诺、订立合同。

因此，本项目中，投标人要求法院判令招标人向其发出中标通知书的诉讼请求，就是要求法院强制招标人就投标人的要约必须作出承诺，强制双方缔结合同，该请求与合同自愿原则相违背，应不予支持。

第七章 合同类

1. 必须招标项目的招标人在中标前与投标人就实质性内容进行谈判,合同效力如何?

问: 某单位有一个工程项目,为了确保工程质量,找了一个以前长期合作的施工企业,先行进行谈判,就施工项目内容、工期、质量、工程价款达成了意见,签订了备忘录,并要求他们可以先行做好施工准备,之后按照建设管理部门意见组织招标投标程序,该施工企业中标。由于合同履行发生违约,法院判决合同无效。法院的判决有没有法律依据?

答:《招标投标法》第四十三条规定,在确定中标人前,招标人不得与投标人就投标价格、投标方案等实质性内容进行谈判。这就是实践中常说的"明招暗定""未招先定"。在确定中标人以前,如果允许招标人与个别投标人就其投标价格、投标方案等实质性内容进行谈判,招标人可能会利用一个投标人提交的投标对另一个投标人施加压力,迫使其降低投标价格或作出对招标人更有利的让步。同时,还有可能导致招标人与投标人的串通行为,投标人可能会借此机会根据从招标人处得到的信息对有关投标报价等实质性内容进行修改。这对于其他投标人显然是不公平的。因此，法律禁止招标人与投标人在确定中标人之前就实质性内容进行谈判。依法必须进行招标的项目，招标人违反上述规定，与投标人就投标价格、投标方案等实质性内容进行谈判，影响中标结果的，中标无效，合同也就无效。

2. 强制招标项目在招标前即进行实质性谈判是否合法？

问：某国有房地产公司投资建设的房屋建筑工程，达到依法必须招标的规模标准。在招标之前，招标人与某建筑公司事前协商签订了施工协议，并约定后续组织招标时确保该建筑公司中标。那么，招标前签订的施工协议是否有效？

答：对于依法必须招标的项目，禁止招标前对实质性内容进行谈判，否则中标无效，所签合同也无效。

《招标投标法》第四十三条规定："在确定中标人前，招标人不得与投标人就投标价格、投标方案等实质性内容进行谈判。"该法第五十五条规定："依法必须进行招标的项目，招标人违反本法规定，与投标人就投标价格、投标方案等实质性内容进行谈判的，给予警告，对单位直接负责的主管人员和其他直接责任人员依法给予处分。前款所列行为影响中标结果的，中标无效。"简而言之，招标人和投标人在定标之前就实质性内容进行谈判，中标无效。

本项目中房地产公司与建筑公司在招标前对拟招标工程的投标价格、投标方案等实质性内容进行谈判，影响中标结果，且签订了施工合同和补充协议，其中标行为违反《招标投标法》的前述禁止性规定，根据《最高人民法院关于审理建设工程施工合同纠纷案件适用法律问题的解释（一）》（法释〔2020〕25号）第一条第一款"建设工程施工合同具有下列情形之一的，应当依据民法典第一百五十三条第一款的规定，认定无效：……（三）建设工程必须进行招标而未招标或者中标无效的"的规定，该施工协议应认定为无效。

3. 招标人未发出中标通知书直接签订的合同是否有效？

问：某工程建设项目招标结束，招标人并没有发出中标通知书，而是直接与排名第一的中标候选人签订了合同，该合同是否有效？

答：招标人虽未发出中标通知书，但与实际中标人签订的书面合同有效。

《招标投标法》第四十六条规定："招标人和中标人应当自中标通知书发出之日起三十日内，按照招标文件和中标人的投标文件订立书面合同。招标人和中标人不得再行订立背离合同实质性内容的其他协议。"本条款对中标后签订合同约定的期限作出了明确的规定，意在督促招标人和中标人及时签订合同，维护合同双方当事人的权利、义务，保护交易顺利完成，违反本条规定应当承担不利的后果，但并不是说未严格执行该条款规定即导致合同无效。发出中标通知书是招标人的法定义务，是其作出"承诺"的标志，其目的是告知中标人已被招标人选定为交易对象并告知签约相关事项。如果招标人未发出中标通知书，但以其行为明确地表明对方中标的事实，并实际签订合同的，与中标通知书所表明的"承诺"的法律效果相同，这种以事实行为代替中标通知书且被相对人（中标方）接受的，该民事行为有效，双方所签订的合同也有效。

因此，本项目招标人虽未发出中标通知书，但双方已通过订立协议的方式对主要权利、义务进行了确认，满足《民法典》关于合同成立的规定，该协议已依法成立并生效。

4. 依法必须招标的项目未经招标签订的合同是否有效？

问：某国有企业投资的一项供热工程（投资概算3000多万元），因工期紧，未经招标即与某建设工程集团签订了合同，这样是否可行？

答：根据《必须招标的工程项目规定》，该供热工程属于依法必须招标项目，其未经招标签订的合同无效。

《招标投标法》第四条规定："任何单位和个人不得将依法必须进行招标的项目化整为零或者以其他任何方式规避招标。"该法第四十九条进一步规定，将必须进行招标的项目化整为零，或者以其他任何方式规避招标的，将依法追究其相应法律责任。《民法典》第一百五十三条第一款规定："违反法律、行政法规的强制性规定的民事法律行为无效。但是，该强制性规定不导致该民事法律行为无效的除外。"《最高人民法院关于审理建设工程施工合同纠纷案件适用法律问题的解释(一)》(法释〔2020〕25号)第一条第一款规定:"建设工程施工合同具有下列情形之一的,应当依据民法典第一百五十三条第一款的规定,认定无效:……(三)建设工程必须进行招标而未招标或者中标无效的。"

结合本项目来看,该工程由国有企业投资,是使用国有资金投资的项目,且金额远远超过应当招标的400万元的规模,属于依法必须招标的项目,未经招标即发包,根据上述法律规定,该合同无效。

5. 为了制约中标人履行合同,在合同中约定的违约金是否越高越好?

问: 目前,投标人低价抢标、履约过程中违约的情况比较常见,仅仅依靠履约保证金往往不足以弥补对招标人造成的损失,能否在合同中约定比较高的违约金比例,以制约投标人诚信履行合同?

答: 约定违约金的目的就是为了约束投标人履行合同义务,补偿因其违约给合同对方造成的损失,但违约责任以填补损失为原则,合同当事人约定的违约金数额原则上应与损失相当。《民法典》第五百八十五条第二款规定:"约定的违约金低于造成的损失的,人民法院或者仲裁机构可以根据当事人的请求予以增加;约定的违约金过分高于造成的损失的,人民法院或者仲裁机构可以根据当事人的请求予以适当减少。"对于占用他人资金、延期支付合同款等,其损失主要以银行贷款利息衡量。最高人民法院关于印发的《全国法院民商事审判工作会议纪要》(法〔2019〕254号)规定:"50.【违约金过高标准及举证责任】认定约定违约金是否过高,一般应当以《合同法》第113条⊖规定的损失为基础进行判断,这里的损失包括合同履行后可以获得的利益。除借款合同外的双务合同,作为对价的价款或者报酬给付之债,并非借款合同项下的还款义务,不能以受法律保护的民间借贷利率上限作为判断违约金是否过高的标准,而应当兼顾合同履行情况、当事人过错程度以及预期利益等因素综合确定。主张违约金过高的违约方应当对违约金是否过高承担举证责任。"

因此,招标人和中标人可以在合同中约定一方违约时应当根据违约情况向对方支付一定数额的违约金,但是合同约定的违约金比例应当合理,不能过分高于损失金额。

6. 招标人和中标人是不是应当订立书面合同?

问:合同形式有书面的,也有口头的,招标人定标后,与中标人必须要订立书面合同吗?

答:合同的形式是当事人合意的表现形式,是合同内容的载体。我国合同形式可以是书面形式、口头形式或者其他

⊖ 现为《民法典》第五百八十四条,略有文字改动。——编者注

形式。《民法典》第四百六十九条规定："当事人订立合同，可以采用书面形式、口头形式或者其他形式。书面形式是合同书、信件、电报、电传、传真等可以有形地表现所载内容的形式。以电子数据交换、电子邮件等方式能够有形地表现所载内容，并可以随时调取查用的数据电文，视为书面形式。"书面形式的最大优点是合同有据可查，发生纠纷时容易举证，便于分清责任，便于监督管理，合同内容更加全面、详细、周密。口头形式简便易行，缺点在于发生纠纷时难以举证，不易分清责任。不能及时清结的合同及标的数额较大、合同内容复杂的合同，不宜采用口头形式。《民法典》兼顾交易安全与交易便捷两项价值，对某些重要的合同、关系复杂的合同强调应当采用书面形式。

考虑到招标项目一般规模比较大、合同金额比较高、履行期限比较长，为固定证明、明确各方当事人权利义务及责任，减少履行困难和争议的需要，采用书面形式较为妥当，不宜采用口头形式。实行电子招标投标的，招标人应当通过电子招标投标交易平台，以数据电文形式与中标人签订合同。

7. 中标合同自何时成立、生效？

问：根据《民法典》第四百八十三条、第五百零二条规定，自承诺生效时合同成立，依法成立的合同，一般情况下自成立时即生效。如果按照"承诺生效时合同成立"的一般规则，中标通知书一经发出，即产生法律效力，招标人与中标人之间的招标项目合同即应成立且生效。但《民法典》第四百九十条也规定:"当事人采用合同书形式订立合同的,自当事人均签名、盖章或者按指印时合同成立"。《招标投标法》第四十六条同时规定中标通知书发出后招标人与中标人还要签订书面合同。按此规定,中标合同自双方签订书面合同时成立、生效。请问:中标合同的成立时间,是发出中标通知书之时承诺生效的时间,还是招标人和中标人订立书面合同的时间,或者是其他时点?

答:对于中标合同成立、生效的时间,目前主要存在以下几种观点:

(1) 发出中标通知书时合同尚未成立,需要在招标人和中标人签署书面合同之后,合同才成立并同时生效。

(2) 中标通知书发出后合同成立但未生效,招标人、中标人签订书面合同后合同生效,合同书是合同关系成立的有效证据。

(3) 通过招标投标以及发出中标通知书,招标人和投标人在要约和承诺方面已经达成一致,书面合同成立并生效。

(4) 发出中标通知书后,招标人和投标人之间已经成立合同并生效,但双方成立的是预约合同,违反合同应承担预约合同的违约责任。

最高人民法院民事审判第一庭编著的《最高人民法院新建设工程施工合同司法解释(一)理解与适用》一书载明:最高人民法院倾向于认为,招标人发出中标通知书后,即产生在招标人、中标人之间成立书面合同的效力，这种观点符合《民法典》关于通过要约、承诺方式成立合同的基本理论，合同未成立说、合同成立未生效说有其自身缺陷，预约合同理论不符合《招标投标法》的立法原意。照此观点，自发出中标通知书之时，如无特别约定，中标合同成立且生效，依照法律、行政法规的规定应当办理批准等手续的，合同自办妥该手续生效。

8. 联合体签约主体是谁？

问：如果投标时是联合体投标，但是签合同的时候，其中一个小的联合体成员想要退出。小的联合体成员退出不影响合同执行，可以直接和联合体牵头人直接签两方合同吗？

答：联合体是以一个投标人身份参与投标的，中标后应共同与招标人订立合同。不管什么因素，当其联合体成员增减发生变化，都已经不是中标时的联合体，也就不是招标人确定的"中标人"了，此时不但不能订立合同，还要追究该联合体的法律责任，而且该联合体成员之间承担连带责任。

9. 母公司能否将所承接工程交由子公司实施？

问：A公司中标某停车场建筑工程后，向招标人提出该工程将交由本公司全资子公司B公司实施，由B公司与招标人签订《配套停车场建筑工程施工合同》，履行全部合同义务。请问：A公司的这种提法符合法律规定吗？

答：《招标投标法》第四十八条、《招标投标法实施条例》五十九条均规定："中标人不得向他人转让中标项目，也不得将中标项目肢解后分别向他人转让。"《建筑工程施工发包与承包违法行为认定查处管理办法》第八条规定，承包单位将其承包的全部工程转给其他单位（包括母公司承接建筑工程后将所承接工程交由具有独立法人资格的子公司施工的情形）或个人施工的，应当认定为"转包"。

全国人大常委会法工委答复住房和城乡建设部的《对建筑施工企业母公司承接工程后交由子公司实施是否属于转包以及行政处罚两年追溯期认定法律适用问题的意见》（法工办发〔2017〕223号）载明："建筑法第二十八条规定，禁止承包的全部建筑工程转包给他人，禁止承包单位将其承包的全部建筑工程肢解以后以分包的名义分别转包给他人。合同法第二百七十二条规定，发包人不得将应当由一个承包人完成的建设工程肢解成若干部分发包给几个承包人。承包人不得将其承包的全部建设工程转包给第三人或者将其承包的全部建设工程肢解以后以分包的名义分别转包给第三人⊖……招标投标法第四十八条规定，中标人不得向他人转让中标项目，也不得将中标项目肢解后分别向他人转让……上述法律对建设工程转包的规定是明确的，这一问题属于法律执行问题，

⊖ 现《民法典》第七百九十一条，略有文字改动。——编者注

应当根据实际情况依法认定、处理。"尽管没有直接给出答案，但认为住房和城乡建设部请示的问题"属于法律执行问题"，且在引用禁止转包的规定后提出"上述法律对建设工程转包的规定是明确的"，言下之意是明显属于转包。

根据上述规定，母公司与其投资的子公司均为独立的法人，应当独立参与投标，中标后亲自签订、履行合同。母公司若将其承包的工程交由具有独立法人资格的子公司施工，则属于法律所禁止的转包行为。投标人若有意整合母、子公司资源进行投标，在招标文件未对联合体投标进行限制的前提下，可与其子公司组成联合体进行投标，中标后共同与招标人订立、履行中标合同。

本项目中，根据《公司法》第十四条规定，子公司是以自己的名义从事经营活动并独立承担民事责任的独立法人，其具有独立的法人资格。母公司 A 拟将其与招标人签订的合同项下的全部权利、义务转让给子公司 B，拟由其签约、实施的行为，事实上是独立法人 A 将合同权利、义务概括转让给独立法人 B，根据上述法律规定，构成转包，故 A 公司的提法违反法律规定。

10. 法人承接工程能否交给分支机构实施？

问：A 公司中标某工程施工项目，其后向招标人提出拟将该工程交给其所属的一家分公司承担，并由这家分公司直接与招标人签订合同。请问：法人承接工程能否交给分支机构实施？

答： 法人承接工程交给分支机构实施合法有效。

《民法典》第七十四条规定："法人可以依法设立分支机构。法律、行政法规规定分支机构应当登记的，依照其规定。分支机构以自己的名义从事民事活动，产生的民事责任由法人承担；也可以先以该分支机构管理的财产承担，不足以承担的，由法人承担。"《公司法》第十四条也规定了分公司不具有法人资格，其民事责任由总公司承担。

依照以上规定，分公司自身不具备法人资格，作为总公司的分支机构，是总公司基于财税和经营便利等原因，设立的对外从事总公司部分经营业务的机构。分公司经营的业务只是总公司经营业务的一部分，总公司的业务必然要包含分公司经营业务的部分，总公司可以将其经营业务交由其分公司来办理。这与子公司为独立的企业法人，与母公司都属于独立的企业法人资格截然不同。因此，中标人在中标后将其中标项目交由其分公司来办理，就属于其亲自办理，分公司经其授权代表签订合同，实际上相当于其亲自订立合同，并非转包行为或挂靠行为，分公司代表其所属的公司法人订立的合同有效。

11. 签约主体必须是中标人自身吗？

问： 某单位的招标项目大多数都可以和中标人直接签订合同，但有时会出现与中标人所属销售公司签订合同，有的需要与中标人的本地代理商签订合同,这些情况下是否可行?签约主体必须是中标人自身吗?

答:《招标投标法》第四十六条规定:"招标人和中标人应当自中标通知书发出之日起三十日内,按照招标文件和中标人的投标文件订立书面合同。"据此可知,参加招标投标是成为合同当事人的必要条件,只有投标人成为中标通知书载明的中标人后,才有资格成为合同当事人,不得由他人代签。

有时会出现生产企业中标后交由其销售公司或者其他关联企业签署合同的情形,这样是不允许的,因为不同企业的履约能力和信用状况是不同的。

如果法律法规不限制法人的分支机构投标,则中标人所属已领取营业执照或办理法定登记手续的分支机构(如分公司)在中标人明确授权的情况下,可以代表中标人签订合同。

12. 签约时招标人、中标人主体发生变更了怎么办?

问:在招标投标过程中会发生招标人或投标人因改制、招标项目转让等原因发生变更,造成签约主体与招标投标时的名称不一致,可能签约者与原来招标人、投标人并非同一人的情况,此时应如何处理?

答:不管是招标人还是中标人,当发生主体资格变更时,应根据以下不同情况分别进行处理:

(1)如果仅仅是变更名称、股东、组织形式、法定代表人或非公司制企业(如全民所有制企业、集体所有制企业）实行公司制改制，并不影响其主体资格，则以更名后的名称为准，只要把变更的原因告知对方并附相关的证明材料即可。

（2）如果发生合并情形，合并后法人或非法人组织承继合并前的招标人或者投标人的主体资格，由合并后存续企业签约。

（3）如果发生分立情形，需要重新审核其履约能力，履约能力不受影响的，分立后的法人或非法人组织承继原法律主体资格；履约能力不足的，可以不承认对方的法律主体资格，拒绝签约。

（4）如果招标人在招标投标过程中，将其招标项目转让给他人的，投资主体发生变化，类似合同权利义务一并转让的情形，参照《民法典》第五百四十六条"债权人转让债权，未通知债务人的，该转让对债务人不发生效力"的规定，应通知投标人，投标人认可的，已经完成的招标投标程序或者先前通过招标投标确定的中标结果，可以延续、承继；投标人因不承认新的招标人的履约能力等原因不认可的，可以退出招标投标活动。由于《招标投标法》禁止转包，则中标人无权将其中标项目转让给他人。

此外，如有其他情形，需针对不同情况分别处理。

13. 联合体中标可由牵头人签订合同吗？

问：某公司和另一家公司组成投标联合体，中标了一个施工项目。本项目联合投标协议规定："联合体中标后，联合体牵头人负责合同订立和合同实施阶段的主办、组织和协调工作。"请问联合体中标时，是否能由牵头人与招标人签订合同？

答：《招标投标法》第三十一条第三款规定："联合体各方应当签订共同投标协议，明确约定各方拟承担的工作和责任，并将共同投标协议连同投标文件一并提交招标人。联合体中标的，联合体各方应当共同与招标人签订合同，就中标项目向招标人承担连带责任。"

根据该条款规定，联合体中标的项目，联合体各方应当共同与招标人签订合同，而非由牵头人或者联合体一方与招标人签订合同。

14. 中标人能否将承包的工程交由其全资子公司施工？

问：某工程集团公司成功中标一房屋建筑工程施工项目，在签订合同时，向招标人提出申请，要将该工程交给其集团的一家子公司，该子公司由该集团公司全资，也具有该工程所需的资质。招标人可否同意该申请？

答：根据住房和城乡建设部印发的《建筑工程施工发包与承包违法行为认定查处管理办法》第七条规定，转包是指承包单位承包工程后，不履行合同约定的责任和义务，将其承包的全部工程或者将其承包的全部工程肢解后以分包的名义分别转给其他单位或个人施工的行为。该办法第八条明确规定:"存在下列情形之一的,应当认定为转包,但有证据证明属于挂靠或者其他违法行为的除外:(一)承包单位将其承包的全部工程转给其他单位(包括母公司承接建筑工程后将所承接工程交由具有独立法人资格的子公司施工的情形)或个人施工的……"根据该条款规定,某工程集团公司拟将所承接工程交由其子公司施工,属于转包行为,为《民法典》和《建筑法》所明令禁止。因此,招标人不得同意中标人提出的申请。

15. "合同实质性内容"如何界定?

问:《招标投标法》第四十六条规定,招标人和中标人不得再行订立背离合同实质性内容的其他协议。那么,"合同实质性内容"如何界定呢?

答:所谓"合同实质性内容",是指影响或决定当事人基本权利义务的条款,但目前就其范围尚没有明确的法律界定。参照《招标投标法实施条例》第五十七条的规定:一般而言,只有标的、价款、质量(含主要技术规格)和履行期限等对招标人或者中标人利益产生重大影响的内容属于实质性内容,并非《民法典》第四百七十条规定的合同条款都属于实质性内容。

参考最高人民法院相关司法观点,合同的"实质性内容"并不是合同的所有条款,应根据不同合同分别认定。具体到建设工程领域,《最高人民法院新建设工程施工合同司法

第七章 合同类

解释（一）理解与适用》一书认为要准确区分"实质性内容不一致"与依法进行的正常合同变更的界限，只有内容的变更足以影响当事人合同的基本权利义务，才可认定为构成"实质性内容不一致"。如在建筑工程合同中，事关当事人权利义务的核心条款是工程结算，主要涉及以下三个方面：工程质量、工程期限和工程价款。当事人经协商在上述三个方面以外对合同内容进行修改、变更的行为，都不会涉及利益的重大调整，不会对合同的性质产生影响，不属于实质性内容的变化。《第八次全国法院民事商事审判工作会议纪要（民事部分）》第三十一条也已明确规定："招标人和中标人另行签订改变工期、工程价款、工程项目性质等影响中标结果实质性内容的协议，导致合同双方当事人就实质性内容享有的权利义务发生较大变化的，应认定为变更中标合同实质性内容。"《最高人民法院关于审理建设工程施工合同纠纷案件适用法律问题的解释（一）》（法释〔2020〕25号）第二条将建设工程施工合同约定的"工程范围、建设工期、工程质量、工程价款等"规定为实质性内容。可以看出，最高人民法院主张实质性内容的范围不宜过于宽泛。

16. 中标合同中没有约定，招标文件和中标人的投标文件也未体现的其他合同实质性内容，在签订合同时能否协商补充？

问：某采购项目招标结束后，招标人和中标人在签订合同时,发现对合同交货地点没有具体的约定,能否通过协商确定这些合同内容?

答: 合同实质性内容影响招标人与中标人的权利、义务和经济利益,影响投标人的投标报价以及投标决策,故不得在投标后随意更改,不得在签订合同时进行变更。但对于合同非实质性内容,为方便合同履行,应允许双方协商一致对原合同条款进行细化完善和补充。对于招标文件和中标人的投标文件均未涉及,但在中标后签订合同时才发现必须明确的实质性内容,属于新增加的内容,也应允许双方在不改变原招标投标结果的基础上,经协商一致增加规定该部分内容,这不属于另行订立背离合同实质性内容的其他协议。

本项目招标投标过程中未考虑交货地点这一重要事项,其将导致合同无法签订或履约困难,招标人可以和中标人根据《民法典》第五百一十条,就合同没有约定的条款,协商按照合同其他条款或者交易习惯确定。按上述规定仍不能确定的,根据《民法典》第五百一十一条规定处理,比如因履行地点不明确,给付货币的,在接受货币一方所在地履行;交付不动产的,在不动产所在地履行;其他标的,在履行义务一方所在地履行。但不能以合同主要内容缺失为由拒绝签订合同。

17. 低于成本中标的,合同是否有效?

问:《招标投标法》第三十三条禁止投标人以低于成本的报价竞标,如果投标人以低于成本中标,则其中标结果、

第七章 合同类

签订的合同是否有效？

答：《招标投标法》第三十三条规定："投标人不得以低于成本的报价竞标，也不得以他人名义投标或者以其他方式弄虚作假，骗取中标。"《招标投标法实施条例》第五十一条进一步规定，"有下列情形之一的，评标委员会应当否决其投标：……（五）投标报价低于成本或者高于招标文件设定的最高投标限价……"而且，低于成本投标的，不得中标，《招标投标法》第四十一条规定："中标人的投标应当符合下列条件之一：……（二）能够满足招标文件的实质性要求，并且经评审的投标价格最低；但是投标价格低于成本的除外。"最高人民法院《全国民事审判工作会议纪要》（法办〔2011〕442号）第二十四条规定："对按照'最低价中标'等违规招标形式，以低于工程建设成本的工程项目标底订立的施工合同，应当依据招标投标法第四十一条第（二）项的规定认定无效……"因此，承包人以低于成本的价格投标而中标的，据此签订的建设工程施工合同无效。

18. 在处理中标合同纠纷案件中，当事人并未申请法院确认合同无效，法院能否主动进行审查认定？

问：某单位招标项目，在中标合同履行过程中发生纠纷，从而起诉到法院。双方都没有人提出合同无效，只是就赔偿损失金额发生争议，但最后法院认定合同无效，这好像不符合民事诉讼法上的"不告不理"原则。请问：当事人未申请

确认合同无效，法院能否主动进行认定？

答：根据《民法典》规定，当事人订立的合同存在不生效、有效、无效、可撤销和效力待定等状态。其中合同无效，是指法律对当事人签订的合同予以否定评价。合同效力影响处理合同纠纷时法律的适用、权利义务的确定、合同价款的结算、承担违约责任还是缔约过失责任、诉讼时效的确定等当事人利益相关的所有基本问题。因此，确认合同效力是审理任何合同案件的基础，对合同效力的判断是法院审理此类问题首先要关注的问题。合同的效力是国家法律对当事人合意的评价，并不是当事人对其合意的认定，故无论当事人是否对建设工程施工合同的效力提出主张或抗辩，人民法院都应当主动审查建设工程施工合同的效力，而不依赖当事人的诉请而发起，这并不违反"不告不理"的民事诉讼原则。最高人民法院《全国法院民商事审判工作会议纪要》（法〔2019〕254号）明确规定："人民法院在审理合同纠纷案件过程中，要依职权审查合同是否存在无效的情形，注意无效与可撤销、未生效、效力待定等合同效力形态之间的区别，准确认定合同效力，并根据效力的不同情形，结合当事人的诉讼请求，确定相应的民事责任。"如果合同当事人在起诉时未提出确认合同效力的诉讼请求或者未提出确认合同无效的诉讼主张，则法院在审理案件时也需要首先对该合同的效力进行确认。因此，建设工程施工合同的效力是审理建设工程施工合同纠纷案件首要审查的内容，即使当事人对合同的性质与效力未产生争议，法院也应当对此进行强制审查，不受当事人请求的影响。

19. 中标合同在履行过程中能否变更？

问：招标项目合同在履行过程中，合同内容会因设计变更、不可抗力等原因发生变化，按照原合同履行不合时宜或者有失公平，此时能否变更合同？

答：《民法典》规定在履约过程中只要经合同双方当事人协商一致，即可变更合同，但是基于招标采购的特殊性，经过招标程序签订的合同的变更受到严格的限制。如对合同变更不加限制，容易发生招标人与投标人事前串通，先以低价或很高的技术要求中标，之后双方再通过合同变更手段达到变更招标结果的目的。该行为本质上是一种变相规避招标或虚假招标行为，理应被禁止。

当然，如确因不可抗力、情势变更等原因，不变更合同会导致双方当事人利益失衡、显失公平的，或者因设计变更、规划调整、政策变化等原因不变更合同将导致原合同无法履行的，应允许双方变更合同实质性内容。

20. 签订合同后因规划、设计变更调整是否应当重新招标？

问：某综合办公楼工程通过招标选择的施工单位已进场施工，后建设单位对该工程重新规划设计，结构形式由砖混结构改为框架剪力墙结构，工程量增加，这种情况是否需要重新招标？

答：履约过程中因设计变更调整合同内合同价款，一般无须重新招标，依据双方签订的合同条款的规定来处理即可。经过招标投标签订的合同，变更合同受到严格限制。招标人和中标人都不能在合同签订之后，无正当理由擅自变更合同内容。

在合同履行过程中，对于合同非实质性内容，双方当事人可以随时协商变更；但对于工程价款、工程质量、工程期限等合同实质性内容，原则上不得变更，除非合同事前约定因客观原因导致工程设计重大变更等因素可以修改、变更合同的，才可以对合同内容作出与原内容不一致的变更。

实践中出现的因设计变更和工程量核定引起的合同总价变动，本质上不是变更合同实质性内容。因为施工合同中，一般都已明确因设计变更或暂估工程量核定后的价款变更原则，合同单价和总价计算方法并没有变更，只是依据合同约定执行。比如，单价合同在合同履行过程中，单价不能变动，如工程量清单中的工程量发生变化，以最终核定增减后的工程量乘以中标单价来确定合同结算价。而总价合同除合同中规定发生设计变更方可变动以外，一般不予变动。

当然，如招标项目重新进行规划导致项目规模、内容发生变化，是变更合同还是重新招标，还应从经济、管理以及承包人的资质等方面考虑。本项目结构形式由砖混结构改为框架剪力墙结构，可通过签订补充协议明确变化内容，一般情况下无须重新招标。

在实践中,如新增内容是单独可分割的项目,可以继续执行原合同,仅就新增部分进行招标。如因项目发生重大变化导致原承包人不具备承担调整后项目的资质或履约能力,则应终止原合同,由发包人给予原承包人补偿后再重新招标。如果因规划调整取消原项目,重新立项,招标人应当协商解除合同、赔偿实际损失并重新招标。

21. 中标合同应当在什么期限内签订?

问:招标已经结束,招标人也确定了中标人,那么招标人和中标人签订合同有无期限限制?应当在哪个时间段内签订合同?

答:《招标投标法》第四十六条规定:"招标人和中标人应当在中标通知书发出之日起三十日内,按照招标文件和中标人的投标文件订立书面合同。"中标通知书发出后,如果招标人与中标人不签订合同,或者不按照规定签订合同,都将依法承担法律责任。

《评标委员会和评标办法暂行规定》第四十九条规定:"中标人确定后,招标人应当向中标人发出中标通知书,同时通知未中标人,并与中标人在投标有效期内以及中标通知书发出之日起 30 日之内签订合同。"该条款对签订合同的时间加上了"在投标有效期内"的限定,意在督促招标人和中标人及时签约,防止出现中标通知书发出时间较晚,距投标有效期截止时间过短,导致投标文件失效最终签约失败的风险。

在实践中，如在投标有效期内无法完成合同签订的，招标人可要求投标人适当延长投标有效期。如果投标人拒绝延长投标有效期，双方又不能在投标有效期内签订合同的，投标文件对招标人和投标人不再具有约束力，招标人应当退还投标保证金。

22. 招标人和中标人在中标通知书发出30日之后签订的合同是否有效？

问：某项目招标结束，招标人和中标人因就合同履行的细节问题进行谈判耽误了时间，中间又遇上节假日，导致在超出发出中标通知书之日60天才签订了中标合同。在合同履行过程中双方发生纠纷，一方主张合同签订时间超出中标通知书发出之日起30日，违反强制性法律规定，该合同无效。此说法有无道理？

答：《招标投标法》第四十六条第一款规定："招标人和中标人应当自中标通知书发出之日起三十日内，按照招标文件和中标人的投标文件订立书面合同。招标人和中标人不得再行订立背离合同实质性内容的其他协议。招标文件要求中标人提交履约保证金的，中标人应当提交。"如招标人和中标人在中标通知书发出30日之后签订合同，其法律效力可依据《民法典》认定。

《民法典》第一百五十三条第一款规定："违反法律、行政法规的强制性规定的民事法律行为无效。但是，该强制性

第七章 合同类

规定不导致该民事法律行为无效的除外。"从该条款表述来看,有两个"强制性规定",其中前半句规定的强制性规定,违反的后果是导致合同无效,因而其性质上属于效力性规定。后半句规定的强制性规定,则指的是管理性规定。所谓效力性强制性规定,是指法律及行政法规明确规定违反了这些强制性规定将导致合同无效或者合同不成立的规定;或者是法律及行政法规虽然没有明确规定违反这些强制性规定后将导致合同无效或者不成立,但是违反了这些强制性规定后如果使合同继续有效将损害国家利益和社会公共利益的规定。

从这个意义上来看,《招标投标法》并没有规定超过30日签订的合同无效,也没有规定超过30日签订的合同将损害国家利益和社会公共利益。因此,业界不认定违反该规定将导致合同不成立。超过30日签订合同,如果当事人都自愿,法律不干涉其意思表示,尊重合同双方当事人的意思自治,鼓励达成交易。

23. 中标人在中标通知书发出 30 日后才要求签订合同,招标人是否可以拒签?

问:《招标投标法》第四十六条规定"招标人和中标人应当自中标通知书发出之日起三十日内订立书面合同。"实践中存在很多招标人与中标人不按时签订合同的情形,一方当事人违反合同签订时间的规定,可能会给对方造成一定的利益损失。如果一方当事人提出请求逾期签订合同,合同相对人能否以第四十六条的规定为由直接拒签?

答：《招标投标法》第四十五条第二款："中标通知书对招标人和中标人具有法律效力。中标通知书发出后，中标人改变中标结果的，或者中标人放弃中标项目的，应当依法承担法律责任。"《招标投标法实施条例》第七十四条规定"中标人无正当理由不与招标人订立合同……取消其中标资格，投标保证金不予退还。对依法必须进行招标的项目的中标人，由有关行政监督部门责令改正，可以处中标项目金额10‰以下的罚款"。根据上述法条及《民法典》第四百八十三条"承诺生效时合同成立"的规定，一般认为，投标人向招标人递交的投标文件属于要约，招标人向中标人发送的中标通知书属于承诺。招标人发出中标通知书意味着合同成立，招标人和中标人均应当积极履行签约义务，应当自中标通知书发出之日起三十日内订立书面合同，这是因为招标投标程序和合同履行过程比较长，合同内容比较复杂，往来文件比较多，且招标投标过程中不允许招标人与投标人就实质性内容谈判，招标人和中标人需要通过签订书面合同确认合同内容，补充完善有关合同履行的细节。如果一方当事人在法律规定的签约期限届满后提出签订书面合同，另一方当事人即有权拒绝签订书面合同。

24. 招标结束签订合同前先行实施项目，后发生纠纷如何处理？

问：某公司中标一小型工程项目，在招标人还没有和该公司签订合同的前提下，通知该公司进场施工。该公司按照招标人要求立即组织人员进入施工现场开展工作,也采购了一些工程用材料,签订了供货合同,后因双方就合同细节未能谈妥,无法签订中标合同从而发生纠纷,此时应当如何处理?

答:招标人和中标人应当在中标通知书发出后30日之内签订合同,签订合同之后再实际履行义务。未签订合同就开始实施招标项目,存在一定法律风险,且这是在招标人批准或默认之下进行的,故主要责任在招标人。虽然未签订合同,但是招标人已经发出中标通知书且开始履行,双方的责任和义务已经确定。在此情况下,如双方发生争议,应当依据招标文件、中标人的投标文件的内容协商尽快补签合同;如就补签合同、继续履行协商不成时,应终止合同关系,招标人除应将中标人已经完成项目的费用进行支付外,还应补偿给其造成的其他损失。

25. 招标人应如何退还投标保证金的利息?

问:中标合同签订之后,招标人应当退还投标保证金及其银行同期存款利息。对于该利息,是以活期利率计息还是以定期利率计息?《招标投标法实施条例》对此并没有规定,在实践中怎么操作才合适呢?

答:《招标投标法实施条例》第五十七条规定:"招标人最迟应当在书面合同签订后5日内向中标人和未中标的投标人退还投标保证金及银行同期存款利息。"

以现金、支票、汇票或转账形式递交投标保证金的,应同时退还投标保证金的银行同期活期存款利息。建议招标文件中明确投标保证金的银行同期存款利息计算方法，以及退还的时间、程序和方法。在招标文件编制过程中，可借鉴中国招标投标协会颁布的《招标采购代理规范》（ZBTB/T A01—2016）中的如下相关规定："（1）计算利息的起始日期为投标截止当日，终止日期为招标代理机构退还投标保证金日期的前一日。（2）投标保证金的利息按照第（1）款所述计息时间段内中国人民银行挂牌公告的活期储蓄存款基准利率计付。（3）利息金额计算至分位，分以下尾数四舍五入。"

此外，为方便潜在投标人投标，也可在招标文件中规定：本项目仅接受银行保函等不产生利息的投标保证金形式。

26. 履约保证金是不是每个招标项目都必须缴纳？

问：《招标投标法》第十六条规定："招标文件要求中标人提交履约保证金的，中标人应当提交。"是不是每个招标项目，中标人都需要缴纳履约保证金？

答：根据《招标投标法》第十六条的表述来看，招标人可以自主决定收取履约保证金。履约担保不属于法律要求必须提供的担保措施，中标人应否提交履约担保，由招标人自主决定，并在招标文件中载明。需要注意的是，根据《建设工程质量保证金管理办法》（建质〔2017〕138号）第六条第一款规定，在工程项目竣工前，已经缴纳履约保证金的，发包人不得同时预留工程质量保证金。

第七章 合同类

27. 履约保证金是否只能中标人缴纳？

问：《招标投标法》第十六条规定了中标人应当提交履约保证金，在实务中，中标人能否委托其他单位或个人代其交纳？

答：中标人应当按照招标文件要求缴纳履约保证金。缴纳履约保证金的主体只能是中标人。实践中，存在转包、挂靠等情形下履约保证金由非中标人缴纳的情形都不符合《招标投标法》第十六条关于履约保证金缴纳主体是中标人的规定。

28. 履约保证金的金额是多少？超出该金额如何处理？

问：为了确保中标人诚信全面履行合同，是不是要求其交纳的履约保证金金额越高越好？履约保证金有没有限额规定？超出该金额限额的如何处理？

答：根据《招标投标法实施条例》第五十八条规定，履约保证金不得超过中标合同金额的10%。履约保证金不得超过中标合同金额的10%，这是招标人可以设定的投标保证金金额的上限，在该限额下招标人可以自主决定，但最高不得超出该限额，以减轻中标人负担，也防止异化为中标人垫资或者以高额履约保证金达到限制竞争、排斥投标人等目的。《工程建设项目施工招标投标办法》第六十二条第三款也特别强调"招标人不得擅自提高履约保证金，不得强制要求中标人垫付中标项目建设资金"。既然使用"不得"一词，招标文件就不得违反该规定，否则提交的履约保证金超出10%比例的部分，招标人应当返还给中标人。

29. 履约保证金应在何时收取？

问：在起草招标文件时，为了确保投标人如实全面履行中标合同，决定要求中标人必须提交履约保证金。那么，规定中标人在何时提交履约保证金才能够最大限度地保护招标人利益？

答：招标人如果决定收取履约保证金，应在招标文件中约定履约保证金条款，将履约保证金作为合同订立的条件，如：①在签订合同前，中标人应按招标文件规定的金额、担保形式向招标人提交履约保证金（可规定履约保函格式）。②中标人不能按要求提交履约保证金的，招标人将取消其中标资格，其投标保证金不予退还。在此情况下，招标人可将合同授予排名在后的中标候选人，或重新招标。③中标人的投标保证金可转为履约保证金。如果招标人允许中标人在签订合同之后一定时间内提交履约保证金，应将提交履约保证金作为合同生效的先决条件，根据《民法典》第一百五十八条规定，中标人提交履约保证金时合同生效。

30. 联合体的履约保函如何开具？

问：某公司与另一家企业组建联合体投标并中标设计施工总承包招标项目。根据招标文件要求，需要提交履约保函。那么，联合体的履约保函如何开具？

答：2012年版《标准设计施工总承包招标文件》中提到"联合体中标的，其履约担保由联合体各方或者联合体中牵头人的名义提交",如招标文件或合同对保函的提供主体没有明确要求的,从联合体各方责任及合理分担保函风险的角度而言,联合体成员可按照各自分工内的合同份额开具相应额度的保函,可由联合体成员以联合体名义共同按照总承包合同金额向业主开具保函,也可由联合体牵头人提供总额保函。

31. 中标人不提交履约保证金,招标人如何处理?

问:某单位采购一批设备,招标文件中要求中标人应当缴纳合同金额10%的履约保证金才可以签订合同,现在中标通知书发出半个月了,中标人迟迟不缴纳履约保证金,导致合同签订不了。对于中标人的这种行为,招标人应采取什么措施?

答:《招标投标法》第四十六条第二款规定:"招标文件要求中标人提交履约保证金的,中标人应当提交。"《招标投标法实施条例》第五十八条规定:"招标文件要求中标人提交履约保证金的,中标人应当按照招标文件的要求提交。履约保证金不得超过中标合同金额的10%。"履约保证金属于中标人向招标人提供的用以保障其履行合同义务的担保措施。招标人要求提交履约保证金的,属实质性要求,应在招标文件中规定履约保证金的金额、形式(现金、银行保函、银行汇票、银行电汇、支票、专业担保公司的担保等)、缴纳时间和不缴纳履约保证金的法律后果。中标人应当按照招标文件的要求提交履约保证金,这是合同签订或者合同生效的前提条件。

《招标投标法实施条例》第七十四条规定:"中标人无正

当理由不与招标人订立合同，在签订合同时向招标人提出附加条件，或者不按照招标文件要求提交履约保证金的，取消其中标资格，投标保证金不予退还。对依法必须进行招标的项目的中标人，由有关行政监督部门责令改正，可以处中标项目金额10‰以下的罚款。"因此，如中标人未按照招标文件要求的形式和金额向招标人提交履约保证金，招标人有权取消其中标资格，投标保证金不予退还。招标项目如果属于依法必须进行招标的项目，招标人还可以向招标投标行政监督部门进行反映，由行政监督部门责令中标人改正，并处中标项目金额10‰以下的罚款。

32. 中标企业注销了，履约保证金应当退还给谁？

问：某招标项目，中标人按照合同约定完成了该项目并经过验收，合同款也已经支付完毕，当履约担保期限届满需要清退履约保证金时，发现中标企业已经注销，则该履约保证金应当退还给谁？

答：根据《公司法》的有关规定，公司注销前应成立清算组，对债权债务问题进行处理。公司清算程序结束后，公司可向公司登记机关，申请注销公司登记。公司依法注销后，公司终止，不再具有民事主体资格，无法继续行使民事权利、履行民事义务。对于被注销前遗忘的投标保证金、履约保证金，没有人追索，招标人可以将履约保证金退还给债权承受人。如果经查询，公司注销时已经确定了债权债务承受人，且该笔债权已登记在册,可以向该债权承受人履行债务,消灭债权。但也可能会出现公司注销时未确立债权承受人或者虽然确立了债权承受人但该笔债权并未登记的情况。根据《公司法》第一百八十六条第二款规定,公司财产在分别支付清算费用、职工的工资、社会保险费用和法定补偿金,缴纳所欠税款,清偿公司债务后的剩余财产,有限责任公司按照股东的出资比例分配,股份有限公司按照股东持有的股份比例分配。按照类推适用的法理,在公司注销后存在的投标保证金、履约保证金等财产,应当比照公司注销前的剩余财产进行处理,依法在股东间进行分配。如果查不到债权承受人也联系不到公司股东,招标人还可以依据《民法典》的规定将该保证金办理提存,以了结与中标人的权利义务。

第八章 异议投诉类

1. 发生招标投标争议,招标投标当事人能否不经异议、投诉直接以民事案件起诉对方?

问: 招标人与中标人在招标投标活动中,经常发生争议,有的争议通过异议、投诉处理不一定能解决问题,能否不用提出异议、投诉,直接以民事案件起诉对方?

答: 招标人及潜在投标人或投标人作为招标投标活动的双方当事人,在招标投标活动中发生的争议纠纷属于民事纠纷,但并非民事纠纷都可以由法院受理。从民事诉讼法来讲,只有列入法院受理民事诉讼范围的案件,法院才有权受理并作出裁判,如最高人民法院《民事案件案由规定》中规定的因招标投标活动引起的缔约过失责任、确认合同效力两类纠纷以及招标投标买卖合同纠纷、串通投标不正当竞争纠纷两类招标投标专属案由的争议,招标投标当事人有权直接向法院提起民事诉讼。也有一些因招标投标活动本身产生的争议,如确认招标投标活动无效、评标无效、评标委员会组建不合法或重新确定招标人、重新招标等争议,当事人产生纠纷不能直接通过异议、协商等程序解决的，依据《中华人民共和国民事诉讼法》（以下简称《民事诉讼法》）第一百二十二条规定的起诉条件之一"属于人民法院受理民事诉讼的范围"的要求，当事人不能直接向法院起诉请求法院作出司法裁决，而应当依据该法第一百二十七条第三项规定，向行政监督部门投诉、检举，申请其予以解决。所以，对于这些争议，应当依法先行提起异议、投诉。

2. 法定异议有哪些情形，哪些异议可以不予受理？

问：《招标投标法实施条例》确立了异议制度，投标人和利害关系人可以就哪些事项提出异议？在哪种情形下的异议，招标人可以不予受理？

答： 投标人和利害关系人对于招标文件、招标过程和招标结果不满，认为其合法权益受到损害时，均可提出异议。依据《招标投标法实施条例》的规定，投标人和利害关系人对下列三种情形提出投诉时，应当事先提出异议：①对资格预审文件和招标文件的投诉。②对开标活动的投诉。③对评标结果的投诉。

通常情况下，下列异议可以不予受理：①异议人主体不适格，即不是本招标项目的（潜在）投标人或利害关系人。②异议事项不具体，且未提供相关证据或有效线索，难以查证。③异议人的异议函或异议书未加盖投标人公章也无法定代表人（或授权委托人）签字（联合体需要联合体各方均签字盖章)。④异议未在法律规定时限内提出。⑤异议已回复，异议人就相同事项再次提出异议但未提供新证据。⑥异议事项已进入投诉程序。

3. 投标联合体成员之一可以以自己名义提出异议吗？

问：某建设工程设备采购项目，招标文件规定接受联合体投标。某投标联合体中组成成员之一的A公司对评标结果提出异议，其他成员都没有提出异议。请问该异议，招标人是否应当受理？

答：《招标投标法》第三十一条规定："两个以上法人或者其他组织可以组成一个联合体，以一个投标人的身份共同投标。"也就是说，一个联合体是单独的一个投标人。而该法第六十五条规定："投标人和其他利害关系人认为招标投标活动不符合本法有关规定的，有权向招标人提出异议或者依法向有关行政监督部门投诉。"也就是说，提出异议或投诉的只能是投标人或其他利害关系人。

本项目中，联合体是投标人，联合体的成员单位并没有投标，不是联合体这个投标人本身，因此，原则上联合体成员之一不具有提出异议或投诉的资格，对该类异议，招标人可不予受理。

4. 供应商提出货物授权异议怎么办？

问：某货物招标项目，在开标现场，有投标供应商提出异议，说某厂家只授权了他们一家，另一家的授权书涉嫌造假。对此，如何处理？

答：一些货物招标项目往往约定要求代理商投标的提供生产厂家的授权书甚至针对本项目的唯一授权书。开标现场应该如实记录该供应商的异议，并转交给评标委员会，不当场对该问题如何处理进行具体答复。评标委员会可以与生产厂家联系要求尽快提供书面声明作为依据。为不影响评标进度，可让生产厂家的书面声明先以传真、扫描件、电邮等方式送达，作为评标时的依据；然后再以快递等方式尽快寄给代理机构。

5. 投标人对异议回复不满意时，招标人有无义务再次答复直到投标人满意？

问：某招标项目在公示中标候选人期间，有一个投标人对此结果提出异议，招标人按期进行了回复，该投标人不满意，再次提出异议，内容与第一次基本相同，招标人有没有义务再次答复？

答：答复投标人的异议是招标人的义务，招标人应当自收到异议之日起限定的时间内作出答复，如开标现场予以答复、收到评标结果异议之日起 3 日内答复。招标人的答复内容应该有针对性，不应回避问题。如果招标人已经作出答复，就可以继续进行招标投标活动。投标人对异议答复不满意，就同一问题重新提出异议的，招标人可以不予答复。在异议期内，投标人又针对其他问题提出新的异议的，招标人仍应予以答复。投标人对答复不满意的，可以依法提起投诉。

6. 哪些事项只有先提出异议才能投诉？

问：A公司参加了B公司组织的招标活动，B公司公示中标候选人后，A公司认为该评标结果不公正，直接向行政监督部门投诉反映招标人评标不合法的问题，被行政监督部门驳回了投诉，其法律依据是什么？

答：《招标投标法实施条例》第六十条第二款规定："就本条例第二十二条、第四十四条、第五十四条规定事项投诉的，应当先向招标人提出异议，异议答复期间不计算在前款规定的期限内。"该条款规定了异议前置程序，对于开标、招标文件内容、评标结果不满意的，投标人或利害关系人必须先提出异议，对异议处理结果不满意才可以投诉。《工程建设项目招标投标活动投诉处理办法》第十二条规定："有下列情形之一的投诉，不予受理：……（六）投诉事项应先提出异议没有提出异议、已进入行政复议或行政诉讼程序的……"也就是说，投标人或利害关系人就开标、招标文件内容、评标结果不满意，如在提出投诉前未依照法律规定提出异议，则行政监督部门有权不予受理。对其他事项进行投诉，不受异议前置的限制。

本项目A公司对评标结果不满意，应当在中标候选人公示期间先提出异议，如果招标人不受理、在收到异议后3日内未答复或者A公司对答复意见不满意，投标人或者其他利

第八章 异议投诉类

害关系人均可根据《招标投标法实施条例》第六十条规定向行政监督部门提出投诉,以维护自己的合法权益。

7. 投标人对中标结果不满意如何处理?

问:投标人对招标人公告的中标人名单不满意,向招标人提出异议,招标人不予受理。那么,投标人还可通过什么渠道提出自己的主张?

答:《招标投标法》第六十五条规定:"投标人和其他利害关系人认为招标投标活动不符合本法有关规定的,有权向招标人提出异议或者依法向有关行政监督部门投诉。"投标人对招标人公告的中标结果不满意,可依法向招标人提出异议,也可直接向行政监督部门投诉。如投标人先向招标人提出异议的,招标人应当受理。本项目招标人不受理该异议,该投标人可直接向行政监督部门提起投诉。

8. 招标人能否作为投诉人进行投诉?

问:某高速公路改建工程机电工程施工招标,招标人收到评标委员会的评标报告后,发现评标委员会存在评标错误,遂向某市发展和改革委员会进行投诉,要求责令评标委员会进行复评。请问招标人能否作为投诉人进行投诉?

答:招标人可以进行投诉。

《招标投标法》第六十五条规定:"投标人和其他利害关系人认为招标投标活动不符合本法有关规定的,有权向招人提出异议或者依法向有关行政监督部门投诉。"本条款规定了投诉主体包括投标人和其他利害关系人两类,他们属于已经或者可能因招标投标活动违反《招标投标法》规定的规则和程序导致其利益受到直接损害的人。"其他利害关系人",是指除投标人以外的,与招标项目或者招标活动有直接或者间接利益关系的自然人、法人或者非法人组织,如招标项目的使用人、有意参加资格预审或者投标的潜在投标人、资格审查委员会或者评标委员会成员等。

招标人是招标投标活动的主要当事人,是招标项目毫无争议的利害关系人,当然可以就招标投标活动中的违法行为向行政监督部门提起投诉。

本项目中,招标人有权向行政监督部门提起投诉,请求责令评标委员会重新评标。

9. 招标人可以提起投诉的事项一般有哪些?

问:某招标项目,评标委员会在评标过程中发现投标人有串通投标的行为,遂向招标人进行反映,招标人能否就此向招标投标行政监督部门提起投诉?招标工程诉讼事项一般指哪些?

答:招标人可以提起投诉。

一般认为,招标人可以就招标投标活动中的违法行为向行政监督部门提起投诉。招标投标实践中,招标人实施投诉存在的问题,主要是招标人不能自行处理,需要通过行政救

第八章 异议投诉类

济途径才能够解决问题。例如，在评标过程中发现投标人存在相互串通投标、弄虚作假骗取中标、行贿评标委员会成员谋取中标等违法行为的，除了由评标委员会对其作否决投标处理外，招标人还可以向行政监督部门投诉，要求取消投标人一定期限的参加必须招标项目投标的资格，作出行政处罚。

本项目中，招标人可以向行政监督部门投诉，由行政监督部门依据《招标投标法》第五十三条、《招标投标法实施条例》第六十七条的规定对串通投标行为进行查处。

10. 投标人向监察机关提交了投诉书，监察机关可以处理工程招标项目的投诉案件吗？

问：有的投标人认为建设工程招标投标活动存在违法行为决定投诉，将投诉书直接递交给了招标人所在地的监察机关。请问：监察机关有无权限处理该类投诉案件？

答：监察机关没有权限处理该类投诉案件。

《工程建设项目招标投标活动投诉处理办法》第四条第一款规定："各级发展改革、工业和信息化、住房城乡建设、水利、交通运输、铁道、商务、民航等招标投标活动行政监督部门，依照《国务院办公厅印发国务院有关部门实施招标投标活动行政监督的职责分工的意见的通知》（国办发〔2000〕34号）和地方各级人民政府规定的职责分工，受理投诉并依法作出处理决定。"《招标投标法实施条例》第四条规定，"监察机关依法对与招标投标活动有关的监察对象实施监察。"依据上述规定，工程建设项目招标投标活动的投诉，应当由法定的行政监督部门进行处理，监察机关可对参与招标投标活动的相关工作人员实施监察。因此，监察机关不得代替行政监督部门行使项目投诉处理的行政监督职能。

11. 当事人需要在"自知道或者应当知道之日起10日内"提起投诉，"知道或者应当知道之日"如何把握？

问：《招标投标法实施条例》第六十条规定，投标人或者其他利害关系人认为招标投标活动不符合法律、行政法规规定的，可以自知道或者应当知道之日起10日内向有关行政监督部门投诉。该规定中"知道或者应当知道之日"为起算投诉期限的时间点，在实践中如何把握？

答：投诉的起点是"自知道或者应当知道之日起"，"知道"是实际上已经知悉。"应当知道"是合理的推断，应当区别不同的环节，一般认为资格预审公告或者招标公告发布后，投诉人应当知道资格预审公告或者招标公告是否存在排斥潜在投标人等违法违规情形；投诉人获取资格预审文件、招标文件一定时间后应当知道其中是否存在违反现行法律法规规定的内容；开标后投诉人即应当知道投标人的数量、名称、投标文件提交、标底等情况，特别是是否存在《招标投标法实施条例》第三十四条规定的"控股关系"等情形；中标候选人公示后应当知道评标结果是否存在违反法律法规和招标文件规定的情形；资格预审评审或者评标结束后，即应知道资格审查委员会或者评标委员会是否存在未按照规定的标准和方法评审或者评标的情况等。上述规定是依据正常的经验法则，根据一般情形作出的规定。计算投诉时效，可以从"知道或者应当知道"的起点来计算。

12. 招标人迟迟不定标，能投诉吗？

问：某投标人反映，某单位开标已经过去三四个月了，评标已经结束，中标候选人也已经公示，但迟迟不定标，未发出中标通知书，也不见其终止招标。请问该投标人能向招标投标监督部门进行投诉吗？招标人应当承担什么责任？

答：实践中，招标人不发出中标通知书也不终止招标的原因，可能是对评标委员会推荐的中标候选人不满意，或者招标人意向中的投标人没有入围。《招标投标法》第四十三条规定："在确定中标人前，招标人不得与投标人就投标价格、投标方案等实质性内容进行谈判。"在定标时，招标人也有向中标候选人提出附加条件要求承诺，否则不予授标的情形，这都会损害投标人的利益，投标人有权拒绝。

《招标投标法实施条例》第七十三条规定了招标人不依法确定中标人的责任，即"依法必须进行招标的项目的招标人有下列情形之一的，由有关行政监督部门责令改正，可以处中标项目金额10‰以下的罚款；给他人造成损失的，依法承担赔偿责任；对单位直接负责的主管人员和其他直接责任人员依法给予处分：（一）无正当理由不发出中标通知书……"因此，建议该公司与招标人联系了解情况、协商处理，也可向招标投标行政监督部门投诉寻求解决。

13. 投诉应当在什么期限内提出？

问：在参加某机电产品国际招标项目过程中，某投标人发现招标文件存在违法违规内容，也向招标人提出了异议，但是招标人拒绝修改招标文件。请问可以在什么时间内提起投诉？

答：投诉必须在投诉期限内提出。《招标投标法实施条例》第六十条第一款规定了投诉时间，即"投标人或者其他利害关系人认为招标投标活动不符合法律、行政法规规定的，可以自知道或者应当知道之日起10日内向有关行政监督部门投诉。投诉应当有明确的请求和必要的证明材料。"基于效率考虑，也是为了督促当事人尽快行使权利，促进法律关系的稳定性，要求必须自知道或者应当知道违法行为发生之日起10日内提出投诉，权利人在此期间内不行使相应的投诉权利，则在该法定期间届满时，当事人即失去投诉的权利，行政监督部门也不予受理。《机电产品国际招标投标实施办法（试行）》第八十五条规定："有下列情形之一的投诉，不予受理：……（六）未在规定期限内在招标网上提出的。"

该公司应当在收到异议答复之日起或异议答复期满但招标人未予答复之日起10日内进行投诉。如果超过投诉期限，行政监督部门将会拒绝受理。

14. 投诉人投诉时是否需要提供证明材料或相关线索？

问： 某公司参加一招标项目的投标，发现 A 公司和 B 公司两家投标人价格接近，投标代表在开标现场好像很熟悉，怀疑这两家串通投标，故要进行投诉，还需要提供证明材料或者相关线索吗？有哪些要求？

答： 投标人或者其他利害关系人认为招标投标活动不符合法律法规的，可以投诉，这是其法定权利。但是行使投诉权必须依法有据，对此法律法规在赋予投诉权的同时也作出必要的限制，比如投诉人捏造事实、伪造材料或者以非法手段取得证明材料进行投诉，法律不予支持。不能仅凭怀疑即可无条件启动投诉，还必须有明确的请求并附必要的证明材料。

《招标投标法实施条例》第六十条规定："投标人或者其他利害关系人认为招标投标活动不符合法律、行政法规规定的，可以自知道或者应当知道之日起 10 日内向有关行政监督部门投诉。投诉应当有明确的请求和必要的证明材料。"该条例第六十一条第三款进一步规定："投诉人捏造事实、伪造材料或者以非法手段取得证明材料进行投诉的，行政监督部门应当予以驳回。"《工程建设项目招标投标活动投诉处理办法》第二十条第（一）项也规定："投诉缺乏事实根据或者法律依据的，驳回投诉。"因此，投诉人在向行政监督部门投诉时，应当说明其投诉材料的合法来源。如果投诉人捏造事实、伪造材料或者以非法手段取得证明材料进行投诉，则行政监督部门应当予以驳回。

综上所述，该公司如提起投诉，需提供 A 公司和 B 公司涉嫌串通投标的相关证明材料。如无法直接取得证明材料，可向行政监督部门举报并提供相关线索，而不能捏造事实、伪造材料或者以非法手段取得证明材料进行投诉。

15. 行政监督部门处理投诉是不是必须要组织双方进行质证？

问：某区发展和改革委员会受理投标人的投诉并作出投诉处理决定后，投诉人提出某区发展和改革委员会应当组织双方进行质证，但其并未组织质证，该行政程序违法，以此为由向法院提起行政诉讼，要求重新作出投诉处理决定。请问：行政监督部门处理投诉是不是必须要组织双方进行质证？

答：质证，就是对质证明，在行政程序中，就是在行政机关的主持下，对行政相对人及利益相关人提出的证据就其真实性、合法性、关联性，以及证明力予以说明和质疑、辩驳，以及用其他方法表明证据效力、事实依据的活动或过程。通过质证程序，当事人向行政机关提出证据并就证据合法性、真实性以及与投诉事项关联性问题提出质疑、辩解，可以使行政机关能够正确地认定证据和投诉事项事实、保障当事人的程序权利。

招标投标投诉行政处理程序也引进了质证程序，《工程建设项目招标投标活动投诉处理办法》第十六条规定："在投诉处理过程中，行政监督部门应当听取被投诉人的陈述和申辩，必要时可通知投诉人和被投诉人进行质证。"根据该条款规定，质证不是法律规定必须履行的行政程序,是否进行质证,由行政机关根据其调查实际需要而定,如果投诉事实清楚、证据确凿,认为没有必要时,可以不进行质证,并不违反法律规定。

本问题中,投诉人认为未经质证作出的投诉处理决定违法不符合上述法律规定,缺乏法律依据。

16. 行政监督部门处理投诉是否必须要举行听证程序?

问: 某市住房和城乡建设局接到投标人的投诉后,履行了受理、调查、听取陈述和申辩、邀请专家评审、集体评议等程序,作出了投诉处理决定书,投诉人对此不服,提出处理投诉过程中未举行听证,该行政程序违法,以此为由向上级行政主管部门提起行政复议。请问:行政监督部门处理投诉是不是必须要举行听证程序?

答: 听证也称听取意见,指的是行政机关在作出影响相对人合法权益的决定前,由行政机关告知决定理由和听证权利,行政相对人表达意见、提供证据以及行政机关听取意见、接纳证据的程序所形成的一种法律制度,是行政程序法的核心制度。

听证制度,有利于促进行政机关依法决策、依法行政,维护公民、法人或者其他组织合法权益,充分体现让行政相对人充分参与的行政行为的法治精神及对公民知情权、参与权、表达权、监督权的尊重,使其有机会陈述事实理由,给予其与其他利益相关方辩解质证,表达观点的机会,帮助行政机关弄清事实,正确作出行政行为。我国目前主要建立了行政处罚听证、行政许可听证、行政强制听证、价格决策听证等听证制度，取得了良好的社会效果。

纵观《招标投标法》《招标投标法实施条例》《工程建设项目招标投标活动投诉处理办法》等招标投标法律法规及规范，都未规定行政监督部门处理投诉需要履行听证程序，故行政机关作出投诉处理决定的具体行政行为，依法不需要听证。当然，行政机关对违法招标投标行为进行大额罚款或作出吊销营业执照等重大行政处罚时，适用听证程序。

因此，本问题中，投诉人认为行政监督部门处理投诉未经听证，行政程序违法的理由，缺乏事实和法律依据，不应得到采纳。

17. 行政监督部门作出投诉处理决定应当满足哪些要求？

问：招标投标行政监督部门受理招标投标投诉之后，必须依法作出投诉处理决定。那么，该具体行政行为应当满足哪些法律要求呢？

答：根据《招标投标法实施条例》第六十一条、《工程建设项目招标投标活动投诉处理办法》第二十一条和第二十二条规定，行政监督部门依法作出投诉处理决定，应当满足以下要求：①应当自正式受理投诉之日起30个工作日内作出投诉处理决定。②投诉处理决定必须采用类似"工程建设项目招标投标活动投诉处理决定书"的书面形式，不能以口头形式作出投诉处理决定。③投诉处理决定书应当包括下列主

第八章 异议投诉类

要内容：投诉人和被投诉人的名称、住址；投诉人的投诉事项及主张；被投诉人的答辩及请求；调查认定的基本事实；行政监督部门的处理意见及依据。上述内容缺一不可。④投诉处理决定书应当送达给投诉人、被投诉人和其他与投诉处理结果有关的当事人，送达的方式可以参照《民事诉讼法》规定的直接送达、邮寄送达等方式执行。

第九章 法律责任类

1. 工程建设项目"未核先招"可能面临什么样的风险？

问：审计机关在公布的审计报告中，经常提及有的项目"未核先招"，也就是依法必须招标的项目在本项目应当办理项目核准手续之前先行进行招标，这种做法会导致什么后果？

答：《招标投标法》第九条规定："招标项目按照国家有关规定需要履行项目审批手续的，应当先履行审批手续，取得批准。"《工程建设项目申报材料增加招标内容和核准招标事项暂行规定》第六条规定："经项目审批、核准部门审批、核准，工程建设项目因特殊情况可以在报送可行性研究报告或者资金申请报告、项目申请报告前先行开展招标活动，但应在报送的可行性研究报告或者资金申请报告、项目申请报告中予以说明。"招标人应当先办理项目核准手续再招标，但目前招标投标法律法规及部门规章均未对"未核先招"规定法律责任、设定行政处罚。

需要指出的是，办理核准手续是《招标投标法》明确规定的开展招标活动的条件，"未核先招"在性质上仍属不符

第九章　法律责任类

合法律规定的行为，招标人不仅会面临审计风险，还可能因工程未能核准或核准内容与招标内容有差异，导致无法与中标人签订合同等法律风险。

2. 招标人拒绝签订合同将承担什么责任？

问：某公司通过投标中标了一个项目，领取中标通知书也很长时间了，但是招标人迟迟不签订合同，可以追究招标人哪些责任？

答：中标通知书就是招标人的承诺，对招标人和中标人发生法律约束力，招标人和投标人都必须在投标有效期内和中标通知书发出之日起30日内根据招标文件和中标人的投标文件签订合同。招标人不能按照其承诺与中标人签订合同的，违背了诚实信用原则，应承担相应责任，赔偿对方损失。招标人还应退还投标人的投标保证金，同时支付其银行同期存款利息。逾期退还投标保证金的，根据《招标投标法实施条例》第六十六条规定，除责令其退还投标保证金及银行同期存款利息外，还应当另行赔偿投标人的损失。

该公司收到中标通知书后，招标人拒绝签订合同，违背了诚实信用原则，应承担赔偿责任，该赔偿责任仅限于该公司的实际损失，比如参加投标的费用、投标保证金利息损失等，而不包括基于合同成立后的可得利益损失。

3. 中标人在限定期限内未缴纳投标保证金将承担什么后果?

问：招标文件中规定了中标人应当提交履约保证金，并且规定了缴纳的金额、时间，中标人中标后未按照中标通知书约定的时间缴纳履约保证金的，将会承担什么后果？

答：《招标投标法实施条例》第七十四条规定："中标人无正当理由不与招标人订立合同，在签订合同时向招标人提出附加条件，或者不按照招标文件要求提交履约保证金的，取消其中标资格，投标保证金不予退还……"第一，中标人不缴纳履约保证金或者未足额缴纳履约保证金的，将丧失中标资格。第二，不按招标文件规定时间先提交履约保证金、再领取中标通知书的，视为放弃中标。

4. 招标人逾期退还投标保证金将承担什么责任?

问：某公司参加一个招标项目没有中标，现在招标人和中标人已经签订合同快两个月了，但招标人迟迟不退还该公司缴纳的投标保证金，派人去要了几次，招标人总是以各种理由推脱。该公司准备起诉招标人，请问可以提出什么诉求？

答：《招标投标法实施条例》第五十七条规定："招标人最迟应当在书面合同签订后5日内向中标人和未中标的投标人退还投标保证金及银行同期存款利息。"但实践中，招标人迟迟不退还投标人缴纳的投标保证金，无偿占用投标保证金获取利息收益甚至挪作他用的事件也不鲜见。对于

第九章　法律责任类

招标人逾期退还投标保证金的,根据《招标投标法实施条例》第六十六条规定,除了支付利息外,还应另行赔偿投标人的损失。

该公司起诉时,可以要求招标人退还投标保证金及自缴纳投标保证金之日起至合同签订后5日前的合理占用期间的利息(招标文件一般约定按照银行同期活期存款利率计算),并要求赔偿中标合同签订5日之后的经济损失。

5. 评标专家未按照招标文件规定评标,应承担什么责任?

问:评标委员会成员如果违反招标文件规定或者评标纪律,不按照招标文件确定的评标标准和方法评标,导致评标错误,是否要承担责任?

答:评标委员会成员应当依据招标文件确定的评标标准和方法客观、公正、独立地评标,这是基本的职业操守。如果评标委员会成员不按照招标文件规定的评标标准和方法进行评标,就严重违反了《招标投标法》的公正原则,势必影响评标结果的公正性。对此类行为,《招标投标法实施条例》第七十一条规定了相应的法律责任,即"评标委员会成员有下列行为之一的,由有关行政监督部门责令改正;情节严重的,禁止其在一定期限内参加依法必须进行招标的项目评标;情节特别严重的,取消其担任评标委员会成员的资格:(一)应当回避而不回避;(二)擅离职守;(三)不按照招标文件规定的评标标准和方法评标；(四) 私下接触投标人；(五) 向招标人征询确定中标人的意向或者接受任何单位或者个人明示或者暗示提出的倾向或者排斥特定投标人的要求；(六) 对依法应当否决的投标不提出否决意见；(七) 暗示或者诱导投标人作出澄清、说明或者接受投标人主动提出的澄清、说明；(八) 其他不客观、不公正履行职务的行为"。

上述条款第三项"不按照招标文件规定的评标标准和方法评标"的情形，在评标实践中时有发生，这些行为有可能是评标专家的个人行为，也有可能是受招标人等其他因素影响的行为，还有可能是评标委员会的集体行为。比如，共同商定修改原招标文件，增加、减少评审因素或者调整评审权重，不按照招标文件规定的评审标准进行评审，或者不按照招标文件规定的方法推荐中标候选人等。这些错误，有时因工作疏忽、认识错误引起，有时是评标委员会成员故意所为。

对于上述错误，《招标投标法实施条例》第七十一条规定由招标投标行政监督部门责令评标委员会及时改正，重新评审，以保证评标结果的客观公正性；根据情节轻重，招标投标行政监督部门还可以禁止该评标委员会成员在一定期限内参加依法必须进行招标的项目的评标，直至取消担任评标委员会成员的资格。此外，《评标委员会和评标方法暂行规定》第五十三条也有类似规定。相关条款中提及的情节轻重的判断，需要从当事人是否存在主观故意、违法行为所导致的后果等方面进行分析。如果评审专家被取消担任评标委员会成员的资格，还应从其所在的评标专家库中除名。

6. 如何理解《招标投标法实施条例》第七十条中"规定"的范围？

问：《招标投标法实施条例》第七十条中"规定"的范围除法律、法规的规定外，是否包括规范性文件、招标文件的规定？

答：《招标投标法实施条例》第七十条中的"规定"指的是对依法组建评标委员会的法定要求，主要包括《招标投标法》《招标投标法实施条例》，以及《评标委员会和评标方法暂行规定》等部门规章、行政规范性文件，不包括招标文件。

7. 投标人之间串通投标有哪些表现形式？

问：串通投标是招标投标活动的"顽疾"，侵蚀着招标投标市场竞争的公平公正性，其表现形式多样且不断翻新，具有很强的隐蔽性。那么，串通投标如何认定呢？

答：《招标投标法实施条例》第三十九条、第四十条在总结实践经验的基础上，对投标人相互串通投标行为的常见表现形式作了列举式规定，从而提供了认定标准。主要有以下几种典型的表现形式：

（1）投标人之间协商投标报价等投标文件的实质性内容。

(2) 投标人之间约定中标人。

(3) 投标人之间约定部分投标人放弃投标或者中标。

(4) 属于同一集团、协会、商会等组织成员的投标人按照该组织要求协同投标。

(5) 不同投标人的投标文件由同一单位或者个人编制。

(6) 不同投标人委托同一单位或者个人办理投标事宜。

(7) 不同投标人的投标文件载明的项目管理成员为同一人。

(8) 不同投标人的投标文件异常一致或者投标报价呈规律性差异。

(9) 不同投标人的投标文件相互混装。

(10) 不同投标人的投标保证金从同一单位或者个人的账户转出。

(11) 投标人之间为谋取中标或者排斥特定投标人而采取的其他联合行动。

8. 电子招标投标方式下的串通投标有哪些常见情形？

问：在电子招标投标方式下，招标人进行串通投标，与使用纸质投标文件进行投标的方式下的串通投标行为表现方式不同，如何来认定？

答：随着电子招标投标的发展，在"同一人办理投标事宜""同一人制作投标文件""投标文件内容雷同"等串通投标行为方面，又产生了一些新的表现形式。同时，又可利用

第九章 法律责任类

大数据等技术手段,通过开评标电子系统分析比对,比较便捷、准确地查出投标文件中的内容异常一致、由同一单位或个人编制投标文件或办理投标事宜等串通投标行为,一些地方立法作出了针对性规定。如《广东省实施〈中华人民共和国招标投标法〉办法》第十六条规定的情形,即"不同投标人的投标文件由同一电子设备编制、打包加密或者上传,不同投标人的投标文件由同一投标人的电子设备打印、复印"。

《福建省住房和城乡建设厅关于施工招标项目电子投标文件雷同认定与处理的指导意见》(闽建筑〔2018〕29号)规定的常见的电子投标文件雷同情形较为详尽,值得借鉴。该意见规定主要有以下几个方面:

(1) 不同投标人的电子投标文件上传计算机的网卡MAC地址、CPU序列号和硬盘序列号等硬件信息均相同的(开标现场上传电子投标文件的除外),应认定为《招标投标法实施条例》第四十条第二项"不同投标人委托同一单位或者个人办理投标事宜"的情形。

(2) 不同投标人的已标价工程量清单XML电子文档记录的计价软件加密锁序列号信息有一条及以上相同,或者记录的硬件信息中存在一条及以上的计算机网卡MAC地址(如有)、CPU序列号和硬盘序列号均相同的(招标控制价的XML格式文件或计价软件版成果文件发布之前的软硬件信息相同的除外),或者不同投标人的电子投标文件(已标价工程量清单XML电子文档除外)编制时的计算机硬件信息中存在一条及以上的计算机网卡 MAC 地址（如有）、CPU 序列号和硬盘序列号均相同的，应认定为《招标投标法实施条例》第四十条第一项"不同投标人的投标文件由同一单位或者个人编制"的情形。

（3）不同投标人的技术文件经电子招标投标交易平台查重分析，内容异常一致或者实质性相同的，应认定为《招标投标法实施条例》第四十条第四项"不同投标人的投标文件异常一致"的情形。

（4）投标人递交的已标价工程量清单 XML 电子文档未按照规定记录软硬件信息的，或者记录的软硬件信息经电子招标投标交易平台使用第三方验证工具认定被篡改的，评标委员会应当否决其投标。

如某省发展与改革委员会查实在同一招标项目中，两家投标人的电子投标文件的"文件常见标识码"完全一致，认定由同一人编制，这是典型的串通投标行为，对投标人及其相关责任人员处以了罚款的行政处罚。

9. 对串通投标行为进行"双罚制"，罚款如何计算？

问：对串通投标行为，《招标投标法》第五十三条规定可以对单位及直接负责的主管人员和其他直接责任人员进行罚款，罚款额度如何确定？

答：对于串通投标行为，招标投标行政监督部门有权按照"双罚"原则采取行政处罚措施。《招标投标法》第五十

第九章 法律责任类

三条规定:"投标人相互串通投标……中标无效,处中标项目金额千分之五以上千分之十以下的罚款,对单位直接负责的主管人员和其他直接责任人员处单位罚款百分之五以上百分之十以下的罚款;有违法所得的,并处没收违法所得;情节严重的,取消其一年至二年内参加依法必须招标的项目的投标资格并予以公告,直至由工商行政管理机关吊销营业执照;构成犯罪的,依法追究刑事责任。给他人造成损失的,依法承担赔偿责任。"

这里的"罚款",是《中华人民共和国行政处罚法》第九条规定的行政处罚措施之一,是对违法行为人的一种经济制裁措施。既对违法的投标人进行处罚,也对该投标人直接负责的主管人员和其他直接责任人员进行处罚(又称"双罚"原则)。对中标的投标人处中标项目金额0.5%以上1%以下的罚款,对该投标人直接负责的主管人员和其他直接责任人员,按照对投标人的罚款金额5%以上10%以下的罚款进行处罚。

对于未中标的投标人的罚款额,则根据《招标投标法实施条例》第六十七条规定,是按照本项目招标项目合同金额的一定比例计算的,应当处招标项目合同金额0.5%以上1%以下的罚款。对单位直接负责的主管人员和其他直接责任人员处单位罚款5%以上10%以下的罚款。

在实践中,具体罚款金额可由行政监督部门根据投标人违法情节的轻重、影响大小等因素确定。

10. 串通投标罪如何认定？

问：《中华人民共和国刑法》（以下简称《刑法》）第二百二十三条规定了串通投标罪，串通投标情节严重的可能构成该罪。那么，串通投标罪如何认定？

答：串通投标罪，是指投标人相互串通投标报价，损害招标人或者其他投标人利益，或者招标人与投标人串通投标，损害国家、集体、公民的合法权益，扰乱市场经济秩序，情节严重的行为。《刑法》第二百二十三条规定："投标人相互串通投标报价，损害招标人或者其他投标人利益，情节严重的，处三年以下有期徒刑或者拘役，并处或者单处罚金。投标人与招标人串通投标，损害国家、集体、公民的合法利益的，依照前款的规定处罚。"据此分析，串通投标罪的构成要件有以下几个：

（1）客体要件。本罪侵犯的是正常的市场竞争秩序以及招标人和其他投标人、国家、集体或公民个人的合法权益。

（2）客观要件。在客观方面表现为串通投标行为，主要包括投标人互相串通投标报价以及招标人与投标人串通投标两种类型，常见表现形式如前所述。串通投标将造成招标人无法达到最佳的竞标结果或者其他投标人无法在公平竞争的条件下参与投标竞争而受到损害，这种损害必须达到"情节严重"才构成本罪。"情节严重"的认定，可依据最高人民检察院、公安部2022年4月29日发布的《关于公安机关管辖的刑事案件立案追诉标准的规定（二）》，串通投标案的立案追诉标准：①损害招标人、投标人或者国家、集体、公民的合法利益，造成直接经济损失数额在50万元以上。②违法所得数额在20万元以上。③中标项目金额在400万元以上。④采取威胁、欺骗或者贿赂等非法手段。⑤虽未达到上述数额标准，但两年内因串通投标受过两次以上行政处罚，又串通投标。⑥其他情节严重的情形。

（3）主体要件。本案犯罪主体是特殊主体，限于招标人和投标人；涉及串通投标的招标代理机构、评标委员会与参与串通行为的招标人、投标人构成共同犯罪，也可成为本罪的犯罪主体。自然人和单位均可构成本罪的主体。

（4）主观要件。在主观方面表现为直接故意，即串通投标行为人以排挤竞争对手为目的积极采取不正当的串通投标行为，且明知该行为将损害招标人、其他投标人或者国家、集体的合法权益，过失不构成本罪。

串通投标行为同时具备上述四要件的，构成串通投标罪。

11. 投标人的弄虚作假行为有哪些表现形式？

问：在招标投标活动中，投标人弄虚作假是非常典型的失信行为，违反了诚实信用原则，如在某工程施工招标过程中，经过评审发现某投标人提供的《工程设计证书》《新产品新技术鉴定验收证书》《重点高新技术企业证书》《全国工业产品生产许可证》及《工程咨询资格证书》均有伪造的。

请问实践中投标人的哪些行为将可能被认定为"弄虚作假行为"?

答:在社会诚信体系尚不健全的情况下,投标人为了追求经济利益,在自身资格条件不合格或者在投标竞争中不具有优势的情况下,容易伪造、变造资格证明文件,弄虚作假,以达到提高投标竞争优势,谋取中标的目的。《招标投标法》第三十三条规定:"投标人不得以低于成本的报价竞标,也不得以他人名义投标或者以其他方式弄虚作假,骗取中标。"《招标投标法实施条例》第四十二条第二款详细规定了弄虚作假的常见情形:"(一)使用伪造、变造的许可证件;(二)提供虚假的财务状况或者业绩;(三)提供虚假的项目负责人或者主要技术人员简历、劳动关系证明;(四)提供虚假的信用状况;(五)其他弄虚作假的行为。"

根据上述法律规定,在招标投标实践中,通常将下列行为认定为投标人虚假投标:

(1)伪造、变造资格、资质证书或者其他许可证件、印鉴参加投标。

(2)伪造业绩证明文件,提供虚假的财务状况或者业绩。

(3)提供虚假的项目负责人或者主要技术人员简历、劳动关系证明。

(4)提供虚假的信用状况。

(5)提供虚假的剩余生产能力表、试验报告等。

(6)隐瞒招标文件要求提供的信息,或者提供虚假、引人误解的其他信息。

(7) 在投标文件中修改招标文件要求，然后以原要求或者更高要求响应投标。

(8) 故意修改招标文件明确列明的技术参数并对其进行响应。

(9) 投标文件技术规格中的响应与事实不符。

本项目所述情形只是《招标投标法实施条例》第四十二条规定的典型的虚假投标行为之一。

12. "以他人名义投标"如何理解？

问：某工程项目采购设备，某装备公司中标之后向某设备成套公司出具授权书，委托该公司履行合同，后查明购买招标文件、投标、签订合同都是由某设备成套公司人员办理的，这种情形是否构成"以他人名义投标"？

答：《招标投标法》第三十三条规定："投标人不得以低于成本的报价竞标，也不得以他人名义投标或者以其他方式弄虚作假，骗取中标。"对于"以他人名义投标"的含义，《招标投标法实施条例》第四十二条解释为"使用通过受让或者租借等方式获取的资格、资质证书投标"，实质上就是"前期名义投标人"与"后期实际履约义务人"不统一，实际履约人借用名义投标人的资质证书、营业执照、业绩材料等以其名义参与投标，中标后由名义投标人签订合同，实际上投标、签约、履约均由实际履约人负责办理。

本项目投标人虽然是装备公司，但是购标、投标、签约、履约实际由设备成套公司工作人员办理，买卖合同约定的主要义务均由某设备成套公司完成，可以认定装备公司存在为他人代为投标和履约的弄虚作假行为，也就是设备成套公司以装备公司名义投标。

13. 哪些情形属于以他人名义投标？

问：以他人名义投标实际上是比较典型的弄虚作假行为，具体表现有哪些形式？

答：《招标投标法》中明确禁止投标人以他人名义投标，目的是为了防止不具备资格条件的投标人扰乱正常的招标投标秩序，保证中标项目的质量，维护招标人的合法权益。《招标投标法实施条例》和《工程建设项目施工招标投标办法》对此作了细化规定，明确了"以他人名义投标"的认定依据。

根据《招标投标法实施条例》第四十二条第一款规定，使用通过受让或者租借等方式获取的资格、资质证书投标的，属于《招标投标法》第三十三条规定的以他人名义投标。

此外，在工程建设项目施工招标投标中，投标人挂靠其他施工单位，或者从其他单位通过转让或租借的方式获取资格或资质证书，或者由其他单位及其法定代表人在该投标文件上签字盖章等行为，也将被认为是以他人名义投标。

第九章　法律责任类

14. 对于在招标投标中弄虚作假的行为应如何处理？

问：某单位在招标投标活动中经常遇到投标人伪造、变造相关行政许可证件，提供虚假的业绩合同、试验报告等文件骗取中标的情形，对此应当如何处理？造假者应当承担什么责任？

答：《招标投标法》第五十四条规定："投标人以他人名义投标或者以其他方式弄虚作假，骗取中标的，中标无效，给招标人造成损失的，依法承担赔偿责任；构成犯罪的，依法追究刑事责任……"《招标投标法实施条例》第六十八条进一步规定："投标人以他人名义投标或者以其他方式弄虚作假骗取中标的，中标无效；构成犯罪的，依法追究刑事责任；尚不构成犯罪的，依照招标投标法第五十四条的规定处罚……"因此，在招标投标活动中，如果投标人通过提供伪造的资格证明文件，弄虚作假，骗取中标，依据上述规定，其中标无效。因弄虚作假的行为违反《招标投标法》的强制性规定，根据《民法典》第一百五十三条第一款规定，所签合同无效。根据《民法典》第一百五十七条规定，合同无效或者被撤销后，因该合同取得的财产，应当予以返还；造成损失的，可以进行追偿。招标人还可以向行政监督部门举报要求对该违法行为进行处罚；情节严重的，也可以向公安机关举报，要求追究其合同诈骗罪、伪造印章罪等罪名的刑事责任。

为了打击虚假投标行为，招标人应事前对虚假投标行为提出惩处措施，如在招标文件中规定："投标人串通投标、弄

363

虚作假、以他人名义投标、行贿或有其他违法行为的，其投标将被否决，且招标人不退还投标保证金，招标人还将有权拒绝该投标人在今后一段时间内的任何投标。"这是招标人对违法行为自主决定的一种制裁措施。

15. 工程建设项目施工违法分包有哪些情形？

问：《招标投标法》和《建筑法》都禁止违法分包。那么，违法分包常见情形有哪些呢？

答：违法分包，是指施工单位承包工程后违反法律法规规定或者违反施工合同关于工程分包的约定，把单位工程或分部分项工程分包给其他单位或个人施工的行为。

根据住房和城乡建设部发布的《建筑工程施工发包与承包违法行为认定查处管理办法》第十二条规定，存在下列情形之一的，属于违法分包："（一）承包单位将其承包的工程分包给个人的；（二）施工总承包单位或专业承包单位将工程分包给不具备相应资质单位的；（三）施工总承包单位将施工总承包合同范围内工程主体结构的施工分包给其他单位的，钢结构工程除外；（四）专业分包单位将其承包的专业工程中非劳务作业部分再分包的；（五）专业作业承包人将其承包的劳务再分包的；（六）专业作业承包人除计取劳务作业费用外，还计取主要建筑材料款和大中型施工机械设备、主要周转材料费用的。"

第九章 法律责任类

16. 分包人对发包人要承担责任吗？

问：A公司中标之后，未经招标人同意即将其中标项目部分分包给B公司，在合同履行过程中出现违约，招标人将A公司和B公司都起诉到了法院要求赔偿损失，B公司提出其是和A公司签订的合同，对招标人不直接承担赔偿责任，招标人起诉B公司没有道理。这种说法对不对？

答：这种说法不正确。中标项目的主体性、关键性工作必须由中标人自行完成，不得分包；只有在合同有约定或者招标人同意的前提下，才可以将中标项目的部分非主体性、非关键性工作分包给他人完成。基于合同的相对性原理，在合同法上，只有中标人对招标人承担合同责任，分包人只对中标人负责，并不直接向与其无合同关系的招标人承担责任。但是，为了维护招标人的权益，《招标投标法》第四十八条及《招标投标法实施条例》第五十九条专门规定："中标人应当就分包项目向招标人负责，接受分包的人就分包项目承担连带责任"，合法分包的情况下尚且如此，在违法分包、双方存在过错的情况下更应如此。因此，本项目A公司与B公司应当向招标人共同承担连带责任。

17. 工程建设项目施工转包主要有哪些情形？

问：工程建设项目施工转包是《招标投标法》和《建筑法》明令禁止的违法行为。那么，哪些情形可定性为"转包"呢？

答：转包，是指施工单位承包工程后，不履行合同约定的责任和义务，将其承包的全部工程或者将其承包的全部工程肢解后以分包的名义分别转给其他单位或个人施工的行为。

根据住房和城乡建设部发布的《建筑工程施工发包与承包违法行为认定查处管理办法》第八条规定，存在下列情形之一的，应当认定为转包，但有证据证明属于挂靠或者其他违法行为的除外："（一）承包单位将其承包的全部工程转给其他单位（包括母公司承接建筑工程后将所承接工程交由具有独立法人资格的子公司施工的情形）或个人施工的；（二）承包单位将其承包的全部工程肢解以后，以分包的名义分别转给其他单位或个人施工的；（三）施工总承包单位或专业承包单位未派驻项目负责人、技术负责人、质量管理负责人、安全管理负责人等主要管理人员，或派驻的项目负责人、技术负责人、质量管理负责人、安全管理负责人中一人及以上与施工单位没有订立劳动合同且没有建立劳动工资和社会养老保险关系，或派驻的项目负责人未对该工程的施工活动进行组织管理，又不能进行合理解释并提供相应证明的；（四）合同约定由承包单位负责采购的主要建筑材料、构配件及工程设备或租赁的施工机械设备，由其他单位或个人采购、租赁，或施工单位不能提供有关采购、租赁合同及发票等证明，又不能进行合理解释并提供相应证明的；（五）专业作业承包人承包的范围是承包单位承包的全部工程，专业作业承包人计取的是除上缴给承包单位"管理费"之外的全部工程价款的;(六)承包单位通过采取合作、联营、个人承包等形式或名义,直接或变相将其承包的全部工程转给其他单位或个人施工的;(七)专业工程的发包单位不是该工程的施工总承包或专业承包单位的,但建设单位依约作为发包单位的除外;(八)专业作业的发包单位不是该工程承包单位的;(九)施工合同主体之间没有工程款收付关系,或者承包单位收到款项后又将款项转拨给其他单位和个人,又不能进行合理解释并提供材料证明的。"

两个以上的单位组成联合体承包工程,在联合体分工协议中约定或者在项目实际实施过程中,联合体一方不进行施工也未对施工活动进行组织管理的,并且向联合体其他方收取管理费或者其他类似费用的,视为联合体一方将承包的工程转包给联合体其他方。

18. 承包人内部承包是否属于转包?

问:A公司中标某建筑工程施工项目,其后组织该公司下属的各分公司内部竞标,之后签订内部承包协议方式,将该工程交给其中一家报价最低的分公司实施。请问:A公司的这种做法是否属于转包?

答:承包人内部承包的行为不属于转包。

"内部承包"又称"内包",是承包人承包工程后,将工程交由内部职能机构、分支机构负责完成的一种经营行为。实务中的表现形式主要有内设项目部承包、分公司承包。要注意区分转包与内包的区别，转包的对象是承包人之外的"他人"或"第三人"；内包的对象则是承包人的内设机构或分支机构。转包情况下，转包人不对工程进行管理；内包情况下，承包人要对工程进行管理并承担责任。根据法律的规定和工程行业的惯例，内包是合法有效的。因为内包的主体是承包人的内设机构或分支机构，承包人承包工程项目后，将工程交由内设机构或分支机构完成的行为不属于《建筑法》《民法典》《建设工程质量管理条例》规定的"将工程转包给他人或第三人的行为"。

从《公司法》的角度来讲，法人的内设机构和分支机构不具有独立人格，属于法人的一个部分，法人对内设机构或分支机构的行为负责。因此，内设机构或分支机构和法人属于同一主体，内设机构或分支机构的行为视为法人的行为，内设机构或分支机构不属于法律意义上的"他人"或"第三人"。因此，内包只是法人经营的策略或手段，不属于转包。

综上所述，本项目中，建设工程施工合同的承包人与其下属分支机构就所承包的全部或部分工程施工所签订的承包合同为企业内部承包合同，符合内包的要件，不应以转包或挂靠而认定无效。

19. 施工企业挂靠有哪些常见的表现形式？

问：在工程建设领域，挂靠是法律所禁止的行为，但同时也是实践中经常存在的行为，其常见的表现形式有哪些呢？

第九章 法律责任类

答：挂靠主要是指没有资质的实际施工人借用有资质的建筑施工企业的名义进行工程建设的行为。通常表现为个人或企业不具备资质而与具备资质的施工企业签订挂靠合同或以项目承包名义等形式实施工程建设行为，挂靠人一般向被挂靠人缴纳一定的"管理费"，被挂靠人向挂靠人提供营业执照、组织机构代码证、税务登记证、资质证书、安全生产许可证、账户、印章等工程建设中必要的资料和文件，但不参与工程的实际施工和管理。

根据住房和城乡建设部印发的《建筑工程施工发包与承包违法行为认定查处管理办法》第十条规定，存在下列情形之一的，属于挂靠：（一）没有资质的单位或个人借用其他施工单位的资质承揽工程的。（二）有资质的施工单位相互借用资质承揽工程的，包括资质等级低的借用资质等级高的，资质等级高的借用资质等级低的，相同资质等级相互借用的。（三）本办法第八条第一款第（三）至（九）项规定的情形，有证据证明属于挂靠的，即：一是施工总承包单位或专业承包单位未派驻项目负责人、技术负责人、质量管理负责人、安全管理负责人等主要管理人员，或派驻的项目负责人、技术负责人、质量管理负责人、安全管理负责人中一人及以上与施工单位没有订立劳动合同且没有建立劳动工资和社会养老保险关系，或派驻的项目负责人未对该工程的施工活动进行组织管理，又不能进行合理解释并提供相应证明的；二是合同约定由承包单位负责采购的主要建筑材料、构配件及工程设备或租赁的施工机械设备，由其他单位或个人采购、租赁，或施工单位不能提供有关采购、租赁合同及发票等证明，又不能进行合理解释并提供相应证明的；三是专业作业承包人承包的范围是承包单位承包的全部工程，专业作业承包人计取的是除上缴给承包单位"管理费"之外的全部工程价款的；四是承包单位通过采取合作、联营、个人承包等形式或名义，直接或变相将其承包的全部工程转给其他单位或个人施工的；五是专业工程的发包单位不是该工程的施工总承包或专业承包单位的，但建设单位依约作为发包单位的除外；六是专业作业的发包单位不是该工程承包单位的；七是施工合同主体之间没有工程款收付关系，或者承包单位收到款项后又将款项转拨给其他单位和个人，又不能进行合理解释并提供材料证明的。上述情形一般属于违法分包行为，但根据实际情况有的表面上是分包，实际属于挂靠。

由于实践中的情况非常复杂，挂靠的表现形式不断翻新，远远超过了法律所界定的情形，因此在认定是否属于"挂靠"行为时，要结合具体情况来具体判定。

20. 总承包单位未经建设单位认可将劳务作业分包给其他单位是否属于违法分包？

问：A公司通过招标投标方式承揽某工程施工项目，拟将部分劳务作业分包给其他劳务公司完成，请问：分包劳务作业是否须报经建设单位同意？如未告知建设单位，是否属

第九章　法律责任类

于违法分包？

答：这要区别情况来看，如果承包人将劳务作业分包给具备资质且在资质条件允许范围内的分包单位，不属于违法分包；如果其将劳务作业分包给无资质或虽然有资质但不在资质许可条件允许范围内的分包单位，属于违法分包。

劳务分包是否违法，不以合同约定或建设单位认可为条件。即认定劳务分包是否属于违法分包不以《建设工程质量管理条例》第七十八条第二款第三项"建设工程总承包合同中未有约定，又未经建设单位认可，承包单位将其承包的部分建设工程交由其他单位完成的"为条件。因为该项法律规定规范的是专业工程的分包，而劳务作业不属于专业工程范畴，不需要经过双方约定或招标人认可才能分包。对此，《房屋建筑和市政基础设施工程施工分包管理办法》第十四条第二项也作了细化规定，即"下列行为，属于违法分包：……（二）施工总承包合同中未有约定，又未经建设单位认可，分包工程发包人将承包工程中的部分专业工程分包给他人的。"这条规定根据分包的内容不同而确立了是否属于违法分包的认定标准。同理，也不能把劳务分包看作"二次分包"而认定为违法分包。

综上所述，本项目中，根据上述规定，A公司承揽某工程施工项目后，如果将劳务作业分包给具备相应资质条件的劳务公司完成的，不论是否报经建设单位同意，都不属于违法分包。

21. 招标人不认可评标结果，是否可以不定标、不发出中标通知书？此时应承担什么责任？

问：在依法必须招标的货物采购项目中，如果公示期结束之后，发出中标通知书之前，招标人因自身采购计划变更或单纯的不认可评标结果，招标人是否可以不定标、不发出中标通知书？

答：招标人没有正当理由不定标、不发出中标通知书属于擅自终止招标，此种做法不符合法律规定。《工程建设项目货物招标投标办法》第十四条第四款规定，"除不可抗力原因外，招标文件或者资格预审文件发出后，不予退还；招标人在发布招标公告、发出投标邀请书后或者发出招标文件或资格预审文件后不得终止招标。招标人终止招标的，应当及时发布公告，或者以书面形式通知被邀请的或者已经获取资格预审文件、招标文件的潜在投标人。已经发售资格预审文件、招标文件或者已经收取投标保证金的，招标人应当及时退还所收取的资格预审文件、招标文件的费用，以及所收取的投标保证金及银行同期存款利息。"

招标人自身采购计划变更不属于不可抗力，此类因招标人自身原因终止招标的操作违反了上述规定，应当承担相应的法律责任。《工程建设项目货物招标投标办法》第五十八条第一款规定，"依法必须进行招标的项目的招标人有下列情形之一的，由有关行政监督部门责令改正，可以处中标项目金额千分之十以下的罚款；给他人造成损失的，依法承担赔偿责任；对单位直接负责的主管人员和其他直接责任人员依法给予处分：（一）无正当理由不发出中标通知书……"依据上述规定，招标人有可能承担被责令改正、罚款、赔偿损失以及对相关责任人行政处分等法律责任。

22. 招标人在中标候选人以外确定中标人将导致什么后果？

问：评标委员会推荐了 A、B 两家企业为中标候选人，但招标人在定标时，认为以前长期与其合作的 C 企业值得信任，这次只是因为报价比 A、B 两家企业稍微高了一点没有中标。考虑到项目合作，最后确定 C 企业为中标人，因而被后来知悉定标内幕的 A 企业投诉。请问招标人在中标候选人以外确定中标人将导致什么后果？

答：根据《招标投标法》第四十条规定，招标人应根据评标委员会提出的书面评标报告和推荐的中标候选人确定中标人。根据《招标投标法》第四十二条规定，依法必须进行招标的项目的所有投标被否决的，招标人应当依照本法重新招标。招标投标作为充分运用竞争机制的市场交易方式，核心特点是公平竞争择优选择中标者。在评标委员会合法推荐了中标候选人的情况下，如招标人在候选人以外确定中标人，对其他竞标人尤其是中标候选人显然是不公平的，更会使招标投标制度失去其应有的意义。同样，对于法律规定必须招标的项目，如果所有投标均被否决，招标人不能从投标人中挑选中标人或在投标人以外确定中标人，如果这样操作相当于没有经过招标投标程序而直接发包，违反了《招标投标法》的强制性规定。但对于非必须招标项目，发包人可以自由选择发包方式，在经过招标投标但所有投标均被否决无法确定中标人的情况下，发包人可以选择重新招标，也可以选择不再招标进行直接发包。基于此，招标人在评标委员会依法推荐的中标候选人以外确定中标人的，依法必须进行招标的项目在所有投标被评标委员会否决后自行确定中标人的，中标无效，由此签订的合同也无效。

23. 中标候选人有正当理由放弃中标资格是否也要承担责任？

问：某公司成功中标了设备采购项目，但是投标截止后，由于厂区所在地发生了洪灾，厂房、设备都被冲毁，刚刚启动恢复重建，缺乏生产能力。目前，已经公示该公司为排名第一的中标候选人，故准备向招标人提出放弃中标资格，是否还要承担其他法律责任？

答：从合同订立的角度来看，投标属于要约。投标截止时间就是投标文件（要约）生效的时间，也是投标有效期开始起算的时间。在投标截止时间前，允许投标人撤回其投标，且不需要承担任何法律责任。但是在投标截止时间之后，要约已经生效，投标有效期开始计算。投标人在投标有效期内不得撤销投标文件。一旦撤销，应承担相应法律责任。

第九章　法律责任类

本项目中标候选人虽放弃中标资格撤销其要约，但其作出该行为有合法的理由，即因自然灾害造成生产设备严重损坏，导致无力承担将要中标的项目，其及时向招标人提出，这并不违反诚实信用原则，无须承担缔约过失责任。

24. 哪些情形下中标无效？

问：在某设备采购招标项目中，某科技公司被确定为中标人。中标通知书发出后，有一家公司举报某科技公司在其投标文件中使用伪造、变造的有关生产许可证和产品鉴定证书，招标人经调查后核实，确定该公司中标无效，并重新确定排名第二的中标候选人中标。

请问根据现行法律规定，哪些情形下中标无效？招标人的做法是否正确？

答：根据《招标投标法》第五十条、第五十二条、第五十三条、第五十四条、第五十五条及《招标投标法实施条例》第六十七条、第六十八条等规定，下列情形下中标无效：①依法必须进行招标的项目，招标人违法与投标人就投标价格、投标方案等实质性内容进行谈判，影响中标结果的。②依法必须进行招标的项目的招标人向他人透露已获取招标文件的潜在投标人的名称、数量或者可能影响公平竞争的有关招标投标的其他情况，或者泄露标底，影响中标结果的。③依法必须进行招标的项目在所有投标被评标委员会否决后自行确定中标人的。④投标人相互串通投标或者与招标人串通投标的，投标人以向招标人或者评标委员会成员行贿的手段谋取中标的。⑤投标人以他人名义投标或者以其他方式弄虚作假，骗取中标的。⑥招标代理机构违法泄露应当保密的与招标投标活动有关的情况和资料，或者与招标人、投标人串通损害国家利益、社会公共利益或者他人合法权益，影响中标结果的。⑦招标人在评标委员会依法推荐的中标候选人以外确定中标人的。⑧投标人以低于成本的报价竞标，以他人名义投标或者以其他方式弄虚作假，骗取中标的。

根据《招标投标法》第六十四条规定，依法必须进行招标的项目中标无效的，招标人可以从其余中标候选人中重新确定中标人或者重新进行招标。对于非依法必须招标的项目，招标人重新定标、重新招标均可，还可以终止招标采取其他采购方式。因此，本项目中某科技公司提供虚假的材料骗取中标，招标人可以决定其中标无效，发出的中标通知书自始没有法律约束力，之后有权重新确定排名第二的中标候选人中标。

25. 在法律明文规定的"中标无效"情形的条款之外，其他情形能否判定中标无效？

问：《招标投标法》《招标投标法实施条例》明确规定了中标无效的几种情形，那么除了这几种情形，其他情形下是否也会构成中标无效？

答：《招标投标法实施条例》第八十一条规定："依法必

须进行招标的项目的招标投标活动违反招标投标法和本条例的规定，对中标结果造成实质性影响，且不能采取补救措施予以纠正的，招标、投标、中标无效，应当依法重新招标或者评标。"此条关于中标无效的适用情形实际上突破了《招标投标法》已有规定的几种情形。因此，除了上述《招标投标法》已经明确规定的中标无效的规定外，其他违法行为也可能导致中标无效，实践中不限于以下情形：①招标人或者招标代理机构接受未通过资格预审的单位或者个人参加投标。②招标人或者招标代理机构接受应当拒收的投标文件。③评标委员会的组建违反《招标投标法》和《招标投标法实施条例》规定。④评标委员会成员有《招标投标法》第五十六条以及《招标投标法实施条例》第七十一条、第七十二条所列行为之一。以上行为，如果在中标通知书发出前发现并被查实的，责令改正，重新评标；如果在中标通知书发出后发现并查实，且对中标结果造成实质性影响的，中标无效。中标被确认无效的，按照《招标投标法》第六十四条规定，由招标人从符合条件的其他中标候选人中确定中标人或者重新招标。

26. 判定中标无效后，将产生什么法律后果？

问：很多招标投标活动，都因存在串通投标、弄虚作假等行为而被判定中标无效，那么判定中标无效后，当事人将产生什么法律后果？

答：中标无效，实际上就是招标人确定的中标结果失去法律效力。中标是招标人对招标结果的承诺，也是签订正式合同的前提和依据。如果发生符合中标无效的法定情形，认定中标无效后，中标通知书因不具备合法性而失效，此时依法必须进行招标项目的中标将被判定为无效，合同因中标失效也不能有效成立，也就是说发出的中标通知书和签订的合同自始没有法律约束力，此时不发生违约责任问题，可根据导致中标无效的原因追究责任方的缔约过失责任。

《最高人民法院关于审理建设工程施工合同纠纷案件适用法律问题的解释（一）》第一条第一款明确规定："建设工程施工合同具有下列情形之一的，应当依据民法典第一百五十三条第一款的规定，认定无效：……（三）建设工程必须进行招标而未招标或者中标无效的。"根据《招标投标法》第六十四条规定，在中标无效的情况下，招标人可以选择"从其余投标人中重新确定中标人"，也可以选择"依照本法重新进行招标"，由其根据招标项目实际自主决定，这两种做法均不违反法律规定。按照《招标投标法》第六十四条规定，一般情况下，在投标有效期限内的，招标人可以重新从符合条件的其他中标候选人中确定中标人发出中标通知书并签订合同；如果违法行为涉及所有的中标候选人，或者投标人中根本没有符合中标条件的，或者根据招标项目实际，如果从剩余的投标人中重新确定中标人有可能违反公开、公平、公正原则，从而产生不公平的结果或者明显对招标人不利的，招标人应当重新进行招标。

中标无效后,招标人与中标人不再签订合同或者签订的合同无效。根据《民法典》第一百五十七条规定,合同无效后,因该合同取得的财产,应当予以返还;不能返还或者没有必要返还的,应当折价补偿。有过错的一方当事人还应当赔偿对方因此所受的损失;双方都有过错的,应当各自承担相应的责任。如属多人共同侵权行为造成他人损害的,应当按照《民法典》的规定,由共同侵权人承担连带责任。

27. 中标人不履行中标合同给招标人造成损失,招标人除了不退还履约保证金外还能否采取其他措施?

问:某公司中标承揽一个项目后,在合同履行过程中,不按照合同履行,给公司造成了损失,除了要回履约保证金外,多余的损失怎么办?

答:《招标投标法》第六十条第一款规定:"中标人不履行与招标人订立的合同的,履约保证金不予退还,给招标人造成的损失超过履约保证金数额的,还应当对超过部分予以赔偿;没有提交履约保证金的,应当对招标人的损失承担赔偿责任。"履约保证金就是为了保证中标人能按合同约定履行义务。中标人违约时,根据该条款规定,履约保证金全部或部分归招标人所有以弥补其损失;损失超出履约保证金金额的,中标人还应当对超过部分予以赔偿。《工程建设项目施工招标投标办法》第八十四条第一款也规定:"中标人不履行与招标人订立的合同的，履约保证金不予退还，给招标人造成的损失超过履约保证金数额的，还应当对超过部分予以赔偿；没有提交履约保证金的，应当对招标人的损失承担赔偿责任。"

28. 招标人使用未中标人的设计方案应否补偿？

问： 某大型建筑工程设计招标，经过评审，A公司因被评标委员会推荐为第一中标候选人，被招标人确定为中标人。同时，招标人认为B公司在外立面设计方面优于A公司，要求该部分设计采纳B公司方案。后B公司发现该建筑工程外观与其设计方案雷同，认为招标人无偿使用其设计方案，要求招标人给予补偿，招标人以招标文件已明确规定"对未中标单位不补偿设计方案制作费用"为由拒绝补偿。请问：招标人使用未中标人的设计方案应否补偿？

答： 招标人选中中标人，订立合同，也就意味着与该中标人就工程设计达成合意，支付相应对价，也就取得了在招标项目上使用其设计方案的权利。但是未中标的投标人与招标人之间并未就委托完成设计方案达成合意、未就委托设计费用达成一致，招标人也未向投标人支付任何设计费用，因此双方之间并未形成委托创作关系，故招标人对未中标人的设计方案既无著作权，也无使用权，如果使用应当征得设计人同意并支付补偿。

《工程建设项目勘察设计招标投标办法》第十五条规定：

"勘察设计招标文件应当包括……勘察设计费用支付方式,对未中标人是否给予补偿及补偿标准",第四十五条进一步规定:"招标人或者中标人采用其他未中标人投标文件中技术方案的,应当征得未中标人的书面同意,并支付合理的使用费。"根据上述规定,招标人在招标文件中明确对未中标人不予补偿是合法的,但是招标人不能以招标文件中约定的无补偿费用为由,认定其对于所有投标人的设计方案都有合理使用权,这侵犯了未中标人的著作权。

本项目中,招标人未经中标人同意擅自决定使用其设计方案,侵犯了其著作权,应当承担赔偿责任。建议招标人如确需使用未中标人的技术方案时,应事先征得未中标人的书面同意并给予合理补偿。

29. 中标人不履行合同将承担什么责任?

问:如果中标人已经与招标人按照招标投标文件的约定签订了合同,中标人不履行合同,属于违约行为,将承担哪些法律责任?

答:中标人违约将产生以下几方面不利的法律后果:

(1)履约保证金不予退还。根据《招标投标法》的规定,中标人不履行合同的,对于中标人已经按照招标文件要求提交的履约保证金,招标人有权不予退还。

(2)向招标人支付违约金。根据《民法典》有关规定,合同当事人可以在合同中约定违约金,中标人签订合同后不履行合同，属于严重的违约行为，应当依据合同约定向招标人支付违约金。如果合同中没有约定违约金或约定的违约金不足以弥补招标人损失的，还应当赔偿招标人的实际损失。

（3）赔偿招标人的实际损失。《民法典》规定，当事人一方不履行合同义务或者履行合同义务不符合约定，给对方造成损失的，损失赔偿额应相当于因违约所造成的损失，包括合同履行后可以获得的利益，但不得超过违反合同一方订立合同时预见到或者应当预见到的因违反合同可能造成的损失。

（4）继续履行合同。《民法典》规定，当事人一方不履行合同义务或者履行合同义务不符合约定的，应当承担继续履行、采取补救措施或者赔偿损失等违约责任。中标人签订合同后，不履行合同时，招标人可以要求中标人继续履行合同，中标人拒不履行的，招标人可以向法院提起诉讼或依法提起仲裁，要求中标人继续履行合同，并可以申请法院采取强制执行措施。当然，如果合同标的不适合强制执行，招标人通常不能要求继续履行合同，只能要求中标人支付违约金并赔偿实际损失。

（5）承担行政法律责任。《招标投标法》规定，中标人不按照与招标人订立的合同履行义务，情节严重的，取消其二至五年内参加依法必须进行招标的项目的投标资格并予以公告，直至由市场监督管理部门吊销营业执照。

（6）失信惩戒。根据《建筑市场信用管理暂行办法》，

第九章 法律责任类

中标人如不履行合同遭受行政处罚,或被法院判决承担违约责任,均属于"不良信用信息",将可能通过省级建筑市场监管一体化工作平台和全国建筑市场监管公共服务平台被公开,从而面临重点监管、市场限制准入等多项不利后果。

附录 招标投标常用法律文件名录

一、综合

1. 中华人民共和国民法典

（2020年5月28日第十三届全国人民代表大会第三次会议通过）

2. 中华人民共和国招标投标法

（1999年8月30日第九届全国人民代表大会常务委员会第十一次会议通过，根据2017年12月27日第十二届全国人民代表大会常务委员会第三十一次会议《关于修改〈中华人民共和国招标投标法〉、〈中华人民共和国计量法〉的决定》修正）

3. 中华人民共和国招标投标法实施条例

（2011年12月20日国务院令第613号公布，根据2017年3月1日国务院令第676号《关于修改和废止部分行政法规的决定》第一次修订，根据2018年3月19日国务院令第698号《关于修改和废止部分行政法规的决定》第二次修订，根据2019年3月2日国务院令第709号《关于修改部分行政法规的决定》第三次修订）

4. 必须招标的工程项目规定

（2018年3月8日国函〔2018〕56号，国家发展和改革委员会令第16号）

5. 必须招标的基础设施和公用事业项目范围规定

（发改法规规〔2018〕843号）

6. 国家发展改革委办公厅关于进一步做好《必须招标的工程项目规定》和《必须招标的基础设施和公用事业项目范围规定》实施工作的通知

（发改办法规〔2020〕770号）

7. 国家发展改革委等部门关于严格执行招标投标法规制度进一步规范招标投标主体行为的若干意见

（发改法规规〔2022〕1117号，2022年7月18日国家发展改革委等十三个部门印发）

8. 工程建设项目申报材料增加招标内容和核准招标事项暂行规定

（2001年6月18日国家发展计划委员会令第9号公布，根据2013年3月11日国家发展和改革委员会等九部委令第23号修订）

9. 招标公告和公示信息发布管理办法

（2017年11月23日国家发展和改革委员会令第10号公布）

10. 工程建设项目自行招标试行办法

（2000年7月1日国家发展计划委员会令第5号公布，根据2013年3月11日国家发展和改革委员会等九部委令第23

号修订)

11. 评标委员会和评标方法暂行规定

(2001年7月5日国家发展计划委员会、国家经济贸易委员会、建设部、铁道部、交通部、信息产业部、水利部令第12号公布,根据2013年3月11日国家发展和改革委员会等九部委令第23号修订)

12. 评标专家和评标专家库管理暂行办法

(2003年4月1日国家发展计划委员会令第29号公布,根据2013年3月11日国家发展和改革委员会等九部委令第23号修订)

13. 电子招标投标办法

(2013年2月4日国家发展和改革委员会、工业和信息化部、监察部、住房和城乡建设部、交通运输部、铁道部、水利部、商务部令第20号公布)

14. 公平竞争审查制度实施细则

(国市监反垄规〔2021〕2号)

15. 最高人民法院关于审理建设工程施工合同纠纷案件适用法律问题的解释(一)

(法释〔2020〕25号)

二、工程建设项目招标

16. 工程建设项目勘察设计招标投标办法

(2003年6月12日国家发展和改革委员会、建设部、铁道部、交通部、信息产业部、水利部、中国民用航空总局、国家广播电影电视总局令第2号公布，根据2013年3月11日国家发展和改革委员会等九部委令第23号修订）

17. 工程建设项目施工招标投标办法

（2003年3月8日国家发展计划委员会、建设部、铁道部、交通部、信息产业部、水利部、中国民用航空总局令第30号公布，根据2013年3月11日国家发展和改革委员会等九部委令第23号修订）

18. 《标准施工招标资格预审文件》和《标准施工招标文件》暂行规定

（2007年11月1日国家发展和改革委员会、财政部、建设部、铁道部、交通部、信息产业部、水利部、中国民用航空总局、广播电影电视总局令第56号公布，根据2013年3月11日国家发展和改革委员会等九部委令第23号修订）

19. 工程建设项目货物招标投标办法

（2005年1月18日国家发展和改革委员会、建设部、铁道部、交通部、信息产业部、水利部、中国民用航空总局令第27号公布，根据2013年3月11日国家发展和改革委员会等九部委令第23号修订）

20. 建筑工程设计招标投标管理办法

（2017年1月24日住房和城乡建设部令第33号公布）

21. 建筑工程方案设计招标投标管理办法

（建市〔2008〕63号，根据2019年3月18日建法规〔2019〕

3号《住房和城乡建设部关于修改有关文件的通知》修订)

22. 房屋建筑和市政基础设施工程施工招标投标管理办法

(2001年6月1日建设部令第89号公布,根据2018年9月28日住房和城乡建设部令第43号《关于修改〈房屋建筑和市政基础设施工程施工招标投标管理办法〉的决定》第一次修订,根据2019年3月13日住房和城乡建设部令第47号《关于修改部分规章的决定》第二次修订)

23. 房屋建筑和市政基础设施项目工程总承包管理办法

(建市规〔2019〕12号)

24. 水利工程建设项目招标投标管理规定

(2001年10月29日水利部令第14号公布)

25. 水利工程建设项目监理招标投标管理办法

(水建管〔2002〕587号)

26. 水利工程建设项目重要设备材料采购招标投标管理办法

(水建管〔2002〕585号)

27. 公路工程建设项目招标投标管理办法

(2015年12月8日交通运输部令2015年第24号公布)

28. 铁路工程建设项目招标投标管理办法

(2018年8月31日交通运输部令2018年第13号公布)

29. 通信工程建设项目招标投标管理办法

(2014年5月4日工业和信息化部令第27号公布)

30. 民航专业工程建设项目招标投标管理办法

(AP-158-CA-2018-01-R3，2018年1月8日中国民用航空总局发布，根据2019年9月9日民航局机场司《〈民航专业工程建设项目招标投标管理办法〉(第一修订案)》修订)

31. 水运工程建设项目招标投标管理办法

(2012年12月20日交通运输部令第11号公布，根据2021年8月11日交通运输部令2012年第11号《关于修改〈水运工程建设项目招标投标管理办法〉的决定》修订)

三、机电产品国际招标

32. 机电产品国际招标投标实施办法（试行）
(2014年2月21日商务部令第1号公布)

33. 进一步规范机电产品国际招标投标活动有关规定
(商产发〔2007〕395号)

34. 机电产品国际招标综合评价法实施规范（试行）
(商产发〔2008〕311号)

35. 重大装备自主化依托工程设备招标采购活动的有关规定
(商产发〔2007〕331号)

36. 机电产品国际招标代理机构监督管理办法（试行）
(2016年11月16日商务部令第5号公布)

四、其他项目招标

37. 前期物业管理招标投标管理暂行办法
(建住房〔2003〕130号)

38. 委托会计师事务所审计招标规范

（财会〔2006〕2号）

39. 国有金融企业集中采购管理暂行规定

（财金〔2018〕9号）

40. 医疗机构药品集中采购工作规范

（卫规财发〔2010〕64号）

五、招标监督管理

41. 工程建设项目招标投标活动投诉处理办法

（2004年6月21日国家发展和改革委员会、建设部、铁道部、交通部、信息产业部、水利部、中国民用航空总局令第11号公布，根据2013年3月11日国家发展和改革委员会等九部委令第23号修订）

42. 招标投标违法行为记录公告暂行办法

（发改法规〔2008〕1531号）

43. 铁路建设工程招标投标监管暂行办法

（国铁工程监〔2016〕8号）

44. 关于在招标投标活动中对失信被执行人实施联合惩戒的通知

（法〔2016〕285号）